La Noblesse au XVIIIe siècle

La première édition de *La Noblesse au XVIIIᵉ siècle*
est parue chez Hachette, en 1976.

© Éditions Complexe, 1984 et 2000
ISBN 2-87027-817-9
D/1638/2000/22

Guy Chaussinand-Nogaret

La Noblesse
au XVIIIe siècle
De la Féodalité aux Lumières

Présentation d'Emmanuel Le Roy Ladurie

Historiques

EDITIONS
COMPLEXE

PRÉSENTATION

Un regard nouveau sur la noblesse au XVIIIᵉ siècle
par Emmanuel Le Roy Ladurie*

Guy Chaussinand-Nogaret cultive le paradoxe comme d'autres la plante en pot. Sa noblesse (au dix-huitième siècle) n'est pas la classe "féodale", grasse, inutile et parasitaire qu'on dépeint souvent, pour la fin de l'Ancien Régime. Mais bien plutôt un groupe restreint, souvent actif, jeune; en état de renouvellement assez rapide. Et puis, fort éclairé quant à ses élites. Elles sèment le grand vent de 1789 et récolteront la tempête.

Quand un paradoxe est exact, il se change en truisme utile. La démonstration de Chaussinand est largement inspirée des travaux novateurs de François Furet, Denis Richet, Daniel Roche... Elle risque, d'ici quelques années, de passer heureusement dans les Vulgates. Et tant pis pour les dogmatiques des divers bords.

Tout n'est pas faux, sans doute, dans les lieux communs de l'historiographie d'hier, que notre historien, armé de textes, bardé de chiffres et d'archives, pourfend avec bonne humeur. Il est vrai que les très hautes noblesses, celles des ducs et pairs, s'étaient laissé enfermer dans le ghetto doré de la Cour. En se barricadant ainsi, elles risquaient de devenir les victimes d'un racisme émané du tiers état.

* Ce texte est paru dans *Le Monde*, le 2 juin 1975.

Mais le ghetto nobiliaire n'est qu'un des aspects du problème. En fait, c'est la tendance à l'ouverture sociologique et intellectuelle qui dominera dans le "second ordre" (1) (dans la noblesse), au temps des lumières.

Dès la fin du dix-septième siècle, Fénelon identifie la cause des nobles à celle de la nation tout entière, dressée contre l'absolutisme bureaucratique de Louis XIV. Quant à Montesquieu, il fait de l'aristocratie le butoir tout trouvé contre les excès du pouvoir central; elle est pour lui la protectrice naturelle de la liberté. Mably, d'Argenson et d'Antraigues, autres théoriciens, sortis de la noblesse et décidés à ne pas y rentrer, nient la supériorité de leur ordre ainsi que sa différence avec le tiers état. Annonçant les jeunes bourgeois de notre temps qui se font les hérauts du socialisme, ils demandent l'abolition du privilège noble, en un hara-kiri sympathique.

Entre noblesse et bourgeoisie, pas de rideau de fer. Classe peu nombreuse, la noblesse cannibalise les élites bourgeoises; elle ne compte (en adultes, vieillards et bébés, mâles et femelles) que 120000 personnes à la veille de la Révolution. Sur 27 millions de Français. C'est fort peu, en pourcentage (mais il est vrai que d'autres historiens ne se priveront pas de critiquer Chaussinand sur cette statistique, du reste bien établie; ils parlent, eux, de 400000 nobles pour la même époque ...). Ce groupe numériquement restreint est perméable au mérite, au talent; bref, aux bourgeois, quand ils veulent savonner ou décrasser leur roture ...

Certes, la hiérarchie de la noblesse n'est pas facile à grimper; il est malaisé, quand on est noblaillon dépenaillé, de campagne, maniant l'épée rouillée dans un castel branlant, de parvenir jusqu'aux honneurs de l'aristocratie de Versailles : la cheminée

---

(1) Le premier ordre, c'est le clergé; le deuxième et le troisième ordre correspondent à la noblesse et, bien sûr, au tiers état.

ascensionnelle, dans le second ordre, est quasi bouchée. Mais on peut pénétrer dans cette cheminée par en haut, à la façon des ramoneurs : les très riches bourgeois n'ont que peu de peine à marier leurs filles avec les fils des hauts courtisans, hérissés de titres et de particules; ces jeunes aristocrates, à force de grosses dots, espèrent fumer leurs terres et redorer leur blason. De toute manière, haute noblesse et haute finance sont du même monde, hantent les mêmes salons et les mêmes tripots. C'est ce qu'on appelle "l'élite".

L'anoblissement, d'autre part, est fréquent au dix-huitième siècle : la plupart des lignages nobles, si haut perchés qu'ils soient, procèdent de génitoires médiévales qui n'étaient pas de sang bleu, mais roturières, ou même paysannes. Il n'y a plus que Boulainvilliers, au temps des Lumières, pour croire ou pour faire croire que les familles nobles descendent des anciens conquérants germains.

Trouées comme des passoires, accessibles de plus en plus au mérite, qui est valeur bourgeoise par excellence, "les " noblesses françaises, d'autre part, sont fort inégales entre elles. Du bon côté de la barricade, on trouve le courtisan-ploutocrate, Coigny, Saulx-Tavanes ou Polignac. Il croque allégrement ses 100000 livres par an, ou davantage. Il "casse la croute" (sic) avec le monarque, il soupe avec les cardinaux et les filles d'Opéra. Il fréquente les salons des financiers. Il correspond par lettres avec Voltaire. Par contraste, le hobereau misérable du Morvan, militaire dans l'âme, et de bonne naissance, est toujours prêt à se faire tuer au service du roi. Mais il lui faut dix-huit sous pour faire un franc; il n'a pas lu deux bouquins dans sa vie; son discours n'est qu'une longue furie contre les pensions de la Cour dont il ne voit pas la couleur et contre les privilèges des parvenus de la bourgeoisie parisienne.

L'inégalité des deux noblesses est spécialement marquée dans le domaine culturel. Les gentilshommes campagnards font leur éducation, ou ce qui en tient lieu, auprès du curé du village. "Je

croissais sans études dans ma famille ...", *écrit Chateaubriand, fils de hobereau crotté du bocage breton. Mais, à l'autre
bout de l'échelle sociale, la riche et noble nièce de l'archevêque
Dillon a lu tous les livres (sauf le catéchisme); elle sait plusieurs
langues; elle introduit à la cour l'habitude anglaise du serrement
de mains, ou* shake-hand, *que lui a inculquée sa gouvernante
britannique. Parmi les grands esprits du dix-huitième siècle, les
nobles (Montesquieu, Condorcet, Condillac, Turgot) sont presque aussi nombreux que les roturiers (Voltaire, Diderot ...).
L'élite des Lumières, des académies, des correspondants de
Rousseau, est mi-noble, mi-roturière, dans une mixité fraternelle. Toutes les audaces intellectuelles sont possibles dans le
second ordre, ou presque; et il faut être un Sade, poussant
l'extrémisme trop loin, pour se faire exclure de son groupe
social.*

*Quant à l'économie, la noblesse n'est pas essentiellement la
classe "féodale" qu'on s'est complu à décrire. Ses domaines
terriens sont souvent cultivés, surtout dans le Nord, par de
modernes fermiers sortis de l'élite de la paysannerie; ils jouent
donc le rôle de matrices (seigneuriales) du capitalisme agricole.
Et ce sont des nobles, encore eux, qui, aux côtés des marchands
et des financiers, ou parfois seuls, animent une part du grand
capitalisme commercial. Surtout, ils pilotent le capitalisme
industriel le plus moderne, symbolisé par les houillères d'Anzin
et par les forges du Creusot; le duc d'Orléans introduit chez nous
la filature de coton et la machine à vapeur. Plus tard, devenu
Philippe Egalité, il reste à la pointe du "progrès" : il votera la
mort de son cousin Louis XVI.*

*S'agit-il de positions politiques? Les nobles ont, en effet,
refusé, sous les quolibets des historiens à venir, de suivre les
velléités réformatrices, émanées du pouvoir central.*

*Rien de scandaleux à cela; ils refusaient ainsi la tyrannie,
même bien inspirée, du despotisme du roi. Mais que surgisse en
1788-89 l'occasion de la liberté véritable, on verra les nobles,*

dans leurs cahiers de doléances, se ranger en majorité ou parfois en quasi-totalité, dans le camps des idées nouvelles : égalité devant l'impôt; défense et promotion des libertés; consentement de la nation aux taxes, etc ...

Tout serait donc pour le mieux dans le meilleur des mondes. Mais comment expliquer, du coup, le grand retournement de la noblesse, contre la Révolution, dans la décennie 1790; et, vice versa, la vaste haine des sans-culottes contre "les ci-devant" ? Chaussinand, sur ce point (qui n'est pas son sujet) n'est guère bavard ... Faut-il penser, au risque de faire dresser certains cheveux sur certaines têtes, que la Révolution n'est qu'un inter-mède, certes capital ? Puisque aussi bien la noblesse riche, au dix-neuvième siècle, se retrouvera au pouvoir selon le schéma de 1788, dans des gouvernements déjà modernes, aux côtés de la riche bourgeoisie.

Quoi qu'il en soit, le fait est que, après 1790, la partie arriérée de la noblesse refait pour ainsi dire, l'unité de l'ordre noble, à son profit, contre le progrès. Symétriquement, le racisme anti-noble des roturiers, pour des raisons qui sont loin d'être mau-vaises, va prendre des proportions incroyables. L'un dans l'au-tre, il resterait sur ces questions beaucoup à dire... Mais qu'importe, Chaussinand, et c'est l'essentiel, a cassé en chemin, de 1700 à 1788, les images d'Epinal les plus vénérables. Il n'est de bon livre qu'iconoclaste.

Emmanuel Le Roy Ladurie

PRÉFACE

Rendre hommage à ses aînés, à ceux qui vous ont prodigué conseils et encouragements, est de tradition. Légitime. Ce n'est pourtant pas à elle que j'obéis ici. Mais à la conviction que ce livre doit à ceux qui ont ouvert à l'histoire des élites des voies si nouvelles, d'avoir été écrit. Récemment, en effet, quelques historiens, se libérant audacieusement des schémas d'une historiographie officielle et contraignante, ont renouvelé la recherche et initié une problématique stimulante à laquelle j'ai, très tôt, amarré mon bateau. Initiateurs, au plein sens du terme, François Furet et Denis Richet ont éveillé pour la seconde fois et rajeuni ma vocation d'historien. Leurs travaux ont alimenté ma réflexion, leurs méthodes et leurs hypothèses, souvent reprises ici, orienté mes propres recherches.

Plus spécialement, c'est à François Furet que je dois de m'être dirigé vers l'étude de la noblesse lorsque, voici quelques années, il me suggéra le sujet de ma thèse dont cet essai constitue en somme une introduction. C'est encore François Furet qui m'invita à partager avec lui la responsabilité d'un séminaire de l'E.H.E.S.S. consacré à la noblesse au XVIIIe siècle. Chacun sait combien peut être décisive la fréquentation régulière d'une intelligence pénétrante et constructive. François Furet a été pour moi, constamment, un stimulant efficace. Certes mes prises de position et mes conclusions, volontiers iconoclastes, ne recueilleront pas toujours son approbation. Peut-être voudra-t-il bien pourtant se reconnaître un peu dans ce livre qui lui doit beaucoup.

Mon ami Emmanuel Le Roy Ladurie acceptera d'être nommé ici et remercié : mes obligations envers lui sont infinies. Qu'il me soit permis de citer encore Louis Bergeron, compagnon de travail depuis des années, dont l'amitié ne m'a jamais fait défaut, David D. Bien fin connaisseur, d'outre-Atlantique, de l'Ancien Régime, Daniel Roche auteur d'un très beau livre qu'il m'a autorisé à lire et à utiliser avant même sa parution. Enfin comment n'évoquerais-je pas la mémoire de Louis Dermigny qui guida mes premiers pas dans le métier et m'encouragea, avant sa précoce disparition, à écrire et publier ce livre.

LE GHETTO DORÉ DE LA NOBLESSE ROYALE

Mai 1789. Les Etats généraux se réunissent à Versailles. Les trois ordres défilent cérémonieusement. Le second ordre brille de tout l'éclat de ses habits et de ses capes brodées d'or, des plumes blanches de ses chapeaux, des ciselures de ses épées de parade. Auprès de lui le tiers état : noir et grave, il a triste mine. Et pourtant ! Si brillante qu'elle paraisse encore, la noblesse aujourd'hui encore première à la parade, sent déjà flotter sur sa nuque le vent de la déroute.

Elle est devenue, au sein de la société française, par à-coups insensibles et qui lui ont la plupart du temps échappé, une minorité marginale, un groupe passionnel. Le noble, en 1789, c'est le Juif du royaume.

Certes le second ordre continue à exercer une attirance irrésistible et constitue pour de larges fractions de l'opinion le modèle de référence unique. Il impose encore son code, l'honneur, et son rituel, le raffinement d'une politesse formée aux liturgies auliques, son style, comportement et genre de vie. La noblesse reste l'ambition suprême des bourgeoisies résolument élitistes qui voient dans l'anoblissement un moyen d'échapper à la confusion qui les assimile aux couches les plus méprisées de ce commun tiers état dont elles se sentent, au fond, si peu solidaires. Mais, en même temps qu'elle provoque un mimétisme social, la noblesse suscite l'envie puis l'hostilité, mêlée d'un sentiment de frustration et d'angoisse devant un groupe mal connu, perçu comme étranger, vite assimilé à un adversaire. Cette conscience aiguë de la *différence,* plus forte sans doute chez les non-nobles que chez les nobles eux-mêmes, peut engendrer et, en fait, engendrera bientôt des phantasmes auxquels la Révolution offrira, avec les « complots aristocratiques », l'occasion de faire surface. Dès avant, toutefois, retournant contre elle ses propres arguments, le tiers état adopte à l'égard de la noblesse une attitude raciste. Sieyès fulmine contre ce « peuple à part, faux peuple qui, ne pouvant à défaut d'organes utiles exister par lui-même, s'attache à une nation réelle comme ces tumeurs végétales qui ne peuvent vivre que de la sève des plantes qu'elles fatiguent et dessèchent ». Et, exploitant l'argument malencontreusement fourni par Boulainvilliers, il propose de renvoyer le second ordre à ses origines mythiques : « Pourquoi (le tiers état) ne renverrait-il pas dans les forêts de la Franconie toutes ces familles qui conservent la folle prétention d'être issues de la race des conquérants ? » Et il est vrai que la noblesse, de La Roque à Boulainvilliers en passant par Saint-Simon, a cherché le bâton pour se faire battre. En puisant dans la race et l'histoire des justifications à ses privilèges, elle cessait de s'identifier à la Nation et rendait inéluctable la réaction de rejet dont elle devait être la victime.

Les efforts faits dans la seconde moitié du XVIIIᵉ siècle pour remodeler son image, furent insuffisants et vinrent trop tard pour que l'opinion y fût sensible. Le mal était fait. Il aura suffi d'un demi-siècle, centré autour du règne de Louis XIV, pour qu'avec le développement du phénomène de cour, la centralisation et le déracinement nobiliaire qui la suivit, la vanité de la caste ducale et de ses théoriciens patentés, la noblesse brisât la cohésion du royaume et se coupât du reste de la Nation. Ensuite, et jusqu'à la Constituante, ses tentatives pour sortir du ghetto doré dans lequel elle s'est laissée enfermer seront le plus souvent inefficaces : elle se heurtera, le texte de Sieyès le montre bien, à une volonté d'exclusion.

La noblesse réunit cette synthèse paradoxale d'être à la fois l'élite officielle du royaume, et un corps réprouvé, perçu comme étranger, inutile et nuisible. Toute élite sécrétée par un système politique et social déterminé apparaît nécessairement comme une excroissance parasitaire le jour où le système qui l'a engendré est remis en cause. Aujourd'hui, partout où les modèles socialistes s'imposent comme réalité ou comme espérance, les élites engendrées par les Etats capitalistes deviennent un objet de scandale et sont dénoncées comme des obstacles à la cohésion nationale. La noblesse n'a pas échappé à la règle commune et, en dépit d'efforts méritoires en 1789 pour se confondre et s'identifier à la Nation, elle n'a pu renverser le courant qui tendait à l'éliminer.

Pourtant la noblesse française ne s'est jamais constituée en caste, ni isolée des couches du tiers état les plus proches d'elle. L'absence de nobiliaire général, jamais constitué, la facilité de l'anoblissement, le grignotage des privilèges par la bourgeoisie détentrice d'offices et de fiefs : autant de preuves de l'ouverture du groupe. En France on n'est jamais définitivement dans ou hors de la noblesse.

Celle-ci, d'abord, est une noblesse nationale. Elle intègre, certes, des noblesses étrangères, mais pour en faire aussitôt des régnicoles. En Alsace, elle déborde sur la noblesse impériale ; elle reconnaît celles des provinces nouvellement agrégées (Corse, Lorraine), elle assimile des éléments étrangers (Suédois, Allemands, Polonais, Suisses) et surtout l'imposante masse des émigrés jacobites. Pourtant le pourcentage des assimilations reste sans doute inférieur à 2 pour 100. Mais au fait que représente numériquement la noblesse de France ? 80 000 ou 400 000 individus ? Depuis l'Ancien Régime les chiffres oscillent entre ces deux extrêmes. Le calcul est malaisé, non impossible. Or, il ne s'agit pas là d'une question purement académique. De l'importance du nombre dépendent d'abord la satisfaction ou la non-satisfaction des besoins de la noblesse. En effet les possibilités de service ne sont pas illimitées, d'autant moins que la noblesse exerce rarement un monopole sur une carrière, même dans l'armée. Et comment, sans chiffre, évaluer le taux de renouvellement de l'ordre ? Point d'ancrage de la moralité sociale, la faculté de la noblesse de s'agréger de nouveaux venus ou de permettre des cheminements d'une extrémité à l'autre de la hiérarchie nobiliaire, intéresse à la fois le rajeunissement du second ordre, et le tiers état dont elle satisfait la demande de promotion. Pour des raisons complexes, les chances d'escalade de la petite noblesse des provinces et des campagnes sont à peu près nulles. La cheminée est équipée de filtres si minces qu'ils ne laissent pratiquement rien passer.

Il en va tout autrement de l'accès du tiers au second ordre. Les bourgeoisies ont des possibilités variées, autant que coûteuses le plus souvent, d'accéder au privilège nobiliaire. Surtout elles bénéficient d'une promotion sans escale qui les hisse d'un formidable bond au niveau le plus élevé. Les Bourgeois de Boynes, anoblis par charge de Secrétaire du roi en 1719, obtiennent les honneurs de la cour, avec dispense de preuves, moins de cinquante ans après. Même cursus météorique pour les Peyrenc de Moras, pour les Laurent de Villedeuil et pour beaucoup d'autres. Cette pénétration de la noblesse, et surtout de ses strates supérieures, par l'élite du tiers, a des conséquences d'une grande importance pour la survie de l'ordre, mais plus encore, détermine son évolution. Sur le plan de l'existence, l'ordre est maintenu à un niveau démographique suffisant, bien que nettement décroissant depuis le milieu du XVIIe siècle. En outre la noblesse récupère la richesse et la compétence du tiers. De plus grande conséquence, les transformations qui affectent la psychologie nobiliaire et la représentation que l'ordre se donne de lui-même. Son invasion, depuis le XVIe siècle, par des couches nouvelles, au moment où l'identité bourgeoise se définit, entraîne le gauchissement de l'idéologie nobiliaire et la conversion du second ordre à des valeurs étrangères à son éthique traditionnelle. Non sans réticences ni remords parfois. Le racisme nobiliaire a la vie dure, mais admet la coexistence, et l'on peut trouver chez le même individu la double référence à l'idéologie bourgeoise et à la thèse de Boulainvilliers. Cette dernière, toutefois, et peut-être pour des questions d'opportunité, apparaît fort peu dans ce testament de la noblesse que sont ses cahiers de doléances. En 1789 la race n'est jamais invoquée mais la référence au mérite individuel apparaît avec la constance d'un leitmotiv. La valeur collective du groupe a cédé le pas. Traditionnellement, le noble se définit par son lignage. Son mérite est inséparable de celui de sa lignée, et la valeur des ancêtres fonde sa propre vertu. A la limite il n'a pas d'existence individuelle, de moi spécifique, il n'est qu'un maillon de la chaîne constitutive d'une race. C'est à cette tradition que la noblesse, ou du moins une large fraction de l'ordre, a renoncé en 1789. Tel un roturier, le noble revendique la reconnaissance de son mérite personnel, renonce au voile protecteur du lignage et, non sans orgueil, s'offre ainsi au jugement et à la concurrence du tiers état. Avec bien des hésitations, se heurtant parfois à des bastions irréductibles, le modèle bourgeois l'emporte peu à peu sur le modèle nobiliaire. Les comportements s'en trouvent transformés. La noblesse s'insère dans le développement des forces productrices, intègre le capitalisme à son éthique, annexe des activités communément bourgeoises.

La noblesse n'est close ni par des barrières sociales infranchissables, ni par une frontière idéologique. Elle n'est pas une non plus. Le métier permet d'isoler des noblesses à l'intérieur de l'ordre ; mais dans un second temps seulement. Car la profession elle-même est déterminée par un facteur décisif, argument fondamental, beaucoup plus que l'ancienneté du lignage, de différenciations profondes : l'argent, qui brasse les conditions, accroît la confusion, car il permet l'acquisition de la terre, y compris de la terre noble, le fief, qui depuis le XVIe siècle n'anoblit plus mais qui est à qui peut l'acquérir au moment où le bien-possessionné a tendance à l'emporter, du moins à se confondre avec le bien-né. Mais en même temps il creuse les écarts et, fait voler en éclat l'unité nobiliaire. La hiérarchie des fortunes, que les documents fiscaux et les comptabilités personnelles permettent d'établir, amène à préciser d'abord les incapacités, nées de l'absence de moyens, qui paralysent une partie de la noblesse, et l'éthique particulière que cette situation, souvent cruellement ressentie, lui a permis d'élaborer ; mais aussi l'absence de convergence entre le modèle de société souhaité par cette noblesse frustrée et le modèle auquel se réfère une élite nobiliaire beaucoup moins spécialisée professionnellement, moins exclusive dans ses choix, dans ses ambitions, plus aisément contaminée par les courants de pensée qui la traversent.

Tout au long du XVIIIe siècle la petite noblesse militaire écartée de la cour par principe, des charges par sa pauvreté, des dignités par son obscurité, a cherché dans la profession un critère de définition et une identité. Elle a

tenté d'imposer le modèle d'une noblesse entièrement vouée
au métier des armes qui trouverait sa justification dans un
idéal ascétique. Les espoirs déçus de la petite noblesse
fécondaient ainsi, dans l'imaginaire, une classe héroïque et
un antidote à la société de luxe et à la montée de l'argent.
L'équivalent, sur un plan chevaleresque, du mysticisme religieux de la bourgeoisie janséniste du siècle précédent. La
frustration de cette petite noblesse exclue des grades supérieurs, et parfois de l'armée, par la vénalité et les privilèges
des courtisans, stimulait une mystique de l'héroïsme et du
désintéressement. Le chevalier d'Arcq, qui donna à son livre
le titre caractéristique de *Patriote français,* a exprimé avec
vigueur cette aspiration au sacrifice, et son débat passionné
avec l'abbé Coyer exalte jusqu'au paradoxe cet idéal d'austérité, de pureté au service de la patrie.

Voilà qui n'était pas fait pour faire sauter d'enthousiasme la noblesse dorée. Elle a connu une autre évolution.
Elle n'a pas échappé à la *crise d'identité* [1]. La transformation de l'éthique nobiliaire n'a pas été spontanée. La monarchie l'a aidée, l'opinion l'a contrainte à s'interroger. Sur
elle-même d'abord, sur son être et son devenir. Sur la Nation
ensuite, cette Nation qui, en prenant conscience de sa jeune
existence, risquait de prononcer contre elle un verdict
d'exclusion. Certes l'interrogation sur la noblesse n'est pas
nouvelle. Les juristes ont depuis longtemps assimilé noblesse
à vertu. C'était le plus souvent pour mieux justifier
l'existence d'une noblesse héréditaire. Les moralistes
l'avaient mise en garde contre la facilité. La réflexion des
Lumières avait jeté le doute sur ses certitudes. Et la
noblesse s'est prise au jeu de l'examen de conscience ; jeu
de société peut-être, mais qui l'a troublée. Bossuet, le défenseur de l'ordre, Bossuet lui-même n'avait-il pas ouvert la
crise en fulminant : « La noblesse n'est souvent qu'une pauvreté vaine, ignorante et grossière, oisive, qui se pique de
mépriser tout ce qui lui manque ; est-ce là de quoi avoir le
cœur si enflé ? [2] » Condamnation terrible que le XVIIIe siècle a méditée. Si la noblesse doit être d'abord vertu,

_____

1. Je reprends ici une expression de François Furet. On se
reportera avec profit à l'article qu'il a consacré à Boulainvilliers,
à paraître prochainement dans *Annales E.S.C.*
2. *Obligations de l'état religieux,* 3.

comment la vertu ne serait-elle pas principe de noblesse ?
Inquiète noblesse que l'on dit si légère ! Comment échapper
à ces interrogations ? Fuir l'angoisse en se retranchant dans
les certitudes éprouvées ? C'est le sort de beaucoup, petits
gentilshommes que l'égalité menace et inquiète, et qui
s'accrochent avec morgue aux illusions d'une trompeuse
supériorité. Le comte de Ségur, que la mode plus que la
conviction avait projeté dans le camp des nouveautés, a été
à l'armée le témoin sagace de ce raidissement d'une petite
noblesse menacée.

C'était moins des grands seigneurs et des hommes de
cour qu'on avait à se plaindre, que de la noblesse de province pauvre et peu éclairée ; et c'est ce qui ne doit pas
surprendre car celle-ci n'avait de jouissance que celle
de ses titres, qu'elle opposait sans cesse à la supériorité
réelle d'une classe de bourgeoisie dont la richesse et
l'instruction la gênaient et l'humiliaient [1].

Quand on est de bonne souche et quelque peu frondeur,
on ne s'en laisse pas compter. Pourtant la séduction que
l'esprit des Lumières exerçait sur la bonne société avait des
limites. Pour beaucoup il ne s'agissait que de divertissement.
On donne avec vivacité et élégance dans les modes anglaises,
les idées libérales, le républicanisme et l'égalité. Mais
combien, parmi ces amateurs ne sont que les faussaires des
Lumières ? Pour beaucoup d'esprits frivoles, c'est un jeu
naïf d'apprentis sorciers qui se réveilleront demain horri-
fiés par les forces qu'ils ont imprudemment libérées.

Ségur l'un des leurs, a fort bien démêlé l'inconsistance
de ces petits maîtres, dandys d'une fronde pour grands, qui
n'avaient pas réalisé l'importance de l'enjeu, enfants gâtés
qui croyaient faire la révolution en battant leurs nourrices.

Nous respections extrêmement les vieux débris d'un
antique régime dont nous frondions en riant les mœurs,
l'ignorance et les préjugés... Nous nous sentions dis-
posés à suivre avec enthousiasme les doctrines philosophiques que professaient les littérateurs spirituels et
hardis. Voltaire entraînait nos esprits, Rousseau touchait

---

1. Ségur : *Mémoires.*

nos cœurs, nous sentions un secret plaisir à les voir attaquer un vieil échafaudage qui nous semblait gothique et ridicule. Ainsi quoique ce fussent nos rangs, nos privilèges, les débris de notre ancienne puissance qu'on minait sous nos pas, cette petite guerre nous plaisait. Nous n'en éprouvions pas les atteintes, nous n'en avions que le spectacle. Ce n'était que des combats de plumes et de paroles qui ne nous paraissaient pouvoir faire aucun dommage à la supériorité d'existence dont nous jouissions et qu'une possession de plusieurs siècles nous faisait croire inébranlable... La liberté, quel que fut son langage, nous plaisait par son courage ; l'égalité par sa commodité. On trouve des plaisirs à descendre tant qu'on croit pouvoir remonter dès que l'on veut et, sans prévoyance, nous goûtions tout à la fois les avantages du patriciat, et les douceurs d'une philosophie plébéienne.

Et, en effet, parmi ces jeunes démocrates pour rire, combien n'ont vu qu'un jeu piquant dans l'égalité, qu'un divertissement dans la contestation de l'Etat absolutiste ? Ceux-là tournèrent casaque au premier coup de semonce. Tous ne furent pas aussi vains. Beaucoup mesurèrent la gravité de la mutation, l'acceptèrent avec un enthousiasme réfléchi et se tinrent à leur parti avec la conviction généreuse des croyants désintéressés. Chez un jeune aristocrate comme de Pont, le correspondant de Burke, resté fidèle à son idéal même après que son « maître », devenu le « défenseur du despotisme », eut dénoncé la Révolution, il n'y a pas de place pour le dilettantisme : liberté, égalité, constitution ne sont pas de vaines fanfreluches pour pommadins, mais des innovations nécessaires dont il admet sans artifice et sans remords qu'elles se substituent, même au prix de quelques excès, à tout ce qu'il condamne au nom de la dignité et de l'honneur national [1].

L'historiographie officielle a souvent voulu voir dans la

1. Voir ses lettres à Burke, en particulier celle du 6 décembre 1790, publiées par H.V.F. Somerset, in *Annales historiques de la Révolution française*, 1951, pp. 360-373.

crise de l'Ancien Régime l'embryon d'une lutte de classes initiant dans le conflit bourgeoisie-noblesse, challengers de toute évidence désignés par une évolution séculaire, une compétition sans merci pour le pouvoir. Et de fait, le conflit existe ; il est antérieur au règne de Louis XVI, antérieur même au XVIIIe siècle, et ceux qu'il intéresse ne sont pas ceux que l'on croit. Sa naissance est contemporaine de celle de l'absolutisme, et il est intranobiliaire. Il n'oppose par bourgeoisie à noblesse, mais noblesse à noblesse. C'est à l'intérieur de l'ordre que tout se joue, dans une guerre intestine qui traverse tout l'Ancien Régime, du XVIe au XVIIIe siècle, et qui ne se résout que dans la crise de l'absolutisme, après 1787, lorsque les noblesses se réconcilient sur le dos de la monarchie. Ce n'est qu'après cette réconciliation que le conflit pourra se déplacer, opposer tiers état à noblesse, dresser l'un contre l'autre le privilège et l'égalité.

Mais il faut reprendre les choses de plus loin. L'absolutisme s'est construit sur les ruines de la féodalité, en refoulant la noblesse vassalique, aristocratie détentrice de pouvoirs souverains. Pour assurer son autorité, et pour satisfaire des besoins fiscaux croissants, la monarchie s'est entourée d'une classe de fidèles relevant directement de son autorité, étroitement surveillée, à qui elle accorda le privilège nobiliaire en échange des services qu'elle exigeait et d'une soumission absolue. Elle opéra de cette façon un transfert de pouvoir de la noblesse féodale à la noblesse royale à qui elle délégua, sous son contrôle immédiat, des portions de la puissance publique sous forme de charges et de commissions. Elle créa ainsi une nouvelle noblesse qui se substitua peu à peu au reliquat féodal progressivement réduit à un rôle décoratif. Les représentants, réels ou mythiques, de cet ancien pouvoir féodal, témoins impuissants de cette révolution qui ruinait définitivement leur puissance, l'ont interprété comme un effondrement. « J'avoue que j'ai besoin de me faire violence pour me retenir sur la situation cruelle où le dernier gouvernement a réduit l'ordre duquel je tire mon être et mon honneur. » Saint-Simon, témoin indigné de l'abaissement nobiliaire, a fort bien démêlé les mécanismes de ce transfert de pouvoir. Le second ordre — entendons l'ancienne noblesse — est tombé sous la dépendance du « tiers », c'est-à-dire de la robe, de la plume et de la finance, de tous les serviteurs de l'Etat absolutiste parmi lesquels sont distribués les pouvoirs. Ce tiers, sous la plume du mémorialiste, c'est la nouvelle noblesse, toute cette bourgeoisie que la monarchie et les offices ont anoblie et qui détient, sous Louis XIV, la réalité du pouvoir. Le gouvernement des provinces, autrefois aux mains des gouverneurs, donc de la noblesse, est passé aux commissaires, à la noblesse royale. Celle-ci tient le second ordre — car pour Saint-Simon elle n'en fait pas partie — sous son entière dépendance économique et politique. Elle est riche et concentre tous les pouvoirs enlevés aux militaires. Sensible plus qu'aucun autre à tout ce qui avilissait les antiques lignées, Saint-Simon déplore :

Cette domination que le riche a toujours sur le pauvre, de quelque extraction qu'ils soient, et qu'il appuie par des emplois d'autorité où on n'arrive que par les charges vénales dont les prix sont excessifs par rapport à leur revenu. Ces voies de s'égaler à la noblesse ne s'abandonneront pas aisément, d'autant plus qu'elles se terminent à quelque chose de plus fort par le besoin continuel où la noblesse se trouve, depuis la plus illustre jusqu'à la moindre, des biens et de la protection, car il faut dire le mot, des particuliers riches et en charge du troisième ordre, dont il est presque tout entier composé... A l'égard des charges, outre que le nombre de celles de judicature, de plume et de finance est presque infini, c'est qu'il n'en est aucune qui n'ait une autorité ou un pouvoir direct ou indirect, qui ne souffre aucune comparaison avec quelque charge militaire que ce soit dont la proportion puisse être faite [1].

Richesse et puissance entre les mains de la noblesse royale, la noblesse féodale contrainte d'accepter la protection et l'autorité de celle-ci, quelle déchéance pour cet ordre « de tous le plus opprimé, celui qui a le moins de ressources, le seul néanmoins qui existât dans les temps les plus reculés [2] ».

---

1. *Mémoires*, La Pléiade, V, p. 611-612.
2. *Id.*, V, p. 610.

Ce conflit entre deux noblesses se déplace au XVIIIe siècle. La cause de la noblesse royale est gagnée depuis que l'absolutisme a triomphé. Mais la guerre reprend : avec pour enjeu majeur, non plus le pouvoir mais l'armée. C'est le sens de l'affrontement entre l'argent et le privilège, tranché par l'absurde sous Louis XVI avec l'édit de Ségur, dernier épisode de la guerre des noblesses, qui en reconnaissant officiellement deux classes au sein de la noblesse royale, brisait le compromis difficilement acquis par l'absolutisme entre les fractions concurrentes de l'ordre [1]. C'est en définitive l'absolutisme qui fera les frais de cette erreur politique. Les noblesses, menacées dans leur cohésion, se réconcilieront contre lui et chercheront même, dans l'alliance avec le tiers état, les moyens de l'abattre. Alliance durable. Que la dialectique révolutionnaire évince ensuite la noblesse, comme elle évincera plus tard la bourgeoisie girondine, ce ne sont là qu'épisodes qui n'empêcheront pas la bourgeoisie et la noblesse de triompher dans une société post-révolutionnaire qui satisfait assez généralement les vœux exprimés par l'une et par l'autre en 1789.

Un siècle à peine sépare l'apogée de l'absolutisme de sa fin. Un siècle pendant lequel il a connu une sorte de béatitude, cet état de grâce qui entoure, sous Louis XV, un pouvoir entraîné par la vitesse acquise. Auréolé de charismes il impose benoîtement son autorité, évitant d'utiliser la foudre, comme parvenu à cet état de perfection où l'obéissance est acquise et le spectacle de la force et de la violence inutile. Illusion ? Lorsque la Constituante se réunit elle trouve un royaume que le pouvoir a cessé de gouverner et même d'administrer. La monarchie tombe en quenouille. Elle n'offre aucune résistance. Elle abandonne et s'abandonne. Malgré des sursauts maladroits.

Issue logique d'une longue dérive qui, de l'apogée de l'absolutisme à l'entrée en scène de la Constituante, a décentré et marginalisé le pouvoir jusqu'à la fiction. Mais

---

1. L'édit de 1789 visait moins la bourgeoisie que la noblesse récente. Il fallait en effet quatre degrés de noblesse, soit environ un siècle d'ancienneté pour obtenir l'épaulette sans passer par le rang. Voir à ce sujet, D. Bien cité dans la bibliographie.

l'illusion était si convainquante que, lorsqu'apparut l'évidence, la Nation fut un moment déconcertée.

Cette dérive du pouvoir, ce long cheminement vers le non-être, s'est effectué en deux temps. Sous Louis XIV, le premier acte. Le pouvoir s'absorbe dans la contemplation de lui-même, élève pour ses peuples le culte de sa transcendance sur l'autel du souverain héroïsé, se retranche derrière l'écran protecteur d'un rituel et d'une construction profane à double finalité, destinée à occulter à la fois sa puissance et ses faiblesses et à neutraliser tout danger, toute critique, toute opposition. Ce glacis protecteur, c'est la cour. Catalyseur de toutes les ambitions, lieu de convergence unique de tout ce qui pense, la cour est un système clos à la respiration autonome où les compromis s'élaborent dans le secret. Elle délimite une frontière qui isole le pouvoir de tout contact avec des éléments hétérogènes, le met à l'abri des contaminations, mais en même temps crée le vide autour de lui, rend dérisoires et même impossibles la naissance et le développement d'oppositions hors du cercle qu'elle délimite. L'opposition ne peut s'organiser qu'à l'intérieur de la cour, et là tout est absorbé, contrôlé, lénifié. La cour de Louis XIV est une construction politique destinée à neutraliser toute tentative d'organisation externe de critique et d'opposition. Elle a pour fonction de centraliser les risques. Rien ne doit déborder. C'est un système de neutralisation des forces dangereuses qui transforme les oppositions en cabales, un alambic où les bombes deviennent des pétards, le combat politique un jeu de courtisans ou des complots de sérail. La cour canalise les oppositions, les naturalise et les neutralise. Le pouvoir surveille et s'affermit.

Au cours du XVIIIᵉ siècle le mécanisme se transforme, s'avilit et se défait. La Régence, puis le début du règne de Louis XV, voient se produire les premières fuites. Que la contestation ou la simple réflexion politique sortent du champ clos où Louis XIV les avait remisées, et le risque de marginalisation prend forme, la dérive du pouvoir commence. Fleury l'avait bien compris qui fit fermer le club de l'Entresol, foyer de réflexion politique d'où pouvait naître le danger. Mais la brèche était ouverte. Après la mort de Louis XIV et la libéralisation du régime, la « déstalinisation » de la Régence, c'est la fonction et l'efficacité de la cour qui sont désormais en cause. Elle cesse d'être l'enveloppe du pouvoir et le voile qui le protège des regards indiscrets. Elle le sent si bien qu'elle s'émiette dans les « petits appartements » dont l'architecture privée et secrète accélère l'éclatement d'une construction devenue trop lourde pour un pouvoir qui a cessé de croire en lui-même. L'*après moi le déluge* exprime le doute d'un pouvoir qui voit s'affaisser les défenses élevées pour sa protection. Au moment où elle codifie ses usages, la cour cesse d'être opérante. Sa fonction politique — élever autour du pouvoir un cercle de feu — s'estompe. Le pouvoir sort des nuages qui le cachaient aux foules. Les salons, les académies, les cénacles, tous les Palais Royal et bientôt les sociétés plus ou moins secrètes s'en emparent ; il devient un sujet de conversation, de dispute, de convoitise. Soudain dépouillé de son secret, et du coup de ses charismes, devenu l'objet commun d'une Nation qui le découvre, il s'amenuise, s'évanouit et, comme à son insu, s'absente de lui-même pendant que tous le désertent, noblesse en tête. Pour quel projet ? Cet essai le dira peut-être.

CHAPITRE PREMIER

LES LUMIÈRES ET L'IDÉOLOGIE NOBILIAIRE

Le XVIIIᵉ siècle est susceptible de définitions multiples. Grand siècle bourgeois ou grand siècle nobiliaire ? Siècle des Lumières à coup sûr. Mais de quel compromis ces Lumières procèdent-elles ? Pensée bourgeoise née de la rencontre d'une classe sociale exubérante et des résistances que lui opposait une société trop rigide pour satisfaire ses appétits de puissance : les Lumières seraient en somme l'idéologie d'un complexe de frustration. Définition marginale sans doute et socialement fragmentaire. Elle rend compte toutefois de l'insatisfaction, en quelque sorte organique, qui mutile la conscience et féconde la pensée d'un siècle qui s'accomplit dans une permanente révolution, qui dit la révolution, qui la sent, qui la raisonne, qui la met en conte, en traité et même en musique, avant de commettre le geste qui l'accomplit.

Mais les auteurs de ce ballet qui procède à la fois de la fête et de la fureur révolutionnaire ? Mais les frustrés, les leaders, les chantres du grand matin lumineux accoucheur de nouveaux mondes ? Bourgeois ? Et pourquoi non ? Dans cette société qui enterre avec une sorte de jubilation rieuse les vieilles catégories aristotéliciennes qui la bloquaient, comment la bourgeoisie, cette élite en puissance, cette élite déjà concurrente, n'aurait-elle pas joué dans la partition du renouveau quelques-uns des premiers grands rôles ? Voltaire, Diderot, Rousseau, Raynal, Sieyès : pourquoi en citer d'autres ? Mais leur attribuer le monopole des Lumières, et le monopole de la frustration et de la volonté révolutionnaire, quelle inconséquence ! Car la frustration dont le siècle est malade n'est qu'accessoirement sociale : d'abord, elle est politique. Les Lumières sont au premier chef une redéfinition du pouvoir, ou plutôt la prise de conscience d'une localisation nouvelle du pouvoir. Jusqu'alors, le pouvoir c'est ce qui échappe aux yeux et donc au contrôle du citoyen. D'origine céleste, il s'incarne dans un personnage charismatique, objet de vénération et de culte, instrument d'une puissance qui échappe même à sa propre perception et qui rend les rois thaumaturges.

La première conséquence de la pensée des Lumières a été de séculariser le pouvoir, de couper l'ombilic qui l'accrochait aux cieux, et de le rendre aux hommes. Donc, avant tout, de le fragmenter, de le rendre divisible, et en même temps de redéfinir son objet, de diversifier ses compétences, et de préciser son ressort. Religieux, le pouvoir s'exerçait sur les âmes avant que sur les corps. Rendu à l'immanence, les âmes lui échappent, mais les corps deviennent l'objet privilégié de son exercice. En perdant sa fonction de législateur du divin, le pouvoir devient justiciable du tribunal des citoyens, et se voit assigner un rôle précis : être le gardien et le bienfaiteur des corps. Il doit assurer ici-bas le bonheur des hommes. La capacité du pouvoir à réaliser sa vocation est étroitement dépendante de la façon de régulariser les rapports entre celui qui l'exerce et ceux qui le subissent : du despotisme au socialisme, tous les modèles peuvent être également souhaitables pourvu que le bonheur des hommes soit réalisé.

La noblesse, toujours consciente d'incarner une aristocratie, ne pouvait se désintéresser — devait même faire sa préoccupation première — du pouvoir, de ses formes et de ses manifestations ; d'autant plus que par son héritage, et la situation particulière qui lui avait été faite principalement sous Louis XIV, elle portait en elle une terrible rancune et le sentiment d'une frustration consécutive à ce pouvoir transcendant qui s'était défini hors du champ de son influence, hors d'atteinte, exempt de tout contrôle, de toute prise, de tout regard. Elle représentait donc naturellement le contestataire privilégié du pouvoir et il était normal que sa réflexion s'attachât à sa redéfinition, pour le faire descendre des hauteurs où il était monté, pour le contraindre à compter avec les hommes, pour lui donner sa pleine efficacité sous le contrôle de ceux qui, en le subissant, le légitimaient.

Redéfinition du pouvoir issue de la réflexion des plus marqués par son exercice, ceux que le scandale d'une autorité hors de page, sans limite, sans autres justifications que métaphysiques, blessait le plus profondément parce qu'il leur ôtait une des justifications de leur existence en même temps qu'il anéantissait leurs droits fondamentaux : le droit au conseil, le droit au contrôle, le droit au pouvoir. Comment s'étonner dès lors si la critique du pouvoir a été d'abord le fait d'une noblesse qui ressentait profondément les effets de sa personnalisation pharaonique ? Pour elle, le pouvoir ne pouvait être que l'expression, individualisée et magnifiée dans la personne du souverain, de la capacité collective de l'ordre à l'exercer ou à le déléguer sans jamais perdre sur lui ses droits primordiaux.

En débarrassant le pouvoir de ses références sociales, en en faisant le lieu idéologique d'une transcendance, Louis XIV avait exclu les élites officielles du compromis nécessaire entre le pouvoir et son objet, entre gouvernant et gouvernés. Il avait rompu le contrat tacite conclu à l'aube de la monarchie : le contrat nobiliaire, forme aristocratique du contrat social. Dès lors la réflexion devenait possible, nécessaire, mais aussi l'audace, mais aussi la révolte. Car la légitimité du pouvoir, désormais, était en cause. Aux yeux des plus respectueux, le pouvoir louisquatorzien pouvait apparaître comme un despotisme intolérable, plus encore comme une transgression à la norme contractuelle qui seule pouvait le légitimer. Privé de ses conseillers naturels, le monarque n'incarne plus le pouvoir souverain et inaltérable : son pouvoir que seuls la force, la peur et le désespoir garantissent, n'est plus qu'une caricature. Le droit à la résistance est alors un devoir.

Le duc d'Orléans, entouré des pairs et des magistrats du Parlement recomposent le pouvoir dans sa vérité, son existence légale et sacrée, et peuvent casser, dans la pleine conscience du droit rétabli, les dernières volontés d'un monarque égaré, pour restituer le pouvoir dans sa plénitude de souveraineté concertée [1]. La mémorable séance du Parlement où furent cassées les dernières volontés de Louis XIV est, en fait, la manifestation officielle de la révolution idéologique d'où procède toute la réflexion des Lumières sur le pouvoir. A partir de là le pouvoir cesse d'être l'objectivation d'une transcendance pour devenir l'objet d'un exercice raisonnable et le lieu des convergences sociales.

Un pouvoir fondé en raison, pour un siècle qui invente l'histoire immanente, sera fondé en histoire. L'histoire, à son tour fonde les idéologies : récurrentes, et alors naissent les nostalgies ; progressistes, et alors se développent les idées de progrès et les perspectives de bonheur. Dans la mesure où le dualisme histoire-noblesse l'emporte encore sur le compromis pouvoir-nation, l'idéologie se développe d'abord chez ceux qui en ont la conscience la plus claire, parce qu'ils y sont plus intéressés, parce que chez eux le scandale du détournement de l'histoire est plus vivement ressenti. Inversement l'histoire leur fournit les arguments qui fondent la légitimité de leur réflexion et disqualifient un pouvoir qui usurpe les droits de ceux qu'il avait pour fonction de maintenir. Une dialectique du présent et du futur fonde sur un âge d'or situé quelque part dans un passé antérieur à l'usurpation du pouvoir, un avenir de progrès et de bonheur. Pour ceux qui nient cet âge d'or, l'histoire s'inverse. L'usurpation du pouvoir devient une étape de la marche en avant, un progrès vers l'escalade au bonheur. Aux deux extrémités de ces courants opposés, se rejoignant dans un âge d'or retrouvé ou perçu comme un avenir possible, on a la féodalité ou le socialisme, Boulainvilliers ou d'Argenson. Dans les deux cas, face au pouvoir, destructeur des libertés ou fondateur de l'Etat, apparaît la conscience du droit au bonheur : par une nouvelle économie du pouvoir fondée sur les droits anciens recouvrés, ou sur les droits raisonnables que les progrès de l'histoire justifient. Qu'il soit l'instrument par lequel le bonheur doive s'accomplir ou l'obstacle à son épanouissement, le pouvoir est susceptible d'amélioration. C'est là le point capital : les lumières seront réformistes.

---

1. Voir, dans Saint-Simon, la cassation du testament et du codicille de Louis XIV, collection La Pléiade, tome V, ch. I.

La situation de la noblesse française est le résultat d'une évolution qui l'a enfermée dans une contradiction dont tout l'effort de réflexion du xviii⁰ siècle a tenté de la faire sortir. Soumise par la royauté — « avilie » disent les auteurs — c'est-à-dire dévalorisée par l'usurpation du pouvoir, elle garde de grandes prétentions qui ne trouvent plus à se satisfaire qu'à travers des faux-semblants, substituts et non réalités de pouvoir, préséances et dignités. L'échec de la Fronde a consolidé l'absolutisme, un régime où l'Etat et celui qui l'incarne, le Roi, ne veulent connaître que des sujets, des êtres de soumission, non des atomes du pouvoir, des justiciables, non des garants du droit. La victoire de la monarchie signifie la fin du dialogue — pacifique ou violent mais égalitaire — entre le pouvoir et la noblesse. Celle-ci, désormais, n'est plus un partenaire. Elle a cessé d'être l'Etat, ou du moins une de ses composantes essentielles, pour devenir un état.

En échange de sa soumission elle s'est vue attribuer un rôle. Dans le jeu à grand spectacle que monte la monarchie pour célébrer sa grandeur et son culte, elle joue la figuration : figuration de luxe, destinée à mettre en valeur le premier rôle et à masquer l'usurpation. Dans l'écrin somptueux de Versailles, la noblesse choyée et impuissante, le roi divinisé, la fête religieuse et profane se confond avec la vie quotidienne. La noblesse participe au spectacle, mais, sans cesse en représentation, elle n'a pas droit aux coulisses où le pouvoir se retranche. Devenus les prêtres fastueux de la grande liturgie que la monarchie offre à ses peuples et à l'Europe, les nobles perdent sur tous les fronts : le pouvoir dont ils ne voient que l'apparat, l'influence locale abandonnée pour l'esclavage doré. Les leaders sont devenus une « suite » royale. Dès lors naît dans la noblesse la conscience de sa déchéance. Tout son effort, au cours du xviii⁰ siècle — du groupe constitué autour du duc de Bourgogne jusqu'aux Etats généraux — viseront à inverser les rapports que Louis XIV a établis entre le trône et sa noblesse : de la domestication elle aspire à passer au contrôle de la monarchie.

C'est là, du moins, une de ses aspirations ; elle ne touche ni la totalité du second ordre ni même l'ensemble de l'élite nobiliaire. Car la noblesse est multiple. Toute une part du second ordre, petite et moyenne noblesse des provinces, n'aspire ni aux grandes dignités qui lui sont interdites, ni au pouvoir dont elle n'a qu'une représentation charismatique. L'absolutisme, pour elle, c'est l'Etat-sacré qui, dans le pragmatisme de la quotidienneté, devient l'Etat-patron : elle se soumet de bonne grâce, et même avec une ferveur religieuse, à son autorité ; en échange, il doit fournir des emplois. L'Etat doit entretenir une armée capable de satisfaire ses exigences professionnelles. L'absolutisme, elle s'en accommode, à condition que le roi soit garant des privilèges et du plein emploi nobiliaires. L'échec de la monarchie à satisfaire cette revendication du plus grand nombre de la noblesse, la convertira elle aussi sur le tard au principe d'une monarchie limitée. Pour l'avoir trop bien soumise, sans réussir à la satisfaire, la monarchie dressera contre elle sa noblesse, sans se faire pour autant un allié du tiers état, sacrifié à la première, et dont les ambitions politiques ont suivi la courbe des ambitions nobiliaires.

Le début de la contestation nobiliaire a coïncidé avec la plus grande extension du pouvoir monarchique, sous Louis XIV. En mettant en cause le régime, la noblesse ouvrait la voie à la politique des Lumières dont la critique devait saper progressivement les fondements de l'absolutisme. Avec Fénelon, Chevreuse, Beauvilliers, se développait l'idée d'une monarchie aristocratique, d'un régime qui substituerait des pouvoirs responsables au pouvoir despotique d'un monarque qui ne doit compte qu'à soi : au pouvoir un, donc arbitraire, un pouvoir segmenté, partagé entre les puissances et les dignités, c'est-à-dire les mérites. L'élite de la noblesse et l'élite du tiers, placées dans l'administration, l'armée, la justice, en fonction de leur capacité et de leur valeur, en position d'indépendance par rapport au despotisme ministériel, contrôleraient une monarchie décentralisée[1]. Partout, la noblesse devrait être préférée quand elle joindrait le mérite à la dignité. Les conseils mettraient en place les meilleurs, c'est-à-dire si l'on suit Saint-Simon, les gens d'une « certaine consistance » : ceux qui, par leur naissance et leurs « établissements », sont les plus attachés au bien de

---

1. FÉNELON : *Plans de gouvernement concertés avec le duc de Chevreuse pour être proposés au duc de Bourgogne* (novembre 1711).

l'Etat, et surtout les plus aptes à l'indépendance, les plus résistants aux entreprises de l'arbitraire. Rejoignant la doctrine parlementaire, Fénelon et Chevreuse situent dans la loi le principe du pouvoir. Elle est la borne imposée à l'autorité du souverain, le frein à l'audace des peuples.

Le despotisme tyrannique des souverains est un attentat sur les droits de la fraternité humaine : c'est renverser la grande loi de la nature, dont les rois ne sont que les conservateurs. Le despotisme de la multitude est une puissance folle et aveugle qui se forcène contre elle-même : un peuple gâté par une liberté excessive est le plus insupportable de tous les tyrans. *La sagesse de tout gouvernement consiste à trouver le milieu entre ces deux extrémités affreuses, dans une liberté modérée par la seule autorité des lois* [1].

Que Fénelon parvienne mal à se dégager des nostalgies d'un passé idyllique importe ici assez peu. La critique du pouvoir mérite seule l'attention. Elle fonde la politique des Lumières sur deux principes que tout le siècle exploitera : la tyrannie comme infraction au droit naturel ; la loi comme limite nécessaire du pouvoir.

Cette théorisation n'avait été rendue possible que par la crise de conscience qui avait fragmenté, morcelé, distendu des rapports roi-sujets, isolé l'un des autres, désarticulé la relation entre le pouvoir et son objet, bref dressé face au pouvoir un concept nouveau bientôt défini comme Nation. Pour se décanter cette notion devait passer par une étape intermédiaire que la structure pyramidale de la société imposait et que l'histoire justifiait. La Nation se construit à travers une succession d'avatars qui définissent une succession de nations constamment élargies. Elle pouvait, et devait, d'abord se concevoir sous son avatar nobiliaire. La prise de conscience de la nation noble, souvent considérée à tort comme une réaction féodale, fut à la fois ferment et embryon de Nation : face au pouvoir, antérieur à lui, se définissait quelque chose aux droits inaliénables

---

1. *Principes fondamentaux d'un sage gouvernement.* Supplément à l'examen de conscience sur les devoirs de la royauté.

que les Lumières recevront des mains de l'aristocratie et
qu'elles métamorphoseront. Face à l'absolutisme, face au
pouvoir totalisant, qui ne reconnait nulle existence hors de
sa propre existence, la noblesse trouvait dans l'histoire la
démonstration de son antériorité et le principe de son être :
« La noblesse ne doit à la royauté ni son établissement ni
ses droits [1]. » Une nation, réduite pour l'instant à la seule
noblesse — dont la supériorité n'est ni naturelle ni biologique mais historique — définissait son existence contre un
pouvoir qui prétendait la réduire à un état de soumission
absolue, et revendiquait ses droits, ses libertés, son autonomie. Boulainvilliers au nom des libertés et du pouvoir
nobiliaire devenait le critique le plus dangereux du pouvoir [2]. Il ouvrait la brèche par où passera l'affirmation de
la Nation, élargie désormais à la totalité des citoyens. Face
au pouvoir, le droit de la Nation — d'abord dans sa réduction nobiliaire — survivant à l'usurpation monarchique,
articulait sur l'histoire la mise en cause du despotisme et
fondait la légimité d'une « révolution », d'un retour aux
sources, facilement inversé, lorsque la référence historique
sera abandonnée, dans le sens de la réforme, voire de la
révolution progressiste.

Avec Montesquieu qui fait la synthèse des revendications
nobiliaires, qui intègre la pensée des grands parlementaires comme d'Aguesseau, qui nie l'opposition entre Germains nobles et Gaulois roturiers, et admet l'ouverture de
la noblesse aux seconds, la monarchie franque fonde en
histoire les « libertés » et la monarchie tempérée. Débarrassée du racisme historique de Boulainvilliers, la
condamnation de l'absolutisme s'accompagne d'une doctrine
juridique du pouvoir limité. Les parlementaires affirmaient
déjà l'existence de freins, de butoirs : le droit placé au-
dessus des rois, le contrôle exercé par le Parlement, les
anciens privilèges de la noblesse : « Ce qui caractérise
l'Etat monarchique, et le distingue de l'Etat despotique, c'est
dans l'un la diversité des classes et des ordres de sujets
et ces prérogatives et exemptions qui leur sont attribuées. »

---

1. Boulainvilliers : *Dissertation sur la noblesse française.*
2. Voir l'étude de F. Furet sur Boulainvilliers, à paraître pro
chainement dans *Annales E.S.C.*

Interprétation de juriste qui, chez Montesquieu, débouche sur la formule célèbre : « Pour qu'on ne puisse abuser du pouvoir, il faut que, par la disposition des choses, le pouvoir arrête le pouvoir. » Ce pouvoir qui fait obstacle, ce pouvoir qui tempère, est triplement fondé : en histoire (les libertés franques) en droit (le contrôle du Parlement), mais aussi en dignité. Où trouver en effet autant d'aisance à résister aux abus du pouvoir que chez les grands, où trouver autant de puissance qui n'entraîne aucune servitude ? Montesquieu rejoint ainsi Saint-Simon :

> Dès que Louis XIV fut mort, la jalousie parut contre les rangs. Le peuple ajouta à ce que l'autorité royale avait déjà fait. On voulut bien s'avilir devant le ministre du prince ; mais on ne voulut rien céder à l'officier de la couronne, et on regarda avec indignation toute subordination qui n'était pas une servitude [1].

Noblesse et hiérarchie de la noblesse sont, pour Montesquieu, garants ensemble des libertés de la nation face au pouvoir niveleur : garants d'un juste pouvoir.

Mably, à son tour, articule sur l'histoire sa revendication nationale. Mais il élargit la Nation en juxtaposant deux séries alternantes d'usurpations. La libération de la Nation, qui doit la fonder, passe par le dégagement de l'une et de l'autre, l'usurpation monarchique et l'usurpation féodale. Ici, la liberté de la Nation ne se confond plus avec celle de la noblesse. Elle s'induit au contraire de la destruction des deux formes de tyrannie qui ont ajouté leurs funestes effets au cours de l'histoire. Car si les rois ont séparé « leurs intérêts de ceux de la Nation » et se sont regardés « plutôt comme les maîtres d'un fief que comme les magistrats d'une grande société, détruisant les Etats généraux pour y substituer une administration arbitraire », la noblesse n'a pas moins méconnu les droits naturels de la nation en aspirant à devenir une classe de « tyrans » par l'emploi de la force et le biais de l'hérédité [2]. Avec Mably, la Nation (et son

---

1. *Mes Pensées*, 622, « des dignités ».
2. Marly : *Observations sur l'histoire de France.* « Tant que es bénéfices ne furent pas héréditaires, les distinctions accordées

substitut, les Etats généraux) dépasse la définition qu'en avaient donnée et Fénelon et Boulainvilliers, rejette la noblesse du côté des obstacles qui s'opposent à son épanouissement, prend la forme que 1789 lui reconnaîtra.

Avec audace, la pensée nobiliaire avait fait de l'absolutisme sa cible privilégiée. Parce que la crise dont elle souffrait était d'abord politique. Mais elle ne pouvait mettre le pouvoir en cause sans s'interroger sur elle-même, sans définir sa nature, sans justifier, face au pouvoir et à la société, ses ambitions et d'abord son existence. D'où la nécessité de fixer des valeurs de référence. L'histoire fournissait l'arsenal où puiser des arguments : la supériorité des vainqueurs était établie par la conquête. Argument historique, il était toutefois soumis aux interprétations divergentes des historiens. Théoriquement fondé en biologie [1] l'argument racial résistait mal aux évidences des contaminations et à la politique nobiliaire du pouvoir. L'esprit des Lumières s'accommodait mal de la gratuité de valeurs qui ressemblaient plus à des articles de foi qu'à des vérités naturelles. Il apparaissait de plus en plus clairement que la sélection sociale pouvait reposer sur d'autres critères que celui de l'hérédité.

Dès que ce principe se trouvait posé, la noblesse devait apparaître comme un obstacle au progrès, voire comme une superstition incompatible avec la philosophie d'un siècle éclairé, d'un siècle qui voulait se conduire d'après les seules évidences de la raison. La première génération des Lumières avait sapé l'absolutisme. La seconde allait-elle rejeter la noblesse, selon les mêmes principes, au nom d'une usurpation ? En fait, il faudra attendre la génération révolutionnaire, les d'Antraigues, les Sieyès, pour que les nobles, victimes de leur propre raisonnement, voient se retourner contre eux et l'argument de la conquête et la Nation gauloise, et Sieyès les prier de regagner... leurs forêts de Fran-

---

aux leudes ne furent que personnelles. Leur noblesse ne se transmettait pas par le sang. laissait leurs enfants dans la classe commune des citoyens jusqu'à ce qu'ils prêtassent le serment de fidélité entre les mains du prince. Les citoyens en un mot formaient deux classes différentes, mais les familles étaient toutes du même ordre. Tout change avec l'hérédité des bénéfices : ces leudes d'une nouvelle espèce se crurent supérieurs aux autres et on commencera à prendre de la noblesse l'idée que nous en avons aujourd'hui. »
1. Par de La Roque.

conie. Mais, dès avant ce retour de bâton, la noblesse s'est interrogée, a douté d'elle-même, a mis en doute sa propre légitimité.

René-Louis de Voyer marquis d'Argenson, ministre de Louis XV, surnommé « La Bête » par une cour frivole, mais lettré, ami de Voltaire, grand écrivassier qui laissa à sa mort cinquante-six volumes manuscrits, un traité de la *Démocratie royale*, des *Essais* dans le goût de ceux de Montaigne, a posé avec une vigueur exemplaire l'alternative noblesse-mérite. Pour d'Argenson, le triomphe du mérite sur l'hérédité constitue l'étape indispensable au passage de la société de la violence à la société du bonheur. Rompant avec ses devanciers et surtout avec Boulainvilliers, il retourne le raisonnement historique. Quelle imposture d'aller chercher dans un passé idéalisé le modèle d'une société à reconstruire ! Bien au contraire, c'est le présent et l'avenir qui portent les germes du progrès. Car on passe à travers l'histoire du pire au meilleur : l'âge d'or est devant, et non derrière nous. L'absolutisme a constitué un progrès en luttant contre l'anarchie et le despotisme féodal. Mais à son tour il est devenu despotique car il veut « tout gouverner par ses agents directs et royaux ». La « démocratie royale » doit le faire rentrer dans les bornes de sa compétence et constituer l'aboutissement logique de l'évolution historique de la France. La royauté a mis fin à l' « usurpation féodale ». Mais elle est elle-même, à son tour, auteur et victime d'une nouvelle usurpation : la vénalité qui profite essentiellement à la noblesse. Toutefois, la monarchie a entamé la lutte contre cette forme nouvelle d'asservissement : elle admet des gens sans naissance parmi les officiers royaux et « on affecte même aujourd'hui de préférer les roturiers aux nobles pour tout ce qui participe au gouvernement. On se débarrasse ainsi peu à peu de l'hérédité et de la vénalité des charges ». Il suffirait désormais de transformer les officiers royaux en officiers municipaux pour limiter l'arbitraire et, tout en préservant les droits du pouvoir, intéresser la nation à la gestion de ses intérêts. Mais pour obtenir ces résultats, quelques préalables sont indispensables : d'abord, détruire la propriété seigneuriale, car « le plus grand mal consiste dans la séparation entre le propriétaire et celui qui travaille la terre » ; il convient ensuite d'anéantir la noblesse : c'est la conséquence directe de la démocratie et le moyen d'assurer l'autorité monarchique.

Parmi les précautions superflues à l'autorité monarchique ne doit-on pas compter la force de la noblesse ? On assure qu'elle soutient la couronne ; mais beaucoup de raisons disent qu'elle l'ébranlerait plutôt si on n'y apportait des remèdes. Tout se réduit à savoir si un ordre séparé du reste des citoyens, plus près du trône que le peuple, si une grandeur de naissance, indépendante des grâces du prince, est plus soumise à l'autorité royale que des sujets égaux entre eux.

Etablir l'égalité civile, organiser une société méritocratique, tels sont les deux souhaits formulés dès 1739 par un représentant éclairé du second ordre. « Que tous les citoyens fussent égaux entre eux, afin que chacun travaillât suivant ses talents et non par le caprice des autres. Que chacun fût fils de ses œuvres et de ses mérites : toute justice serait accomplie et l'Etat serait mieux servi [1]. » La noblesse héréditaire est dénoncée comme un « mal » ; contraire à la morale et à la vertu, elle est en outre un objet de scandale pour tout ce qui n'est pas noble : « Quoi de plus cruel que de se voir primé par des gens qui n'ont d'autres talents que d'être nés nobles et riches ? » Et d'Argenson prône l'aristocratie du mérite : « Il faut enfin se rapprocher de ce but d'égalité où il n'y aura d'autre distinction entre les hommes que le mérite personnel. » Personne, avant 1789, n'ira plus loin que d'Argenson, et dans sa critique de la noblesse, « cette rouille... cette grandeur innée, sans mérite, l'excluant même par le défaut d'éducation », et dans sa revendication d'égalité (car il réclame aussi l'égalité des biens) qui fait de lui le premier socialiste.

D'Argenson et Boulainvilliers, si éloignées que puissent paraître leurs pensées, se retrouvent confondus dans la pensée moins originale mais qui eut sur les contemporains une plus grande influence, celle du comte d'Antraigues. A

1. D'ARGENSON : *Mémoires.*

l'un il a pris la condamnation de la noblesse, à l'autre celle de l'absolutisme au nom des libertés franques. Né en 1753, grand voyageur, disciple de Rousseau et ami de Voltaire, lié à la jeune noblesse libérale, aux Encyclopédistes, à Mirabeau, dénonciateur violent de toute tyrannie, politique et religieuse, libre penseur et franc-tireur — il épouse une chanteuse de l'Opéra — d'Antraigues appartient à la dernière génération des Lumières. Militaire tôt converti à la vie civile, homme de salon et publiciste à la solde des ministres, il vit en partie de sa plume. Mais c'est l'approche de la convocation des Etats généraux qui révèle l'écrivain et le penseur politique. En 1788 il publie son *Mémoire sur les Etats Généraux* qui connaît quatorze éditions successives et partage avec la brochure de Sieyès *Qu'est-ce que le Tiers Etat ?*, la faveur du public. Aussi célèbre en son temps que Sieyès lui-même — les électeurs du tiers état parisien voulaient le mettre sur leur liste — il a défini dès 1785 les deux principes de sa popularité : la réunion des Etats généraux, l'abolition de la noblesse. « Il est pour nous, écrit-il dès cette date, des moyens pour recouvrer la liberté sans recourir à la voie extrême mais légitime de l'insurrection. Plus heureux que les Turcs nous avons eu jadis des assemblées générales où la nation réunie par ses représentants opposait à la royauté de redoutables barrières. Que la nation se persuade de l'absolue nécessité de rassembler les Etats généraux, et qu'elle sente qu'il n'est que ce seul moyen d'éviter la tyrannie. » Et, ajoute-t-il, dévoilant le second volet de son argumentation : « La noblesse héréditaire est un fléau qui dévore ma patrie [1]. »

Comme ses devanciers, d'Antraigues cherche et trouve dans le passé de la France l'espoir d'une résurrection nationale. Le pouvoir royal — puisque Roi il y a : d'Antraigues s'en accommode à regret, ses préférences allant à la République — doit disposer de l'exécutif, la Nation ne pouvant l'exercer directement dans un grand Etat comme la France. Mais elle ne peut se décharger du pouvoir de faire les lois sans renoncer à la liberté.

S'il est un homme incapable par sa position d'exercer

---

1. *Voyage en Orient.* Cité par L. PINGAUD : *Un agent secret sous la Révolution et l'Empire,* 1893.

le pouvoir législatif, c'est un roi et surtout un roi héréditaire. Né dans le foyer de la corruption, ses premiers regards se fixent sur les ennemis naturels de l'ordre public. Ce sont leurs maximes empoisonnées qui se font d'abord entendre à son inexpérience. Il s'accroît au milieu des courtisans ; il ne voit donc autour de lui que cette foule avilie d'esclaves [1].

A la Nation aussi d'établir les tribunaux pour éloigner le despotisme du pouvoir judiciaire : « C'est dans ce pouvoir imprescriptible que reposent son existence et sa liberté. » A elle aussi de consentir l'impôt. Tous ces droits, la Nation en a autrefois joui dans les assemblées de mars et de mai. Mais les Francs ont failli à leur devoir, ils n'ont pas su sauvegarder la liberté publique. Ils ont commis deux fautes graves qui ont permis l'asservissement de la Nation. D'une part ils ont asservi les Gaulois : de cette erreur politique sont nés les « corrupteurs du trône et les satellites des tyrans ». D'autre part ils ont rendu les fiefs héréditaires : « De ce changement funeste devait éclore la noblesse héréditaire, le plus épouvantable fléau dont le ciel dans sa colère put frapper une nation libre [2]. » La noblesse n'est plus la meilleure part de la Nation, et par suite la Nation elle-même, garante des libertés : elle est au contraire une excroissance, un corps étranger, « une nation nouvelle ennemie des peuples ». « La noblesse héréditaire ayant formé au milieu de la nation un corps nombreux, il s'ensuivit qu'il exista dans la nation une espèce de nation particulière. » Sieyès n'est pas allé plus loin dans le rejet de cette nation étrangère, parasite, qui oppose ses intérêts à ceux de la Nation.

Comme d'Argenson, d'Antraigues condamne la société fondée sur les ordres, et dans une Nation unifiée ne veut plus que des individus. Cette quête d'une société individualiste, cimentée par l'égalité des citoyens, s'accompagne

---

1. *Mémoire sur les Etats Généraux,* 1788. La férocité de d'Antraigues à l'égard des courtisans n'est pas entièrement désintéressée. Candidat aux honneurs de la cour, il avait été débouté, ses preuves n'étant pas suffisantes. Il était descendant d'un financier anobli sous Henri IV. La rancune rejoignait et dépassait peut-être ses convictions.

2. *Mémoire sur les Etats Généraux.*

d'une méfiance instinctive à l'égard du pouvoir quasi religieux du monarque. D'Antraigues proclame la nécessité de se libérer du sentimentalisme qui entoure la dévotion des sujets pour le roi. Celui-ci n'est qu'un maître, qu'il convient de surveiller étroitement. Le pouvoir se saurait être un objet de vénération ou d'amour ; mais bien de crainte, et la vigilance est le premier devoir d'un peuple libre. « On sait (dans le fond reculé de la plus pauvre province) que les rois sont les chefs et non les pères des peuples. » D'Antraigues entreprend de libérer la France des maximes empoisonnées qui ont fondé l'absolutisme et la toute puissance des rois. « Si veut le roi, si veut la loi » est une doctrine aussi perverse que la prétention des rois à ne tenir leur couronne que de Dieu. Les citoyens ne doivent aucun sacrifice au pouvoir, ils doivent tout à la Nation.

Ainsi la pensée nobiliaire a cheminé sur deux voies complémentaires. Dans la recherche de son identité, elle a d'abord essayé de justifier sa « différence », de poser le principe de son altérité : pour mieux se distancer de la Nation asservie, pour combattre l'absolutisme au nom de ses libertés primitives. Dans un deuxième temps, refoulant le concept de singularité, elle a tenté de s'intégrer à la Nation en formation. Pour cela, elle est allée très loin, niant les valeurs sur lesquelles elle se fondait, et en même temps la société d'ordres devenue l'obstacle majeur à son insertion dans la communauté nationale. La noblesse a, dès lors, intégré les valeurs de la société individualiste : le mérite, l'égalité des chances. Elle rejoignait ainsi la pensée bourgeoise. La crise d'identité nobiliaire, après avoir provoqué l'exaltation de la différence, a débouché sur l'anéantissement de l'ordre dans un modèle égalitaire à sélection méritocratique.

Il n'est pas possible d'opposer, dans la pensée des Lumières, deux courants sociologiques, l'un qui serait bourgeois et l'autre nobiliaire. Dans l'élaboration de la culture, et dans la pensée politique et sociale des Lumières, la noblesse joue un rôle aussi déterminant que les représentants du tiers état. En fait ils ont défini ensemble une seule et même culture : celle qui débouche sur la prise de

conscience d'une Nation, individualiste, égalitaire, libre de
ses choix, avide de prendre en main sa destinée. Les cahiers
de doléances de la noblesse et ceux du tiers état illustrent
l'identité culturelle à laquelle les deux ordres sont parvenus
en 1789.

CHAPITRE II

LA NOBLESSE ENTRE LE MYTHE ET L'HISTOIRE

Qu'elle regroupât 100 000 ou 500 000 membres, en soi la chose est de peu d'importance. Comme toute élite, la noblesse d'Ancien Régime se définit beaucoup moins par son volume que par sa pesanteur, par sa structure plus que par sa force numérique. Ce qui compte, c'est sa densité sociale. Si son influence, son rôle dans l'Etat, son poids dans la vie publique avaient été réduits à la mesure exacte et proportionnelle de sa population, elle n'eut rien été dans une Nation de 26 millions d'habitants. Mais une élite se mesure à son dynamisme ; son existence est liée à l'image que la société qui la sécrète et la subit se fait d'elle. Elle s'enracine dans la magie des représentations sociales, comme objet de concurrence et/ou d'imitation. Pour une part sa survie dépend des aspirations ou des aptitudes de la non-élite à la mimer et/ou à la mettre en cause, à l'admirer et/ou à la contester, à la rejoindre et/ou à la remplacer ; pour une autre part, de la crédibilité de son image de marque. Celle-ci doit être d'autant plus parfaite que, dans le cas de la noblesse d'Ancien Régime, l'élite est mieux démarquée, ses frontières plus rigoureuses, la barrière qui la sépare de la non-élite, institutionnelle et juridiquement définie. Dans ce cas elle doit répondre à un modèle, plus ou moins imaginaire, fondé sur le mythe.

Ainsi la noblesse enracine son existence dans deux représentations à la fois objectives et mythiques : la race et l'histoire, les deux miroirs où toute noblesse se lit, les deux pôles où s'investit la *valeur* distinctive de l'élite. Conquête franque, supériorité séminale. Ainsi la noblesse prend ses distances et sa mesure. La geste conquérante lui donne son image fabuleuse que Boulainvilliers historise par le récit. La vertu séminale, théoriquement fondée en biologie par La Roque, perpétue la valeur héroïque des fondateurs. Et qu'importe si la réalité refuse de se plier aux exigences du discours légendaire. La contamination du mythe par l'évidence du quotidien, loin de l'occulter, le renforce et l'intègre à l'histoire. Le bourgeois anobli se plie d'instinct au code du jeu aristocratique. Ce n'est pas perversion ou illuminisme de sa part, mais soumission cohérente à un système de représentations dont l'intégrité ne peut être entamée sans que s'effondre l'édifice entier. A preuve, l'ébranlement profond provoqué dans la seconde moitié du XVIIIᵉ siècle par l'émergence d'une notion nouvelle — à laquelle tous ne se rallient pas, mais qu'importe ! — le mérite, et sa substitution à la *valeur,* dans la définition de l'identité nobiliaire.

La première tâche est donc de mesurer le mythe. Mesure à prendre dans la mesure de l'histoire : négatif ou contre-épreuve. Ici l'anoblissement. Certes la noblesse immémoriale, celle qui le mieux s'identifie au mythe, est quantitativement négligeable. La plupart des nobles doivent à l'une ou l'autre forme d'anoblissement leur existence. Mais le mythe cache ou du moins obscurcit considérablement cette réalité. Seul compte en fait ce qui est perçu comme une négation du mythe, et par là-même, au moins théoriquement, comme un objet de scandale : l'anoblissement récent. La perception de l'historien se confond ici avec celle des contemporains. Dans les limites du XVIIIᵉ siècle, toute agrégation à la noblesse nous apparaît bien comme une promotion de bourgeoisie. Or c'est justement au XVIIIᵉ siècle, que, dans la pratique de l'exclusion — la définition juridique étant plus ancienne — se définit l'appartenance à la noblesse de race : quatre générations ou un siècle. Le révélateur du mythe est ici dans la concordance entre la tentative de redéfinition de l'identité nobiliaire, et la réaction qui vise à exclure du groupe ceux qui se définissent par le mérite et non plus par la valeur. Or ceux-ci sont de plus en plus nombreux et s'intègrent parfaitement au groupe nobiliaire car celui-ci multiplie les infractions à son éthique et, tout en définissant sa normalité, se laisse contaminer, sauf à constituer des bastions irréductibles sur certains fronts privilégiés. Mais l'ensemble du groupe, dans la mesure où il préserve sa cohérence sociale, s'en trouve profondément modifié. Divisé aussi.

Les voies de l'anoblissement, en vérité multiples, ont en commun mêmes vertus. De promotion d'abord : insertion dans l'élite officielle ; mais surtout de régénération. L'anobli, décrassé par la « savonnette à vilain » de la roture qui le souillait, participe désormais à l'éthique nobiliaire et au mythe qui la soutient. Ce n'est qu'assez tardivement, après 1750, que la roture apporte à son tour à la noblesse qui l'intègre une vertu de régénération : le mérite. Jusqu'alors l'anobli était extrait du néant ; il n'apportait rien au groupe qui l'accueillait. Force lui était donc d'accepter en bloc l'univers nouveau qui s'ouvrait à lui. Désormais au contraire il entre avec un bagage qui s'ajoute à l'héritage nobiliaire, le féconde et le transforme progressivement. Il est ainsi essentiel de mesurer l'importance du renouvellement du groupe au cours du siècle pour comprendre l'importance de la transformation qu'il a subie, quantitativement au plan du recrutement, et qualitativement au plan des représentations opérationnelles qui modèlent son éthique et son comportement.

Voie majeure de l'anoblissement : les charges. Grâce à elles on peut entrer dans la noblesse par la grande porte : la barrière est franchie d'un coup par l'impétrant et sa postérité. C'est l'anoblissement au premier degré. Moins rapide, la promotion en escalier : c'est l'anoblissement graduel ; deux ou trois générations dépouillent le vieil homme au cours d'une purification lentement accomplie. L'agrégation suit des voies plus obscures. Ici jouissance vaut titre. Trois, quatre générations impriment à l'ascension un rythme séculaire. L'usurpation se heurte à la même résistance du temps.

Dans cette perspective le nombre des charges anoblissantes est seulement indicatif, et c'est le premier obstacle. Des nobles peuvent les exercer, voire, dans certains cas

— degré suprême des offices de judicatures, certaines charges de cour — exercer sur elles un monopole de fait. Pour certains l'anoblissement n'est acquis qu'au terme d'une lente ascension. La tendance aujourd'hui est à la restriction. Necker estimait à 4 000 le nombre de ceux qui, au cours du xviiiᵉ siècle durent leur anoblissement à l'exercice d'une charge. J. Meyer récemment a cru devoir borner à 2 000 son approximation. Des charges qui ont propriété d'anoblir à celles qui ont effectivement procuré la noblesse à leurs titulaires, seules des monographies qui donneraient un inventaire complet des personnels de tous les Parlements, Cours des Comptes et autres cours souveraines, permettraient de faire, sans erreur, le départ. Les cours souveraines disposaient de 3 020 charges anoblissantes. Mais Necker, qui fournit le chiffre (dont l'exactitude approximative est confirmée par des vérifications ponctuelles), oublie de faire état des nuances, ici pourtant essentielles.

Tel office anoblit au premier degré : son titulaire jouit de la noblesse entière et transmissible après vingt ans d'exercice ou transmet la noblesse à sa postérité s'il meurt en charge avant d'avoir accompli le temps réglementaire. Bénéficient de ce privilège : les Requêtes de l'Hôtel, les Parlements de Besançon, Dombes, Flandres, Grenoble, Paris, les Chambres des Comptes de Dôle, Grenoble, Paris, la Cour des Aides de Paris, la Cour des Monnaies de Paris, les Conseils supérieurs d'Artois et des Dombes, le Bureau des Finances de Paris, le Châtelet. Mais de nombreuses réserves s'imposent. Le Châtelet n'a que très tardivement anobli au premier degré : cette mesure ne prit effet qu'à partir de 1768 et s'accompagna d'une restriction qui, par suite de la Révolution, la rendit inopérante : la noblesse n'était acquise, fait exceptionnel, qu'après quarante ans d'exercice. Le Conseil des Dombes fut supprimé en 1762, le Parlement des Dombes en 1771, la Cour des Monnaies de Paris n'anoblit au premier degré que depuis 1719.

Dans les autres cours, les charges ne donnent qu'une noblesse graduelle. Le père et le fils doivent exercer chacun pendant vingt ans une même charge pour pouvoir léguer une noblesse parfaite à la troisième génération. Ce qui réduit d'autant le taux d'anoblissement au cours du siècle. Ainsi des Parlements d'Aix, Bordeaux, Dijon, Metz, Nancy (depuis 1766), Navarre, Rennes, Rouen, Toulouse, les Chambres des Comptes de Bar-le-Duc (depuis 1766), Blois (jusqu'en 1778), Aix, Dijon, Lorraine (depuis 1766), Metz, Montpellier, Nantes, Rouen, des Cours des Aides de Caen, Clermont-Ferrand, Guyenne, La Rochelle, Montauban, Rouen, de la Cour des Monnaies de Lyon (jusqu'en 1771), des Conseils supérieurs d'Alsace, Artois, Corse (depuis 1768), Roussillon, la Guadeloupe (depuis 1768), Martinique (id.), Cap Français (depuis 1766), Saint-Domingue (id.), et des Bureaux des Finances autres que celui de Paris.

A ces difficultés, il faut ajouter le durcissement qui se serait produit dans la seconde moitié du XVIII⁰ siècle dans le recrutement parlementaire. Ainsi, d'après Bluche, le Parlement de Paris se serait fait tout au long du siècle l'instrument d'une réaction aristocratique [1]. Il n'aurait pas accueilli en moyenne plus de 10 pour 100 de roturiers. Le terme de « réaction aristocratique » est ici — comme d'ailleurs dans l'armée — mal venu. Si le Parlement de Paris recrute relativement peu dans la roture c'est parce que, sous l'Ancien Régime, on respecte une hiérarchie de la promotion. On passe rarement sans escale du comptoir à la toge. Parmi les « hommes nouveaux » qui entrent au Parlement de Paris, nombreux sont ceux qui ont exercé auparavant, ou dont le père a exercé une charge dans une compagnie moins brillante (Bureau des Finances, Cour des Aides) ou une charge de Secrétaire du Roi (un tiers). C'est que, si ces dernières charges donnent la noblesse, le Parlement y ajoute le lustre qui leur manque et constitue en somme un second degré d'anoblissement. Le Parlement de Paris trouvait dans la compagnie des Secrétaires du Roi une pépinière de magistrats que désignaient tout naturellement et leur récente noblesse et leur fortune. Aucune trace de réaction nobiliaire ici, mais, pour mon propos, la conséquence de ce type de recrutement est considérable : le nombre d'anoblissements par l'exercice des charges du Parlement de Paris se trouve grandement réduit. Le même type de recrutement se retrouve à Nancy, Grenoble, Aix, Toulouse. A Rennes, traditionnellement, on ne reçoit que des nobles.

Il en va différemment ailleurs. J. Egret a pu montrer — en utilisant le recueil d'A. de Roton *Les arrêts du Grand Conseil portant dispense du marc d'or de la noblesse* — que

---

1. *Les magistrats du Parlement de Paris*, Paris, 1962.

le recrutement roturier dans les quinze dernières années de l'Ancien Régime a parfois été considérable : à Colmar les non-nobles représentent la totalité des hommes nouveaux, les deux tiers à Metz et à Perpignan, plus de la moitié à Pau, Douai et Bordeaux, le tiers à Rouen et Dijon, le quart à Besançon, pourcentage confirmé par M. Gresset pour toute la durée du siècle [1]. Sans doute cette proportion est-elle un peu plus forte dans des compagnies moins prestigieuses que les Parlements, et qui ne pouvaient pas se montrer aussi sourcilleuses sur l'origine de leurs membres. Sur les vingt-cinq conseillers remplacés de 1780 à 1789 à la Cour des Comptes d'Aix en Provence, onze étaient roturiers [2], sur les vingt et un membres que comptait le Bureau des Finances de Besançon, dix l'étaient aussi [3].

A partir de ces rares indications il est aventuré de généraliser. Toutefois en tenant compte des réserves faites plus haut, comme la gradualité de l'anoblissement dans certains cas, il ne paraît pas exagéré d'avancer que le cinquième des charges anoblissantes ont effectivement anobli leurs titulaires tout au long du siècle, soit plus de trois mille qui, en comptant vingt ans par génération et dans certains cas deux générations, temps normal pour que l'anoblissement parfait soit acquis [4] (mais qui peut être accéléré dans le cas de décès prématurés) représentent au minimum mille deux cents anoblissements pour l'ensemble du siècle.

A ce chiffre il faut ajouter les neuf cents Secrétaires du Roi de la grande Chancellerie et des chancelleries provinciales. Au cours du XVIII° siècle la chancellerie parisienne a reçu mille cinq cents secrétaires [5] ; dans le même temps les chancelleries de province en ont admis environ le double. C'est donc quatre mille cinq cents roturiers qui ont bénéficié de ce type d'anoblissement, le plus complet puisqu'il assimilait l'anobli au noble de race en lui reconnaissant quatre degrés de noblesse. Toutefois les derniers reçus n'ont pas eu le temps de parvenir au bout de leurs vingt ans

---

1. *L'aristocratie parlementaire à la fin de L'Ancien Régime*, R.H. 1952. pp. 1-14.
2. Ch. CARRIÈRE : *Le recrutement de la cour des comptes d'Aix-en-Provence*, 81° Congrès des Sociétés savantes, 1956.
3. Maurice Gresset.
4. C'est aussi la durée moyenne des carrières. Cf. par exemple Gresset pour Besançon.
5. A.N.V2.

d'exercice, il faut donc les retrancher. Retenons un chiffre global : quatre mille. Mais une partie — 20 pour 100 — des acquéreurs sont déjà en possession d'une charge anoblissante : reste trois mille deux cents.

D'autres anoblissements par charge sont intervenus au cours du siècle, mais il est, dans l'état actuel de la recherche, presque impossible d'en dresser un inventaire complet. La noblesse militaire, consécutive à l'édit de 1750, qui accordait la noblesse transmissible à tout officier général et la noblesse graduelle à trois générations successives de chevaliers de Saint Louis, n'a fourni que cent dix anoblis : quatre-vingt douze par nomination d'officiers généraux et dix-huit seulement par le long chemin de la Croix. La faiblesse de ce dernier chiffre s'explique par la rupture révolutionnaire, deux générations seulement ayant eu le temps de bénéficier de cette disposition [1].

Restent les anoblissements par offices municipaux. La noblesse de cloche, à la fois raillée et enviée, a dû être nombreuse, car si les offices municipaux qui anoblissaient leurs titulaires étaient peu fréquents — une trentaine — la durée d'exercice était souvent si courte — un an — qu'en un siècle ils eurent le temps de faire de nombreux bénéficiaires. Même en tenant compte que certains ont pu être exercés par des nobles, mille est sans doute un chiffre minimal à retenir, puisqu'il y eut, rien qu'à Toulouse, au cours du XVIIIᵉ siècle, sept cents capitouls [2].

---

1. D. LABARRE DE RAILLICOURT : *La noblesse militaire*, 1962.
2. D'après F. BLUCHE et P. DURYE : *L'anoblissement par charge avant 1789* ; les offices municipaux anoblissant au XVIIIᵉ siècle sont les suivants :
Angers : le maire, 1ᵉʳ degré (4 ans)
    le lieutenant de maire, *id.* (pendant de brèves périodes seulement).
Angoulême : le maire, 1ᵉʳ degré (durée variable de 3 à 20 ans)
    le lieutenant de maire, *id.* (pendant de brèves périodes seulement).
Bourges : le maire, 1ᵉʳ degré (durée variable de 4 à 20 ans).
Lyon : le prévôt des marchands, 1ᵉʳ degré (annuel, jusqu'en 1764)
    les 4 échevins, 1ᵉʳ degré (annuel jusqu'en 1764 puis biennal).
Nantes : le maire, 1ᵉʳ degré (2 ans).
Paris : le prévôt des marchands, 1ᵉʳ degré (annuel ; pas de roturiers au XVIIIᵉ siècle)
    les 4 échevins, 1ᵉʳ degré (2 ans)
    le procureur du Roi, le greffier, le receveur de ville, 1ᵉʳ degré (20 ans).

Donc un total de 5 510 anoblis par charge sur la durée d'un siècle très court. L'anoblissement par office cependant ne constitue pas le seul moyen d'accéder au second ordre. Quel chiffre proposer pour les agrégations à la noblesse acquises par longue patience ou par usurpation[1] ? Moins énigmatique l'anoblissement par lettres. De 1712 à 1787, la Cour des Aides de Paris a enregistré cinq cents lettres, et la Cour des Comptes de Bretagne cinquante sept entre 1715 et 1787 ; de son côté le Parlement de Dijon en révèle une vingtaine de 1720 à 1782, sans compter les confirmations, maintenues et reconnaissances de noblesse qui sont souvent aussi de véritables anoblissements[2]. Au total, un millier de lettres pour l'ensemble du royaume n'est sûrement pas un chiffre excessif.

Charges, plus cloche, plus mérite, c'est donc un total de 6 500 anoblissements : chiffre très faible par rapport à l'ensemble des familles qui, à la fin du XVIII° siècle doivent leur noblesse à l'une ou l'autre de ces formes d'intégration au second ordre depuis 1700. En effet, il représente non pas 6 500 anoblis mais le même nombre de familles lignagères dont certaines ont eu le temps en 1789 de donner naissance à plusieurs rameaux. C'est donc un nombre beaucoup plus considérable de familles nucléaires qu'il faudrait comparer à l'ensemble des familles nobles de 1789 pour prendre la mesure exacte du renouvellement de l'ordre au cours du siècle.

Nouvel obstacle. Les estimations qui ont été faites offrent un éventail de chiffres dont l'écart suffit à mesurer l'arbitraire. Ils varient de 80 000 à 400 000. Mais l'unité de référence n'est pas la même pour tous. Certains parlent d'individus (Coyer, Lavoisier, Sieyès, Gouy d'Arsy), d'autres

Poitiers : le maire, 1er degré (durée variable de 4 à 20 ans)
le lieutenant de maire, 1er degré (20 ans).
Toulouse : 12, puis (à partir de 1732) 8 capitouls, 1er degré (1 an jusqu'en 1778, 2 ans de 1778 à 1783, 4 ans après 1783).
Perpignan : citoyens nobles ou bourgeois honorés, 1er degré.
1. Voir à ce sujet : M. CUBBELLS : *A propos des usurpations de noblesse en Provence sous l'Ancien Régime*, Provence Historique, juillet-septembre 1970.
2. Pour Paris, les lettres se trouvent dans les archives de la Cour des Comptes A.N.P. Pour la Bretagne, J. MAYER : *La noblesse bretonne*. Pour la Bourgogne, Jules d'ARBAUMONT : *Les anoblis de Bourgogne*, 1867.

de familles (Chérin, Bouillé, Expilly) : mais s'agit-il de familles lignagères ou de familles nucléaires ? En outre il s'agit le plus souvent de chiffres de propagande. Coyer, pour défendre sa thèse de la noblesse commerçante, a évidemment intérêt à accroître le décalage entre le nombre de nobles et le contingent de places disponibles dans les armées du roi. Sieyès peut être tenté de le minimiser pour mieux exalter le scandale des privilèges nobiliaires. On retrouve le même écart parmi les historiens modernes, mais la tendance est à la hausse. H. Carré retenait le chiffre de 230 000 nobles, mais il y comprenait tous ceux qui jouissaient des privilèges de la noblesse. Récemment R. Dauvergne a cru devoir se rallier au chiffre fort de 400 000 personnes. Le parti le plus sage est encore de reprendre le calcul sur d'autres bases et selon d'autres sources. Taine avait donné une estimation en utilisant les catalogues de La Roque et Barthélémy (listes des électeurs aux assemblées de bailliage de 1789), et arrivait au total de 130 000 nobles ou 26 000 familles. On a reproché à cette source une série de faiblesses dont aucune ne me paraît résister à un examen sérieux [1].

Les nobles non possédant fief auraient été exclus, ainsi que des anoblis récents. Il s'agit là, en fait, d'une confusion ou d'une mauvaise lecture du règlement. Les non-possédants fiefs n'ont pas été exclus : ils étaient seulement convoqués différemment : collectivement, tandis que les possesseurs de fiefs l'étaient individuellement. Quant aux anoblis récents, ils n'ont été rejetés que dans le cas où leur noblesse était inachevée : ainsi pour les Secrétaires du Roi qui n'avaient pas encore exercé leur charge pendant les vingt années réglementaires. Ils n'avaient en effet aucun droit à participer aux assemblées de la noblesse.

A Paris le nombre des abstentions aurait été très élevé. Cet argument encore me paraît mal fondé. Un grand nombre de nobles parisiens ont voté dans les assemblées de province — où ils possédaient leurs biens — et n'avaient aucun droit à se faire représenter par procuration à Paris où ils n'étaient pas possesseurs de fiefs, ceux-ci étant très peu nombreux dans la capitale.

Le seul argument à retenir va à l'encontre de la thèse

---

1. Les critiques sont exposées dans Dauvergne, in *Mélange Reinhard*, 1972.

des détracteurs des catalogues de La Roque : par le jeu des procurations un même personnage apparaît simultanément dans plusieurs assemblées. Il conviendrait donc de réduire et non de grossir, le chiffre de Taine en ne retenant que le nombre de membres effectivement présents aux assemblées de bailliage. En conséquence, même en tenant compte des abstentions possibles, le chiffre de 26 000 familles est un maximum. Or on dispose d'un moyen de confirmer ce résultat : les listes de la capitation séparée de la noblesse. Une partie seulement d'entre elles ont été retrouvées qui représentent plus du tiers du royaume (38 pour 100). Elles recouvrent treize généralités : Amiens, Châlons, Grenoble, Limoges, Bourges, Bordeaux, Rouen, Moulin, Orléans, Caen, La Rochelle, Franche Comté, Montauban [1]. Certes il y a quelque danger à extrapoler de ces treize généralités à l'ensemble de la France. Mais le risque n'est peut-être pas si grand. L'échantillonnage regroupe des généralités étendues et d'autres plus modestes, les unes très riches, d'autres pauvres.

Au total j'ai relevé 10 547 cotes, ce qui donne un chiffre moyen de 811 cotes par généralité. Soit, pour l'ensemble des 34 généralités de l'hexagone, 27 574 cotes. Mais ce chiffre ne saurait fournir un nombre correspondant de familles nobles. Il comprend en effet non seulement les chefs de famille mais également les veuves, les célibataires — surtout vieilles filles — mais aussi les femmes séparées de biens. Il est donc raisonnable de descendre ce chiffre à 25 000. Ainsi les deux sources se complètent. Il faut renoncer au chiffre fort de 400 000 individus, et s'en tenir à 110 ou 120 000, soit 25 000 familles nobles environ en 1789.

Si l'on compare ce chiffre aux 6 500 familles entrées dans le second ordre au cours du xviiie siècle, c'est donc un quart de la noblesse — pourcentage minimal pour les raisons que nous avons exposées — dont l'origine noble n'est pas antérieure à 1 700. Au xviie siècle, le mouvement n'a pas dû être moins important. En 1789 le nombre de familles qui ont accédé à la noblesse dans les deux derniers siècles de l'Ancien Régime doit représenter au moins les deux

---

1. A.N.P. 5557, 5488, 5591, 5592, 5269, 5417, 5392, 5765, 5763, 5105, 5298, 5444, 5134.

Généralités	Cotes	Nombre total d'individus Coefficient familial choisi : 4,5	Population totale	%
Bourges	480	2160	528 424	0,40
Amiens	602	2709	530 062	0,51
Grenoble	613	2758	669 812	0,41
Rouen	1079	4855	731 978	0,66
Limoges	725	3262	647 686	0,50
Bordeaux	1860	8370	1 393 167	0,60
Moulins	533	2398	648 830	0,37
Orléans	706	3177	707 304	0,45
Caen	1575	7087	654 082	1,08
Châlons	673	3028	800 706	0,37
La Rochelle	365	1642	471 285	0,34
Franche-Comté	613	2758	707 272	0,39
Montauban	723	3253	541 294	0,60
Total	10 547	47 461	9 031 902	0,52

Généralité moyenne : 811 × 34 = 27 574.
Après réduction, 25 000 chefs de famille, multiplié par 4,5 = 112 500 individus.

tiers du total. La noblesse féodale n'est plus qu'un souvenir. Sur les 942 familles « présentées », c'est-à-dire remontant leurs preuves en principe avant 1400, combien sont d'origine immémoriale ? Et combien même étaient réellement capables de faire les preuves réglementaires ? Les exceptions étaient nombreuses : grands officiers, descendants de chevaliers du Saint-Esprit, titulaires de charges de la Maison du Roi, sans compter les infractions nombreuses en faveur des riches et des puissants, et le caprice du roi. Certes les parlementaires se plient rarement à la cérémonie de la présentation. Certaines familles cependant pouvaient prétendre à cet honneur, mais s'y refusaient pour des questions protocolaires qu'elles jugeaient peu conformes à leur dignité : le roi affectait de ne point baiser leurs femmes ! Mais en fait, il ne s'agit que d'exceptions. Il en va de même pour les difficultés qu'ont pu éprouver des nobles de province à se faire présenter et à monter dans les carrosses du roi, moins comme on l'a dit, parce que la cérémonie entraînait des frais qu'ils ne pouvaient couvrir, que par suite de l'incapacité à réunir les preuves nécessaires. Tout cela, en fin de compte, est secondaire. La noblesse, à la fin de l'Ancien Régime, est un groupe social jeune et en pleine ascension. Elle est constituée majoritairement par les élites sécrétées par le tiers état au cours des XVIIe et XVIIIe siècles.

Il est donc essentiel de préciser dans quelles couches du tiers se recrutaient les éléments constitutifs de la noblesse. F. Bluche a montré quel était le vivier où s'alimentait la noblesse parlementaire parisienne. Le dépouillement des lettres de mérite et les dossiers des Secrétaires du Roi de la grande Chancellerie, soit en tout quelque 2 500 cas, constituent la source la plus massive et la plus riche pour une archéologie des origines. Les Secrétaires du roi font l'objet d'une enquête collective du Centre de Recherches historiques de l'E.H.E.S.S. et l'on comprendra que, sans entrer dans les détails, je me contente de faire état ici de quelques conclusions [1]. La génération des titulaires offre une gamme variée qui n'exclue pratiquement aucune des strates sociales qui composent la bourgeoisie. En tête viennent les activités financières et économiques : c'est autant d'anoblissements qui ont permis de satisfaire les ambitions sociales d'une bonne partie des agents économiques du royaume. Les professions libérales fournissent ensuite le contingent le plus important. Les autres viennent des cours judiciaires, de l'administration et aussi de l'armée, certains militaires ayant trouvé dans l'achat d'une *savonnette à vilain* le moyen de passer outre au délai apporté à leur anoblissement par l'édit de 1750. Si l'on prend maintenant la génération des pères des Secrétaires du Roi, on constate la même priorité des activités économiques et financières. Mais le nombre des financiers de haut vol et des grands négociants diminue, celui des marchands et petits officiers de finance augmente. Le receveur des tailles remplace le fermier général. Les professions libérales sont peu représentées et les plus prestigieuses (avocats) sont absentes. Les officiers subalternes fournissent une partie considérable du contingent. Dans l'administration, les grands emplois cèdent la place aux petits offices de la Maison du roi. Les métiers même apparaissent : maçons, laboureurs, vignerons. Le décalage est

————
1. A cette enquête collaborent Christine Favre, François Bluche, Guy Chaussinand-Nogaret, François Furet et Jean-Louis Vergnaud. Je remercie F. Furet, directeur du C.R.H. de m'avoir autorisé à faire ici état de cette enquête dont les résultats paraîtront prochainement.

donc net entre les pères et les fils et témoigne d'une montée sociale rapide. Ce que souligne et confirme encore la génération des grands-pères : la plupart des Secrétaires du Roi n'en ont pas ; n'en ont pas qui comptent. Dans quelques cas pourtant l'ascension se module selon une progression graduelle, grossièrement un rythme centenaire.

Si pour une partie des Secrétaires du Roi l'ascension a été très lente et progressive, surtout dans les catégories liées aux petits offices et aux dignités communales, elle est au contraire rapide et parfois brutale — deux générations ont dans certains cas suffi pour que l'on accède à la forme la plus complète de l'anoblissement — pour les catégories liées aux activités mercantiles, à la fonction financière et aux professions libérales.

Voici le cas d'Edme Didier de Laborne dont le père était fermier à Saint-Nom-La-Bretèche. En 1779 il a 44 ans et a acquis un office de porte-manteau du roi. Fils d'un laboureur aisé, sinon riche, il appartient à une famille paysanne qui a déjà fait son petit bonhomme de chemin dans la Maison du Roi. A son baptême figure un officier des plaisirs du Roi et sa marraine est la fille d'un autre commensal de la Maison royale. Egalement né à Saint-Nom-La-Bretèche, Jean-Claude Peron a aussi 44 ans quand il est reçu dans la Compagnie des Secrétaires du Roi le 22 avril 1774. Même origine, mais la promotion a été plus graduelle. Il aura fallu deux générations — celle du père et celle du grand-père au service de la Maison du Roi, pour que l'héritier, d'abord notaire au Chatelet puis avocat en Parlement, puisse accéder à la prestigieuse Compagnie. Claude-Martin Goupy, fils d'un maître maçon, maître maçon lui-même, a bénéficié de la protection d'un oncle architecte « ayant la confiance du duc de Penthièvre », et d'un mariage flatteur ; devenu entrepreneur des bâtiments du roi et du prince de Condé, pouvant nommer l'alliance d'un trésorier de France. il est accueilli par la Compagnie en 1779. Souvent l'itinéraire est plus lent à travers plusieurs règnes de services honorables mais obscurs. Le grand-père d'Ange Saussaye était procureur au Parlement sous Louis XIV ; son père remplit pendant presque tout le règne de Louis XV la charge de receveur de la capitation. Lui-même est receveur des impositions lorsque s'ouvre à lui en 1778 la carrière qui aurait dû le mener en vingt ans à la possession d'une noblesse parfaite. Souvent aussi un, voire deux siècles de « bourgeoisie », de notabilité précèdent l'acquisition de la *savonnette*. Le cursus est, on le voit, variable et contrasté. Réussite explosive aux causes multiples — enrichissement fulgurant, protection d'un grand, mérites exceptionnels ou hasard d'un mariage heureux — ou long plan incliné d'une ascension séculaire. Pas de modèle, pas d'exclusive. Cependant la percée météorique demeure exceptionnelle. Plus que la génération, le siècle est l'unité qui mesure le rythme social.

L'anoblissement par les offices permettait aux familles notables mais d'origine plébéienne de pénétrer massivement dans le second ordre. Cette procédure réalisait une filière automatique, et en quelque sorte impersonnelle, entre les couches les plus favorisées du tiers et la noblesse. Mais l'aspiration par le haut laissait intact le fossé qui séparait les ordres. Les anoblis étaient si rapidement intégrés qu'ils ne pouvaient jouer le rôle de relai qui aurait dû assurer avec souplesse la transition d'un ordre à l'autre. Depuis que, dès le XVIᵉ siècle, l'anoblissement par la possession des fiefs et par la profession des armes avait théoriquement disparu, l'anoblissement par les charges seulement pouvait apparaître comme une relative fermeture bien que l'accroissement du nombre des offices ait, semble-t-il, largement compensé le déficit, mais surtout réduisait la souplesse du système, favorisait la bourgeoisie urbaine, le talent certes, mais plus encore la richesse mobiliaire. Par les charges la noblesse renouvelait son sang, maintenait sa substance, mais restait fondée sur le principe exclusif du service royal.

Bien plus : alors qu'avec le développement des *Lumières*, une théorie originale des élites se précisait lentement, la noblesse restait un monde ouvert dans son recrutement mais clos dans son idéologie. Devenu noble le bourgeois était aussitôt déculturé, et il reprenait en bloc à son compte l'ensemble de la culture nobiliaire. Il renonçait aux valeurs bourgeoises et assumait l'éthique du second ordre. Le fossé qu'il aurait dû combler, la transition qu'il aurait dû faire, autant d'illusions inopérantes. Cela durait encore que déjà la société des Lumières était à la recherche d'une solution neuve qui, par-delà les ordres, réaliserait l'union des élites au niveau le plus élevé, celui de la personne morale. Si les charges se révélaient inadéquates à satisfaire cette aspiration, la monarchie disposait traditionnellement d'un instrument efficace. L'anoblissement par les charges, collectif et automatique, échappait au souverain. Mais il pouvait anoblir qui il voulait. Ses lettres d'anoblissement permettaient au roi de récompenser des fidélités, des dévouements. Ce pouvait être aussi l'instrument d'une politique délibérée des élites, un moyen de transformer le contenu de la notion de noblesse, de modifier la composition du second ordre au gré de son inspiration ou en tenant compte de l'évolution d'une opinion dont l'attitude à l'égard des pesanteurs de la tradition était lentement gauchie par les audaces de la pensée.

C'est par cette forme personnelle, individuelle, d'anoblissement, qu'une véritable révolution put s'imposer au xviiie siècle à la mentalité nobiliaire. Elle favorisa la constitution d'une élite moderne que les Constituants essaieront d'institutionnaliser.

La noblesse était fondée traditionnellement sur une notion très forte renvoyant à un complexe idéologico-social qui imprégnait la sensibilité de l'ordre et débordait largement dans la conscience collective à tous les niveaux de la hiérarchie sociale : *l'honneur*. Cette notion revêtait des contenus polyvalents et complémentaires : supériorité séminale, soit, l'affirmation d'une excellence biologiquement transmise ; origine historique, autre affirmation d'excellence : celle du vainqueur ; exemplarité. Autant de reconnaissances de « qualité » confondues dans une revendication étrangère au monde extra-nobiliaire : la *valeur*. Cette notion de valeur — et son complément éthique : *l'honneur* — constituait le fossé qui séparait la noblesse du troisième ordre et rendait impossible toute identification culturelle entre deux mondes enfermés dans des systèmes de valeurs exclusifs l'un de l'autre. Dans la seconde moitié du xviiie siècle, plus précisément à partir de 1760, la monarchie a tenté de briser l'isolement culturel où se trouvaient confinées dans deux univers clos noblesse et bourgeoisie, au moment où la diffusion des Lumières tendait à rapprocher des élites également aptes à faire chacune de son côté un pas en direction de l'autre.

A partir de 1760 les notions de valeur et d'honneur qui

avaient jusqu'alors défini la spécificité nobiliaire sont relayées par une notion nouvelle : celle du mérite, valeur bourgeoise, typique du troisième ordre, que la noblesse intègre, fait sienne, qu'elle accepte et reconnaît officiellement comme critère de nobilité. A partir de ce moment, il n'existe plus de différence significative entre noblesse et bourgeoisie. Le noble n'est plus qu'un bourgeois qui a réussi. Cette notion de mérite récupère certes un certain nombre de critères nobiliaires (la valeur militaire), mais ceux-ci s'amalgament à des vertus bourgeoises comme le travail, l'assiduité, la compétence, l'utilité, la bienfaisance. Les références auxquelles renvoyait le statut nobiliaire se trouvent donc bouleversées. L'important désormais, c'est que nobles et bourgeois se reconnaissent dans une même définition de la « qualité ». C'est là un pas décisif. Conséquence d'une commune éducation, d'une formation intellectuelle identique, d'une communauté d'intérêts, d'activités, de comportements, cette évolution est un des signes les plus cohérents de la disparition du fossé idéologique qui opposait ou dressait l'une contre l'autre noblesse et bourgeoisie. La référence au mérite comme signe de reconnaissance de l'élite nobiliaire exprime à la fois, sur le plan des représentations mentales l'identité culturelle des deux ordres, et sur le plan pratique pour la première fois dans l'histoire, l'ouverture de la noblesse à la bourgeoisie. Ce n'est pas, certes, que des bourgeois ne soient devenus nobles avant 1760. Mais aussitôt franchie la barrière de l'ordre, ils changeaient de nature, par la magie d'une transmutation idéologique : rupture totale, baptême, naissance à une nouvelle vie. Ils accédaient à l'univers où régnaient la valeur et l'honneur après avoir entièrement et définitivement renoncé à leur enveloppe bourgeoise au terme d'une déculturation totale. Désormais tout est changé. L'acculturation se fait en sens opposé. L'idéologie bourgeoise refoule et prend la place de l'idéologie nobiliaire. L'anobli désormais est celui qui, loin de renoncer à son identité, réalise mieux que ses pairs la perfection du mérite bourgeois.

Les lettres d'anoblissement rendent parfaitement compte de ce phénomène. On y voit clairement, dans des préambules moins stéréotypés qu'il n'y paraît au premier abord, la montée graduelle du mérite et la contamination de la notion de noblesse par les valeurs bourgeoises progressivement intégrées.

Ces lettres s'adressent, comme les charges, aux couches supérieures de la notabilité, mais elles offrent un éventail plus étendu et descendent beaucoup plus bas dans la hiérarchie des fortunes. A la fin de l'Ancien Régime une charge de Secrétaire du Roi valait 150 000 livres. Une honnête aisance ne suffisait donc pas et seuls les riches pouvaient immobiliser une pareille somme dans un investissement stérile. Les lettres de mérite étaient, en principe, indépendantes de la fortune, bien que les droits d'enregistrement montassent à 6 000 livres et qu'une enquête fût exigée pour s'assurer que le bénéficiaire serait susceptible de se soutenir et n'irait pas grossir les rangs de la noblesse désargentée. La lettre de noblesse ne dépend que de l'élection du roi qui tient compte des mérites et des titres des candidats mais aussi, il est vrai, de la qualité et de l'influence des intercesseurs. Les lettres avaient un double avantage : elles permettaient de débloquer le mécanisme de l'anoblissement vénal qui ne fonctionnait qu'en faveur des plus riches dans un but essentiellement, et même exclusivement fiscal ; elles évitaient l'immobilisation dangereuse du capital dans le cas où le bénéficiaire était un agent économique.

Sur un millier de lettres distribuées en France au XVIII⁰ siècle, 476 ont été enregistrées à la Cour des Aides de Paris de 1712 à 1787 [1]. Elles fournissent un échantillon important par son volume, mais relativement peu satisfaisant car il n'est pas entièrement représentatif de la clientèle moyenne des lettres : le poids de la cour pèse lourd et modifie le contenu même de la notion de mérite. Ici, fréquemment, il s'agit de faveur. Ce qui amène à distinguer ces anoblissements de complaisance d'où le mérite n'est d'ailleurs pas nécessairement absent.

Dans cette catégorie on peut ranger les gardes du corps (46), les officiers de la Maison du Roi (30), et tout ceux qui doivent à une circonstance exceptionnelle la faveur d'une lettre : maires et jurats à qui la réception dans leur ville d'une personne de la famille royale pendant leur temps d'exercice a valu cette marque de reconnaissance du

---

1. A.N.P.

roi (22). On peut rattacher à ce groupe une cinquantaine
d'anoblis qui ne doivent leur promotion à aucun service
précis, à aucune action éclatante, mais seulement à leur
richesse et à des positions acquises.

Pour tous les autres, le mérite seul a justifié leur entrée
dans le second ordre. Ils se répartissent assez équitablement
entre les diverses professions des niveaux supérieurs de la
bourgeoisie :

> Agents de l'administration centrale 29
> Subdélégués d'intendance 11
> Avocats 15
> Médecins 35
> Négociants 50
> Financiers 17
> Juridictions secondaires 52
> Militaires 76
> Ingénieurs 12
> Artistes et intellectuels 22

Si la fonction publique est légèrement privilégiée, le
secteur privé, avec 139 anoblissements fait assez bonne
figure. Son poids, d'ailleurs, s'accroît à mesure qu'évolue et
se transforme la politique royale de l'anoblissement, témoi-
gnant d'une attitude nouvelle à l'égard de certaines catégories professionnelles et de certains groupes sociaux. Ce qui
frappe d'abord c'est l'accélération. Les anoblissements se
multiplient après 1760. Jusqu'à cette date, soit en 48 ans, on
en dénombre 167, mais 309 dans les 27 années qui suivirent.
Mais le plus important n'est pas dans ce gonflement quantitatif. Jusqu'en 1760 les contingents les plus significatifs
appartiennent aux corps distingués : armée, magistrature,
barreau, édilité (les maires regroupent la presque totalité de
leurs effectifs durant cette première période : 18 sur 22).

1760 amorce la croissance du tiers monde de l'anoblissement : le nombre des administrateurs anoblis est multiplié
par quatre, celui des négociants par douze, celui des artistes
par cinq. D'abord destiné à récompenser surtout la valeur
militaire et les positions acquises, l'anoblissement devient,
après 1760, une prime au mérite personnel et la reconnaissance officielle de services divers et jusque-là peu et médiocrement exaltés : économiques, administratifs, scientifiques

etc. Mais ce qui change le plus c'est le ton et les motivations auxquelles se réfère le souverain. Dans la première moitié du siècle, la plupart des lettres se présentent moins comme des anoblissements réels qu'elles ne simulent des « reconnaissances » ou des « maintenus » de noblesse. Les textes sont explicites :

> Nous croyons, déclarent les préambules, devoir assurer à des sujets recommandables par eux-mêmes les avantages que leur ont acquis les actions de leurs ancêtres et réparer ce que la vicissitude des temps ou même des circonstances relatives au service de l'Etat leur ont fait perdre du côté de la régularité des preuves.

Lorsqu'il était impossible d'avoir recours à une telle fiction, une certaine précision devenait nécessaire, surtout si le principal mérite du bénéficiaire reposait sur ses géniteurs ; c'est le cas de François Poisson père de la maîtresse du roi. On a alors recours à une dialectique diffuse qui amalgame, comme pour noyer le poisson, tous les services susceptibles de la grâce royale : charges de magistrature, emplois militaires, commerce. Un cas comme celui-ci, toutefois est par nature exceptionnel. Le plus souvent, moins que le mérite personnel de l'impétrant, c'est l'aura familiale, la présomption de noblesse qui entraînent la déclaration royale. Ce n'est pas le bourgeois exemplaire qui est jugé digne d'entrer dans le second ordre. Il s'agit plutôt d'une réparation accordée à un noble injustement éconduit. Le temps n'est pas encore venu où les valeurs bourgeoises, et d'abord les capacités, deviendront valeurs de noblesse. Dans ces conditions l'anoblissement, loin de contribuer à combler le fossé qui séparait noblesse et bourgeoisie, ne pouvait que l'aggraver puisqu'était clairement affirmée une différence de nature entre le noble et le roturier.

C'est ce clivage fondamental qui s'effondre après 1760. La noblesse cherche désormais à se définir en fonction de critères bourgeois, alors que sont progressivement abandonnées les références aux valeurs traditionnelles. Le préambule de la lettre de Briansiaux (1765), négociant à Dunkerque, insiste encore beaucoup sur l'aspect militaire de ses activités : c'est un armateur de corsaires qui a rendu de grands services à la marine royale. Mais dès 1769 l'anoblissement de Louis de La Bauche, manufacturier de Sedan, met l'accent sur la spécificité proprement bourgeoise de ses activités, industrielles et marchandes : « il n'est point de services qu'il nous importe plus d'encourager par les récompenses que ceux d'un négociant ». La lettre de Jean-Abraham Poupart (1769) est plus explicite encore qui fait allusion « aux citoyens dont l'industrie sait imposer tribut à l'opulence des nations, augmenter le lustre et la puissance de l'Etat ». La même année l'anoblissement de Pierre Feray, négociant à Rouen, donne au roi l'occasion de préciser qu'il met « au nombre de ses devoirs d'étendre ses soins à tout ce qui peut faire fleurir le commerce ». Un peu plus tard la position éminente du négociant dans le royaume est officiellement reconnue : « Nous regardons le commerce comme un état distingué dans le royaume et comme une des principales causes qui le rendent florissant ». Reconnaissance de la dignité éminente du bourgeois qui fait écho, en renversant la proposition, à la « vile marchandise » de Saint-Simon. On peut penser que le débat sur la noblesse commerçante, où l'abbé Coyer avait trouvé des accents pathétiques pour célébrer la dignité du commerce, avait porté ses fruits. Il avait déjà probablement inspiré l'édit de 1765 sur les négociants qui leur accordait des privilèges honorifiques, tel le port de l'épée et des armes, les rapprochant, au moins par les signes extérieurs, du second ordre.

La même évolution transparaît dans l'attitude nouvelle à l'égard des artistes et des savants. Louis XIV avait anobli Lebrun, Mignard, Rigaud, Boullongne. Jusqu'en 1760 toutefois les anoblissements d'artistes étaient restés exceptionnels, les plus nombreux récompensant les architectes du roi. De 1760 à 1780, on en dénombre une vingtaine pour la seule Cour des Aides de Paris. Des musiciens très nombreux, des architectes comme Soufflot, des peintres (Van Loo, Vien...), des érudits, des inventeurs, des urbanistes. En 1718 le préambule de la lettre d'Antoine Coypel se réfère essentiellement à une tradition de mécénat princier : « Ceux qui ont excellé dans la peinture ont été de tous les temps très favorablement traités dans les cours des plus grands princes et leurs ouvrages ont servi à l'embellissement de leurs palais. » Après 1760 le ton change. L'agrément du souverain fait place à l'utilité publique : « L'étude des sciences et l'exercice des arts contribuent essentiellement à la gloire et à la félicité de l'Etat. » « Nous ne pouvons voir les découvertes utiles que quelques-uns de nos sujets font dans les sciences et les arts sans éprouver le désir de leur témoigner notre satisfaction. » Et encore : la noblesse que nous leur accordons les rend d'autant plus recommandables « qu'elle tire son origine de la vertu et de la science réunies ». Il y a là une nouveauté de ton sur laquelle je reviendrai.

Ailleurs on lit, avant 1760, que l'anoblissement « est le moyen le plus capable d'exciter à la vertu ». C'est dire clairement que si la capacité est antérieure à l'anoblissement, la *vertu*, valeur nobiliaire, en est la conséquence immédiate. Après 1760, au contraire, l'anoblissement n'est que la confirmation officielle du mérite personnel de ceux « qui réunissent la vertu et les sentiments qui font le caractère et la source de la noblesse ». On ne peut mieux dire que la noblesse n'est pas affaire de naissance.

Tout au long du siècle les médecins ont bénéficié de l'anoblissement. Médecins consultants du roi avant 1760 ; médecins n'ayant souvent aucun rapport avec la cour ensuite : ainsi de Grassot ou Levacher. La capacité seule désormais dicte le choix du roi. Les lettres font allusion au « talent », au « zèle », aux « veilles passées à l'étude ». L'ambition du monarque est « d'illustrer le mérite qui naît des qualités personnelles ». Ce qui est enfin reconnu, c'est l'éminente dignité du mérite, sa capacité à définir l'être d'exception, à le situer hors du commun, à justifier l'anoblissement, pure formalité et ratification d'un état de fait. Une lettre déclare que le roi dispense l'honneur de la noblesse à ceux de ses sujets « que leurs actions et leurs sentiments mettent au rang des nobles » ; ou encore : « Nous le regardons comme une récompense qu'ils peuvent d'autant mieux solliciter que leurs actions tenant au vrai principe de la noblesse méritent qu'on leur en confert le rang et les effets. »

Ainsi se trouvaient brisées les affirmations théoriques des idéologues qui justifiaient la noblesse par un principe biologique [1], ou, comme Boulainvilliers [2], par une théorie de

1. LA ROQUE : *Traité de la noblesse*, 1768.
2. BOULAINVILLIERS : *Essai sur la noblesse de France*, 1732.

l'histoire. Désormais la noblesse se justifiait officiellement par la capacité et le mérite, elle se définissait par les vertus bourgeoises. La capacité de l'élite du tiers à constituer le second ordre était donc solennellement affirmée. Or, argument décisif, il ne s'agit pas seulement de compenser la fatalité de naissance. Une lettre va beaucoup plus loin, qui affirme que la noblesse « est d'autant plus recommandable qu'elle tire son *origine* de la vertu et de la science réunies ». La noblesse la plus pure n'est donc plus celle du sang, mais celle qui tire son principe de la valeur morale et de la capacité professionnelle.

Ainsi se trouvait définie une élite rajeunie conforme à la fois à la tradition monarchique et à l'idéologie des Lumières. C'était un grand succès pour la bourgeoisie qui intégrait ainsi la noblesse à son univers mental et en faisait en quelque sorte sa chose et sa décoration suprême. Il n'y a plus désormais de bourgeois gentilshommes mais partout des gentilshommes bourgeois. Les raisons d'hostilité entre les deux ordres, maintenant complémentaires plus que concurrents, étaient donc fortement atténuées et la bourgeoisie se trouvait amenée à fusionner physiquement et idéologiquement avec le second ordre.

Qu'un modèle culturel plus ouvert que celui qui s'était imposé jusqu'alors à la noblesse ait réussi à s'imposer dans les milieux les plus proches du roi, de ceux qui de près ou de loin participaient à l'esprit du régime et à la définition de ses options, cela certes ne saurait faire de doute. Toutefois l'orientation nouvelle définie principalement par la politique monarchique, quelle preuve avons-nous de son rayonnement, et jusqu'à quel point la noblesse, le second ordre dans son ensemble, a-t-il admis les conséquences de cette évolution, voilà ce qu'il faut à présent tenter de préciser.

Les cahiers de doléance de la noblesse, rédigés dans l'atmosphère fébrile et passionnée du printemps 89, sont ici, comme ailleurs, un révélateur d'une exceptionnelle fraîcheur, et qui rend compte, sur le problème qui nous intéresse ici, de la conversion de la société nobiliaire au modèle culturel bourgeois. Que le mérite ait définitivement gagné la partie, aucun doute. Pour l'ensemble de la noblesse, il est devenu le seul critère de sélection à l'intérieur de l'ordre, le critère impérieux et exclusif qui doit uniquement permettre le distinguer les plus aptes au commandement. Cela implique expressément l'abandon, réclamé avec insistance, les références d'élection considérées, à tort ou à raison, comme traditionnellement dominantes : l'ancienneté de la race, le prestige du nom, la faveur royale. Certains vont plus loin et franchissent allègrement le rubicon du privilège. Pour une minorité plus libérale, ou si l'on veut, mieux dégagée du poids accablant du préjugé, le renversement des barrières elevées par la constitution des ordres est un fait accompli. En dehors de toute référence au statut des personnes, elle réclame, exige même, que le mérite constitue désormais le seul critère de sélection.

Mais le plus intéressant est évidemment ce qui se passe à l'intérieur de l'ordre. L'affirmation de l'égalité de toute noblesse conduisait à privilégier le mérite dans les choix promotionnels et donc à dévaloriser toute référence raciale et lignagère. Cette démocratisation de l'ordre, ce refus des hiérarchies fondées sur l'extraction, revendication constante des cahiers nobles, ce n'est rien d'autre que la négation de la supériorité de la race. L'appartenance à l'ordre nobiliaire n'est plus, en conséquence, que l'affirmation d'une différence statutaire. Le fils du bourgeois anobli n'a plus à rougir de sa généalogie ni à pâlir devant l'étalage complaisant des huit ou dix degrés de son voisin d'ancien lignage. Le statut juridique, le privilège, séparent encore le noble du bourgeois ; plus rien n'écarte le noble du noble, un Montmorency d'un Le Chapelier. A partir de là, le dernier pas devait être vite franchi. Il le fut par quelques-uns dès avant la réunion des Etats.

Les revendications s'échelonnent en une gradation continue. Les cahiers les plus timides, et comme un peu en deçà de l'histoire, se bornent à réclamer l'abolition de toute forme vénale d'anoblissement, y compris souvent par la voie des offices. Et d'exiger, comme en Poitou, que la noblesse ne soit attribuée désormais qu' « au rare mérite » et à d' « utiles talents ». L'octroi de la noblesse sera une grâce d'autant plus éclatante « qu'elle ne sera donnée qu'au mérite » (La Rochelle, Caen etc.). Le mérite, on doit le noter, est protéiforme, il est susceptible des emplois les plus variés, il peut se manifester dans les positions les plus diverses comme le souligne la noblesse de Châlons qui recommande d'accorder des lettres « aux services rendus à l'Etat et à la patrie par les militaires, les magistrats, et le citoyens qui se distinguent par leur mérite et leurs vertus » Mais reconnaître le mérite comme moyen de promotion d' tiers est d'une portée limitée. Bien plus significative est l volonté de donner au mérite un statut privilégié à l'intérieu même de l'ordre, et d'abolir toute distinction fondée sur l race et l'extraction. Il s'agissait en fait — quelle révolu tion ! — d'abattre le privilège du sang, c'est-à-dire l'hérédité Celle-ci s'exprimait de façon sensible et cruellemen ressentie dans la *survivance* des charges qui favorisait le vieilles familles de courtisans. Aussi cette pratique est-ell universellement décriée, et les motifs sont clairemen exprimés : « Supprimer les survivances qui rendent le grâces héréditaires et ôtent au roi les moyens de récom penser les mérites personnels » (Périgord). L'extraction Non ! Ce qui distingue un noble d'un autre c'est, exclusive ment, le mérite. « Que ce soit au mérite et non par la faveu ou une extraction plus ancienne que l'on donne tous le grades militaires » (Senlis). « Le talent, le mérite et le ser vice doivent rendre tous les gentilshommes susceptibles d tous rangs et dignités » (Toul). L'hérédité, voilà l'ennem pour la noblesse de 89 !

Certains cahiers aiguisent jusqu'à son extrême limite l logique de l'argument. Le mérite devenu l'unique référenc seul l'arbitraire pouvait maintenir plus longtemps l'élite d tiers à l'écart de la confrérie des talents. Si beaucou hésitent encore à franchir le pas, s'attardent sur des posi tions fragiles et contradictoires, d'autres ont entrepris d précipiter un dénouement inévitable. Ainsi la noblesse d Vendômois réclame-t-elle que « tous les hommes de guerr indistinctement puissent prétendre aux plus hauts grade militaires par leurs vertus et leurs talents..., que la fortun un grand nom et la faveur ne puissent jamais exclure l mérite des honneurs, grades et dignités ». Pour les nobles d Perpignan le vocabulaire lui-même est rétrograde, et d proposer — nouveauté significative — que le terme dépr ciateur d'*officier de fortune* soit remplacé par l'expressio plus honorable d'*officier de mérite,* et que ces soldats rotu riers soient susceptibles des plus hautes dignités. Il ne s'ag pas là de raffinements linguistiques, mais bien d'une révolu tion sociale.

A la fin du règne de Louis XVI, la noblesse avait donc admis pour elle-même ce qu'une partie d'entre elle refusait encore au tiers : l'égalité des chances. Certains ont été sensibles à cette contradiction et l'ont résolue positivement. Dépassant le débat proprement nobiliaire, ils ont tiré les dernières conséquences de la démythification de la race en organisant la concurrence des ordres. « Que les membres du tiers état — réclame le cahier de la noblesse de Peronne — puissent être admis dans les grades militaires et dignités ecclésiastiques » qui seront accordés « au mérite plutôt qu'à la faveur ou à l'extraction ». « Que par mérite, précise Sarreguemines, le tiers état soit susceptible des grâces du roi par son admission aux bénéfices du Clergé, aux places de la magistrature et aux emplois militaires ». Les leaders du tiers n'allaient pas plus loin et Bergasse réclamait dans les mêmes termes « d'ouvrir un libre concours à tous les ordres et n'avoir d'égards que pour le mérite [1] ». Une partie considérable de la noblesse menait encore un combat d'arrière-garde. Mais un grand souffle de renouveau portait les autres bien en avant. Les résistances étaient somme toute moins vivaces que le mouvement, et le tiers état épaulé par la noblesse libérale était prêt à donner le coup de pouce qui ferait définitivement pencher la balance de son côté. La Constituante n'aura pas à forcer le cours de l'histoire : il lui suffira de sanctionner une révolution accomplie.

En 1789 la noblesse n'est plus le second ordre de la France classique et ne désire plus rester enfermée dans une définition rigide et dépassée. Elle aspire à devenir la classe pilote du royaume, le grand rassemblement de tous les talents, l'académie du mérite. Elle renonce à une partie de ses privilèges les plus importants (fiscal, judiciaire) : alignement décisif qui réduit la notion d'ordre à son contenu honorifique. Elle ouvre à la concurrence du tiers — timidement encore, mais le pas est franchi — le monopole des emplois, anéantissant de ce fait la justification médiévale des trois ordres par les trois fonctions. En même temps, les critères socio-économiques qui donnaient à l'ordre sa spéci-

---

1. *Observations sur le préjugé de la noblesse héréditaire*, 1789, p. 29.

ficité matérielle sont emportés par l'évolution du capitalisme : à côté de la rente — féodale pour une part, mais qui pour l'essentiel revêt la forme du physiocratisme ou capitalisme agricole — le profit industriel et commercial pèse de plus en plus lourd dans le revenu nobiliaire. Mais le plus important n'est pas là. La noblesse a découvert la vertu de la communication. Elle est sortie de son isolement moral de sa marginalité aristocratique, elle s'est laissée séduire puis contaminée par la culture du siècle conçue hors de toute référence aux irréductibilités ordinales et aux éthiques isolationnistes. Le xviiiᵉ siècle a consacré le passage — non sans résistance parfois : qu'on songe aux retours de flamme du siècle suivant — d'une culture d'ordre, décrochée, intravertie, fondée sur la différence, la continuité et la cohérence historique, à une culture de classe, fondée sur des cohérences sociales, actuelles et universelles.

Profondément modifiée dans sa substance, rajeunie dans son sang, stimulée par l'intrusion du capitalisme, désenclavée par l'intégration de la notion désaliénante du mérite la noblesse est devenue l'instrument privilégié de la révolution des élites. L'œuvre de la Constituante, en grande partie, sera son œuvre.

CHAPITRE III

PLOUTOCRATES ET INDIGENTS

L'Ancien Régime communément se définit par la coexistence et la hiérarchie des ordres. La tentation est donc forte de considérer la noblesse comme un tout homogène, structuré, unifié. Pourtant, à ne prendre en compte que la diversité des conditions, le peu d'homogénéité culturelle et l'âpreté des oppositions qui surgissent à l'intérieur de l'ordre, on est amené à se demander si, comme pour le tiers état, la dénomination d'ordre ne recouvre pas — même juridiquement — des situations très différentes et irréductibles à un même dénominateur. Les droits d'un seigneur haut justicier, ceux d'un grand officier de la Couronne ne sauraient en aucun cas être confondus avec les maigres privilèges souvent théoriques d'un hobereau de petite maison. Ni l'un ni l'autre d'ailleurs ne s'y trompent : il n'existe entre eux aucune égalité, et peut-être aucune sympathie ni solidarité.

Certes, il n'existe pas en France de noblesse populaire et la définition est la même pour tous. Rien de comparable à la noblesse reconnue, en Pologne, à tout homme demeuré libre au moment de l'extension du servage, ou à la noblesse basque fondée sur la non-contamination musulmane. Une plèbe nobiliaire existe pourtant qui a, certes, le sentiment de sa singularité et de sa distance : il serait facétieux de la confondre avec une haute noblesse qui jamais ne mêle son sang au sien. En fait, c'est là un trait décisif : les noblesses ne se mélangent pas. Il est beaucoup plus aisé

— les exemples sont assez nombreux et connus pour qu'il ne soit pas nécessaire d'en faire ici la démonstration — à la fille d'un bourgeois anobli d'épouser un homme de condition qu'à un manant gentilhomme d'obtenir la main d'une fille de grande naissance. C'est qu'on se marie moins dans l'ordre qu'à l'intérieur de groupes constitués à l'intérieur de l'ordre. Ces groupes, qu'aucune reconnaissance officielle ne sanctionne existent bel et bien et délimitent les différentes noblesses.

Le second ordre, cependant, existe comme infrastructure. Comme un collier rassemble des perles de plus en plus belles, de plus en plus grosses, depuis le fermoir jusqu'au noyau central qui en forme l'ornement suprême, ainsi la noblesse réunit par un fil invisible des individus d'importance et de puissance croissantes jusqu'à cette élite flamboyante de la cour qui réfléchit les rayons du roi. Ternes ou resplendissants, riches ou pauvres, puissants ou effacés, tous les nobles, quelqu'éloignés qu'ils soient les uns des autres et du soleil royal, forment ensemble le second ordre du royaume, et le Roi, fermant la boucle du cercle où s'inscrit leur singularité, continue à se prévaloir du titre de premier gentilhomme de France.

Etre noble, c'est être capable de faire ses preuves. Donc de produire les titres qui justifient l'appartenance à l'ordre. Ceux-ci sont de différents types : actes civils authentifiés portant qualification et constatant que les antécédents jouissaient des titres et privilèges de la noblesse (partages successoraux, hommages, aveux, dénombrements de fief, contrats de mariage etc.) ; titres primordiaux (provisions d'office et lettres d'honneur, lettres patentes d'anoblissement) ; les titres constitutifs (certificat d'exercice dans l'arrière-ban, séance aux Etats généraux dans l'ordre de la noblesse, exemption de tailles, etc.), les plus douteux, permettent à quantité de transfuges de s'agréger à la noblesse, car ils ne constituent pas des preuves positives ; mais l'usage en était admis. Font partie de la noblesse, et seuls en font partie, tous ceux capables de produire l'un ou l'autre de ces titres. Le laxisme des autorités permet à des usurpateurs de se glisser dans le second ordre, mais les réformations, comme celles ordonnées sous Colbert, font en principe rentrer les fraudeurs dans le rang avec de lourdes amendes.

Toutefois, la dernière manière de faire ses preuves permet à plus d'un de s'intégrer à la noblesse par longue patience et obstination : que pendant quelques générations une famille soit parvenue à se faire exempter des taxes roturières et la voilà noble [1].

L'unité de statut ne doit pourtant pas faire perdre de vue les différences réelles qui classent différemment dans la hiérarchie nobiliaire un noble ou un autre. Le privilège peut-il être considéré comme un facteur d'unité ? Oui et non. Certains privilèges, et des plus importants, sont communs à tous — privilège fiscal par exemple — ; d'autres (certains privilèges judiciaires) ne recouvrent qu'une partie de l'ordre et débordent largement le monde nobiliaire. Le droit de *committimus* est partagé par de larges catégories du tiers, le privilège fiscal s'étend à des non-nobles — officiers roturiers, maîtres de postes, etc. — enlevant ainsi, au privilège sa spécificité ordinale. Surtout, l'inégalité est la loi qui régit le second ordre. Les grands du royaume, en particulier les ducs, bénéficient de privilèges qu'ils ne partagent avec aucun autre noble. Les privilèges de la cour — hautes charges des maisons royales, présentation au Roi, promenade dans ses carrosses, participation à sa chasse — c'est-à-dire la faculté d'approcher le Roi, de bénéficier de ses grâces et faveurs, ne sont accordés en principe qu'à la noblesse la plus ancienne, capable de faire ses preuves depuis 1400, ce qui exclue d'emblée la plus grande partie des gentilshommes. Ceux-ci ne font pas partie de la cour, ils ne sont pas de « ce pays-ci [2] » : ils ne sauraient prétendre au partage du gâteau royal.

Ces clivages dont les conséquences sont immenses, ne réussissent pas pourtant à masquer l'illusion de l'unité nobiliaire. Le moindre cadet, si rustre soit-il, bien que conscient de la distance qui le sépare du seigneur de la cour se sent avec lui une affinité profonde. Parce que la revendication de l'égalité nobiliaire est à la fois un vieil héritage culturel remontant à l'époque où le roi n'était lui-même que le premier des barons, et plus récemment le premier chevalier à

---

1. Notons qu'aujourd'hui, l'A.N.F. dont les critères de sélection ont été très pertinemment choisis, ne reconnaît pas les titres constitutifs comme preuve de noblesse.
2. Le mot est de Madame de Pompadour.

la fois pair et modèle héroïsé — voir François Iᵉʳ — dont il reste la fiction du Roi premier gentilhomme, et une tendance moderne à l'égalitarisme lié à la montée de l'individualisme qui tend à nier la vertu du lignage au profit du mérite personnel, l'unité de toute noblesse est une revendication qui repose sur des principes opposés : les uns la revendiquent au nom de la tradition, d'autres au nom des Lumières, de la philosophie et du progressisme.

Autant que par ses privilèges, la noblesse se définit par ses incapacités. Celles-ci sont, le plus souvent, théoriques. Ainsi en va-t-il de certaines besognes jugées incompatibles avec la dignité de l'ordre et qu'en fait beaucoup de nobles pratiquent sans déroger. L'interdit moral est ici plus fort que le droit — souvent mal défini — mais l'urgence des besoins fait souvent passer outre. De façon très théorique le métier est en effet un autre élément d'unité. L'armée, le clergé, la magistrature sont les activités de prédilection de la noblesse, et les carrières peuvent lui en être plus ou moins totalement réservées. Mais de nombreux roturiers y réussissent fort bien ; surtout le nombre des places est trop limité pour offrir des débouchés à toute la noblesse. Nombreux sont les laissés pour compte. Et pas seulement en raison de la distorsion entre la demande et l'offre, mais d'exigences que de nombreux gentilshommes ne peuvent surmonter : fortune personnelle, minimum de talents et de connaissances, autant d'obstacles qui éliminent les plus défavorisés. Ceux-ci, par manque d'argent, de crédit, d'illustration ou de culture, se trouvent peu ou prou prolétarisés. La carrière militaire — métier noble par excellence — est davantage une source de discrimination des noblesses qu'un facteur d'unité. Les rangs sont fixés par la faveur plus que par le mérite, de nombreux grades s'achètent avec des sacs d'écus [1]. Face au fringant colonel à la bavette dont la carrière est rapide et brillante, le petit noble sans fortune, inconnu à la cour, sans protection, sans soutien, doit borner ses rêves de gloire au grade de lieutenant ou de capitaine obtenu non sans peine après quinze, vingt ou vingt-cinq années de service. La croix de Saint-Louis sera son bâton de maréchal, une maigre pension de quelques centaines de livres, la récompense de

---

1. Sur le problème de l'argent dans l'armée, cf. E.-G. LÉONARD *L'armée et ses problèmes au* XVIIIᵉ *siècle.*

son dévouement. Jamais il n'accède aux hauts grades réservés aux favoris de la cour. Encore doit-il s'estimer heureux de cette modeste carrière. Combien de ses pairs, trop malheureux pour être en mesure de soutenir, avec la seule solde que leur alloue chichement le Roi, le train relativement coûteux de la vie de garnison, trop pauvres pour s'équiper au moment des campagnes et attendre un lointain et toujours problématique remboursement de leurs frais, doivent renoncer à tout espoir de servir. A tous ceux-là, la carrière judiciaire à plus forte raison est fermée. L'achat d'un office est coûteux, il y faut une culture, être passé par l'université. Un quart peut-être de la population noble ne peut espérer ni carrière civile ni carrière militaire, sauf à s'engager dans la troupe, dans les emplois subalternes de la ferme générale, se faire collecteur de tailles, ou vivre sur sa pauvre terre, cultivant soi-même les quelques « charrues » qui entourent la maison familiale qui n'est souvent qu'une mauvaise bâtisse à demi délabrée. Heureux les cadets qui, renonçant à fonder une famille, obtiennent une cure pas trop crottée !

L'unité est donc purement théorique et d'autres facteurs qui restent à analyser accroissent encore les disparités. Il existe pourtant une marque commune qui, si elle ne fait pas d'un noble l'égal d'un autre, différencie tout noble de qui ne l'est pas. C'est, en effet, négativement que la noblesse comme tout se définit. Elle n'est pas de la roture. Ce sentiment de singularité — dont la théorie biologique de la supériorité séminale est une composante — est, en fin de compte, le plus solide ciment d'unité, sinon de solidarité (notion qui se développera dans le malheur révolutionnaire), d'une noblesse qui n'a de son identité qu'une image imprécise, une conscience sourcilleuse certes, mais mal définie avant la réflexion murie dans l'adversité après 89 et lentement précisée au cours du xixᵉ siècle. Différence valorisée, non sans un certain snobisme, elle se manifeste matériellement et gestuellement par le droit de tourelles et de colombier sur la maison, le port de l'épée que le plus modeste gentilhomme traîne au côté en poussant sa charrue, le banc à l'église et autres distinctions flatteuses pour la vanité mais qui, surtout, recouvrent toute une symbolique sociale de la distance. Etre noble, c'est être autre, c'est une manière de paraître. C'est aussi une manière d'être : d'où la singularité d'un code moral admis par tous, un sentiment particulier du lignage, de l'honneur. L'honneur ! Certes, le bourgeois, le peuple ont aussi de l'honneur ; mais celui-ci est individualiste : donc roturier. Pour le noble l'honneur ne saurait être attaché à sa personne : par lui-même il n'est rien. Seul le lignage auquel il se rattache lui confert existence, conscience et honneur. Mais le lignage lui-même favorise et renforce les inégalités. Il se définit par l'ancienneté et l'illustration. Beaucoup moins strict qu'en pays germaniques, le lignage se calcule — car c'est bien une arithmétique sociale — par degrés en ligne masculine et non par quartiers [1]. On n'exige pas de preuves des femmes, et en strict droit nobiliaire la mésalliance n'existe pas. Pour les honneurs de la cour les femmes font seulement les preuves de leur mari. En revanche les femmes ne peuvent transmettre la noblesse, et même en Champagne au XVIIIe siècle le ventre n'anoblit plus ; partout en France la verge seule conserve ce privilège [2]. Le nombre de degrés permet aux juristes et généalogistes de classer la noblesse. Quatre degrés, soit environ un siècle, définissent la noblesse de race. Si elle est antérieure à 1500 elle est dite d'ancienne extraction ; sans origine connue, immémoriale. En termes de relations sociales cette hiérarchie se traduit par des nuances sémantiques qui, de l'homme de qualité au simple gentilhomme en passant par la personne de condition, permet de monter avec délicatesse la gamme des distinctions qui rendent à chacun ce que les conventions lui reconnaissent.

Ces clivages prennent au XVIIIe siècle, au moins en droit, une force singulière. L'édit de 1781 exige quatre degrés des candidats officiers, celui de 1787 réserve en principe les hauts grades à la noblesse d'extraction qui, selon le règlement de 1760, bénéficie seule, au moins théoriquement, des honneurs de la cour. En fait d'autres facteurs inter-

1. Seuls les chevaliers de Malte et quelques chapitres (Remiremont par exemple où les Bourbons ne pouvaient entrer à cause des Medicis) ont, en France, à faire leurs preuves par quartiers à la fois en ligne masculine et en ligne féminine.
2. M. Grau : *De la noblesse maternelle particulièrement en Champagne*, 1898 et A. de Mauroy : *Un dernier mot sur la noblesse maternelle de Champagne*, 1913.

viennent pour pondérer cette rigidité. La récente et petite noblesse des Chamillart, des Le Tellier, des Phélipeaux, des Colbert, des Mazarin, des Fouquet, éclipse à la cour l'ancienne illustration des Créquy et autres Montmorency. Les Crozat, issus au début du siècle d'un capitoul de Toulouse, donnent un officier de l'ordre du roi, un président de cour, un lieutenant général, et une duchesse de Choiseul. Les services et la fortune peuvent en effet compenser le défaut d'illustration. Certes, tout le monde n'est pas issu de Jean-Baptiste Colbert, et la fortune des Crozat est une des toutes premières du royaume. Mais la volonté ou le caprice du roi permettaient à beaucoup de passer outre au règlement du 17 avril 1760 (ordonnance des preuves et des carrosses). D'une part les grands officiers, les descendants en ligne masculine des chevaliers du Saint-Esprit, les titulaires des charges de la Maison du Roi n'avaient pas à faire de preuves. Que dire des ministres ! Les Peyrenc de Moras, les Bourgeois de Boynes, les Villedeuil, d'autres encore, ont été anoblis au xviiie siècle. Ils ont eu droit aux honneurs de la cour. En outre il semble que Louis XV ait jugé absurde un règlement qui engageait un gentilhomme à venir « manger ses biens à la cour et faire des sottises, n'ayant pas une éducation convenable quoique d'ailleurs de grande naissance », tandis que d'autres mériteraient d'être reçus, bien que de modeste origine, en raison de leurs « belles actions [1] ». Aussi Louis XV admit-il qui il voulut à la présentation.

Cependant la différence de traitement entre les noblesses subsistait. L'anecdote, ici, est révélatrice. Un gentilhomme végétait dans les grades subalternes. A la faveur d'une permission, il rend visite à une tante éloignée, en Avignon et, pour passer le temps, visite le grenier. Il y découvre de vieux parchemins qui établissent irréfutablement ses preuves. Il court à Versailles, fait vérifier ses titres par le généalogiste du roi, obtient dans la foulée les

---

1. L'authenticité de cette lettre du 9 janvier 1774 de Louis XV au duc d'Aumont, a parfois été contestée (de Broc : *Essai sur la noblesse de race*). Même si elle est apocryphe son contenu est par ailleurs confirmé. Le comte de Puisaye écrit en effet au Roi : « L'honneur d'être présenté à votre Majesté et de monter dans ses carrosses est une faveur particulière qu'elle accorde ou refuse à son gré » (A.N.M./608).

honneurs de la cour, monte dans les carrosses du Roi et... reçoit un commandement ! Même si l'histoire est un peu arrangée, elle illustre bien ce que l'on sait par ailleurs[1]. Sans être exclusives, les contraintes de la généalogie restent fortes.

Autre facteur de discrimination, au moins de diversité, le métier. Du Moyen Age, et plus précisément du droit féodal, la noblesse a hérité la notion de service. Le suzerain protège ; en échange le vassal lui doit un certain nombre d'obligations. La noblesse moderne en a retenu trois : le service, l'aide militaire et le conseil, soit les charges de cour, le service actif dans l'armée royale, et l'exercice de la justice lié à certaines prérogatives politiques. Le service domestique, que la cour absolutiste a magnifié, n'a cessé de se codifier, de se ritualiser en s'anoblissant, de François Iᵉʳ à Louis XIV. Mais toute la noblesse ne sert pas. D'une part les armées — surtout en temps de paix — d'autre part les Parlements, n'offrent qu'un nombre très insuffisant de postes pour satisfaire la demande et les ambitions de l'ensemble du corps nobiliaire. De plus, le temps de service dans l'armée est souvent très bref. Après une campagne, de nombreux officiers retournent dans leurs foyers, victimes des compressions de personnel, ou mécontents de voir leur avancement bloqué. Il ne faut pas oublier, ni minimiser la concurrence bourgeoise : les roturiers ne sont pas exclus de l'armée, même après l'édit restrictif de 1781. Les places offertes à la noblesse en sont réduites d'autant. Grossièrement on peut dire qu'à peine plus de la moitié de la noblesse est en service en même temps. Mais beaucoup plus sans doute ont servi à l'un ou l'autre moment de leur vie. Une première distinction sépare donc ceux qui servent et ceux qui ne servent pas. Distinction d'ailleurs assez factice dans la mesure où l'individu compte moins que le lignage et qu'il n'en est guère dont un membre au moins ne soit au service ou n'y ait été. Il est aussi important d'avoir un frère, un oncle, un parent au service que d'y être soi-même. C'est en tout cas un puissant motif de recommandation.

---

1. H. Carré : *La noblesse et l'opinion publique à la fin du* xviiiᵉ *siècle.*

Servir — et c'est là un des principes essentiels de définition de la noblesse au xviii⁰ siècle — est l'ambition de tous, ou presque. Si l'on ne sert pas, ce n'est pas, sauf exception, par calcul, par volonté de non-engagement, mais par impossibilité ou par déception : défaut de fortune ou carrière bouchée. Le droit au service est considéré comme un privilège essentiel du statut nobiliaire et explique en partie l'hostilité de la noblesse — hostilité relative et qui comporte bien des nuances — à la roture de service. Servir le roi est à la fois un droit, un devoir et un honneur, et un gentilhomme ne saurait se soustraire à ces obligations morales. Seules la pauvreté, les limites du recrutement et l'injustice du système maintiennent certains dans l'inactivité.

Ce qui est vrai de l'armée l'est plus encore de la magistrature. Les offices qu'un noble peut exercer ne sont pas très nombreux et leur coût est élevé. Ceux qui pourraient le plus souvent ne daignent, ceux qui voudraient souvent ne peuvent. Si tout gentilhomme en effet a reçu une formation domestique qui l'a peu ou prou préparé au métier des armes — c'est au régiment même où il est placé parfois dès l'âge le plus tendre qu'il apprend les premières notions d'arithmétique et de géographie — beaucoup sont sans véritables connaissances. Leur instruction se borne aux rudiments enseignés par le curé du village, la mère ou la vieille tante célibataire. Etre avocat, puis magistrat dans ces conditions, il n'y faut pas songer. La noblesse parlementaire recrute surtout dans son sein et dans la proche bourgeoisie. Autant que la culture, la fortune manque aux autres. Une sorte de spécialisation s'opère ainsi entre une noblesse urbaine, dont les origines roturières sont souvent très proches, qui se réserve les offices civils, et une noblesse fruste, enfermée par la force des choses dans les carrières de l'armée.

L'opposition entre noblesse de robe et noblesse d'épée n'aurait-elle d'autre raison qu'une différence économique et culturelle ? Sauf au niveau de la haute noblesse où apparaît nettement une spécialisation familiale — c'est en somme la classe politique, composée de vieilles fleurs de noblesse et de bourgeois anoblis qui se partagent fonctions ministérielles et administratives, charges de cour, gouvernements et hauts grades — elle n'a pas d'autre signification. De nombreux robins font de leurs fils des soldats, les financiers, si proches de la robe et de l'élite courtisane suivent la même voie, et les cas de très vieille noblesse qui n'ont jamais abandonné la robe ne sont pas rares.

Il reste vrai cependant que les plus anciennes races, sinon les plus illustres, répugnent à porter la robe et n'entrent au Parlement que l'épée au côté en qualité de pairs. Les d'Harcourt, les Choiseul, les Montmorency, les Brancas, les Brissac, les Fronsac, les d'Aiguillon ne coiffent jamais les mortiers. Le duc de Saint-Simon n'a pas de termes assez humiliants pour flétrir les robins, mais ceux-ci accèdent nombreux aux ministères, aux évêchés, aux hauts commandements. Globalement pourtant le monde parlementaire est assez fermé et les dynasties se perpétuent. Mais noblesse d'épée et noblesse de robe ne forment pas, ne pouvaient pas former, deux mondes clos et hostiles. La perméabilité existe. On passe aisément du Parlement à l'armée, de la robe à l'épée. L'inverse est beaucoup moins fréquent et la raison en est simple. Hors du milieu parlementaire, le jeune noble ne trouve pas dans son hérédité les capacités, les connaissances, la culture et l'imprégnation indispensables au magistrat, et la formation qu'il reçoit ne peut l'engager dans cette voie. Un siècle plus tard l'hérédité continuera à peser singulièrement sur le recrutement de la magistrature et les Séguier, pour ne citer qu'un nom, auront encore un bel avenir au XIX° siècle. Hors cela, les carrières présentent les mêmes difficultés. Les preuves à faire sont identiques, et souvent la magistrature se montre sur ce point plus sourcilleuse que l'armée. En somme deux mondes parallèles, qui souvent s'interpénètrent, mais séparés par des obstacles culturels d'où naît parfois l'incompréhension.

L'unité du monde nobiliaire est donc, en grande partie, une construction théorique, une invention idéologique née de la réflexion et de la solidarité engendrées par les malheurs subis dans la Révolution. Jusqu'en 1789, les nobles étaient beaucoup plus sensibles à ce qui les séparait qu'aux éléments d'unité dont ils ne pouvaient avoir qu'une conscience diffuse.

Plus fortes que les diversités théoriques telles que robe ou épée, la césure se fait à trois niveaux complémentaires : économique, culturel, idéologique.

L'étude quantitative des niveaux de fortune de l'ensemble de la noblesse française est une entreprise malaisée, non impossible. Une source, d'origine fiscale, permet d'obtenir une vue générale que des informations d'origines diverses permettent de nuancer et de préciser : la capitation, indice du revenu. Tous les Français à l'exception du Dauphin et des indigents y étaient soumis. Pour nofre bonheur, la noblesse était inscrite sur des listes séparées. La capitation noble était assise par l'intendant de la généralité avec la collaboration nominale d'un gentilhomme. Au XVIII⁰ siècle on établissait que la noblesse payait la capitation au 90ᵉ de son revenu[1]. De fait, les nobles étaient très ménagés. Il leur était facile de jouer de leur influence, d'agir auprès des ministres, des intendants, des subdélégués. Ils réclamaient régulièrement contre leur cote. Ainsi en 1788 le baron de Marguerit se faisait décharger de la moitié de sa capitation par l'intendant de Montpellier[2]. Un autre écrit à l'intendant de sa généralité : « Un cœur sensible ne consentira jamais à ce qu'un père de mon état soit taxé à des vingtièmes stricts comme un père du commun[3]. » En Rouergue « l'usage a toujours été d'accorder aux nobles des modérations sur leur capitation[4] ». La capitation se paie au domicile. Les riches seigneurs, possesseurs de domaines dans plusieurs généralités, parfois fort éloignés, ceux qui vivent à Paris, à la cour, sont dans les meilleures conditions pour frauder. Les plus riches sont ceux qui, proportionnellement paient le moins. Les princes du sang, pour leurs vingtièmes, ne paient que 188 000 livres : ils devraient verser 2 400 000 livres au fisc ! Et le duc d'Orléans se flatte d'être imposé à son gré : « Avec les intendants, je m'arrange ; je paie à peu près ce que je veux[5]. » Dans ces conditions que vaut la capitation comme critère de richesse ? En dépit de ses imperfections elle est un document irremplaçable. D'abord comme élément de comparaison : on peut, d'après elle, établir une courbe hiérarchique de la richesse nobiliaire. Elle est aussi un indicateur de fortune. Malgré les réserves indispensables, elle a valeur d'indice. Excepté pour les rares et très grands seigneurs de la cour pour lesquels on ne

---

1. Cahier du tiers de Nemours.
2. A.D. de l'Hérault C 5172.
3. Cité par TAINE : *Les Origines*, I, p. 28.
4. A.D. Aveyron C 1615.
5. Louis-Philippe, *Mémoires*, 1973.

dispose pas d'informations sérieuses, elle est utilisable pour tous les autres. Les nobles ayant leur domicile dans les provinces sont astreints à une capitation qu'on peut évaluer à un taux très proche de celui indiqué par Dupont de Nemours : le 100e. Certes les inégalités sont très fortes. Certains privilégiés ne paient que le 200e. Pour d'autres, moins favorisés, c'est le 50e. A Aurillac, M. de Miramon paie 300 livres pour un revenu fiscal de 31 327 livres. M. de Caissac, qui a un revenu de 12 653 ne paie que 80 livres comme son voisin d'Anjorry qui ne jouit que de 9 099 livres de revenu. Avec près de 4 000 livres, Passefonds de Carbonnet est imposé à 25 livres comme Pelamourgue qui n'a que 1 100 livres [1]. A Laon, Vairon de Doigny paie 360 livres pour un revenu de 40 000 livres, Rillart d'Epourdon 72 livres pour un revenu de 12 000 livres, tandis que Viefville de Presle en paie 96 pour 6 000. Levesque de Champeaux, avec 18 000 livres, ne paie que 42 livres, mais de Noue paie 30 livres pour 1 000 francs de revenu [2]. Malgré ces imperfections, le document reste utilisable, et l'évaluation au 100e du revenu globalement exact, bien que les plus grosses cotes soient généralement sous évaluées. Les plus riches sont aussi les plus influents auprès des administrateurs. Mais pour les plus pauvres le fisc se fait parfois étonnamment léger. Le sieur d'Hédoubille pour 600 livres de revenu ne paie que 1 livre 4 sols, et Villelongue 1 livre pour 700.

Sur les 34 généralités du royaume, les capitations de 13 d'entre elles ont pu être retrouvées, soit le revenu fiscal approximatif de 38 pour 100 des nobles, un peu plus de 10 000 (pour l'essentiel chefs de famille, mais aussi des demoiselles et des femmes séparées de biens). L'estimation n'est certes pas sans reproche : on peut toutefois retenir qu'à 100 livres de capitation correspond un revenu de 10 000 livres. Il n'y a pas d'uniformité absolue, l'inégalité fiscale est de règle à l'intérieur de l'ordre. Mais sur la masse les différences de traitement s'amortissent... Il ne faut pas perdre de vue qu'il ne s'agit que d'un revenu minimum, surtout pour les plus grosses fortunes. A celles-ci s'ajoutent

1. Capitation d'Aurillac, publiée par M. Leymarie in « Redevances seigneuriales en Haute-Auvergne », A.H.R.F., 1968, p. 378.
2. Capitation de l'élection de Laon, publiée par de Sars, in *Mémoires de la Fédération des Sociétés Savantes de l'Aisne*, 1957, p. 45-57.

souvent des rentes, pensions et traitements (par ailleurs soumis à retenues) qui n'entrent pas en compte dans le calcul de la capitation. Les 13 généralités connues, d'étendue, de population et de richesse très variables, représentent un excellent échantillon de la France entière et les conclusions peuvent être étendues sans grand danger à tout le royaume.

La noblesse peut être répartie, quant à son niveau de richesse en cinq groupes :

1. Ceux qui paient plus de 500 livres de capitation et jouissent d'au moins 50 000 livres de revenu annuel. Ils sont une infime fraction : 24 pour 13 généralités, une soixantaine pour tout le royaume. Ajoutons à ce groupe une centaine de familles vivant à la cour, domiciliées à Versailles ou Paris, dont les revenus dépassent souvent 50 000, 100 000, 200 000 livres et plus. Soit, en tout, 160, peut-être 200 familles, qui dominent de très loin par leur luxe et leur niveau de vie l'ensemble de la noblesse du royaume. A ceux-là se rattachent une cinquantaine de financiers de haut vol (quelques fermiers généraux, trésoriers et receveurs généraux) également nobles, dont les fortunes égalent ou dépassent celles des plus grands seigneurs. C'est au plus 250 familles, la plupart vivant à Paris, qui forment le noyau ploutocratique du second ordre.

2. Le second groupe rassemble un peu plus de 3 500 familles dans l'ensemble du pays. Avec des revenus allant de 10 000 à 50 000 livres, elles représentent la riche noblesse provinciale, englobant les membres des cours souveraines. A Paris elles feraient assez modeste figure, mais leurs revenus leur assurent en province un train de vie luxueux. Elles forment 13 pour 100 de la population noble.

3. Entre 4 000 et 10 000 livres c'est l'aisance. 7 000 familles, soit environ le quart de la population noble, atteignent ce niveau. Elles peuvent mener une vie confortable et même large, donner à dîner plusieurs fois par mois, entretenir plusieurs domestiques et cinq à six chevaux.

4. La modestie apparaît au dessous de 4 000 livres. Les quelque 11 000 familles (soit 41 pour 100 du total) qui ont entre 1 000 et 4 000 livres peuvent encore vivre décemment, à condition d'éviter les excès, de se contenter d'une servante ou deux, d'être frugales, de bannir les dépenses ostentatoires de toilette ou autres. Ceux qui vivent à la

campagne peuvent encore se donner de petits airs de seigneur.

5. Au-dessous de 1 000 livres on atteint le seuil où la vie noble devient chiche. Plus de 5 000 familles vivent ainsi aux marges de la décence. La moitié de ce nombre a moins de 500 livres ; certains ont 100, voire 50 livres. Ce n'est plus alors de la gueuserie orgueilleusement portée mais de l'indigence. Quelques-unes ne sont même pas imposées et continuent de figurer sur les listes de la capitation noble en attendant d'en être définitivement rayées et de faire retour au peuple. Déjà ils ne se distinguent pas des paysans ; de plus malheureux encore mènent une vie misérable et subsistent de charités (voir p. 92).

Le noyau ploutocratique. Le cœur en est formé par les courtisans : ceux qui vivent à la cour, y ont charges et logements, ne respirent que pour et par elle. Ils ne sont donc qu'une faible fraction de ceux qui approchent le roi, les « présentés », dont la plupart ne viennent à la cour qu'occasionnellement, voire n'y ont mis les pieds qu'une seule fois pour satisfaire au rite de la présentation, mais n'y sont jamais reparus. Les « courtisans » cumulent de nombreuses sources de richesse : revenus de leurs domaines, charges de cour, pensions, une partie des revenus du clergé, hauts commandements, gouvernements de province, ministères et postes diplomatiques.

Leurs revenus domaniaux se situent presque toujours à un très haut niveau. Sans parler des princes (dont les revenus se comptent par millions), les courtisans ont souvent plus de 100 000 livres. Parmi les ducs, Saulx-Tavannes (dont la dignité, il est vrai est récente [1]) fait petite figure avec 90 000 livres : le duc de Mortemart en a 500 000, Grammont 300 000, Chevreuse 400 000. D'autres seigneurs, bien que de moindre fortune, jouissent de revenus équivalents où les grâces du roi comptent souvent pour une part appréciable. 86 seigneurs, tous grands dignitaires de la cour et de l'armée, ministres et diplomates, se partagent près de 3 millions. Tous reçoivent plus de 20 000 livres. La pension la plus élevée, 80 000 livres, revient à Jules-François duc de Polignac, brigadier et premier écuyer de la reine en survi-

---

1. Robert FORSTER : *The house of Saulx-Tavannes*, 1972.

vance. La maréchale de Mirepoix, dame du palais de la reine a 78 000 livres, le maréchal de Broglie 70 000, le contrôleur général Bertin 69 000, le prince d'Anhalt, lieutenant général, 40 000, le maréchal de Contades 33 000, François de Croismare commandant la petite écurie, et le duc du Châtelet lieutenant général, 28 000 livres chacun ; la maréchale du Muy perçoit 42 000 livres, le duc de Coigny premier écuyer du roi, 50 000 [1]. D'autres courtisans bénéficient d'une part des 483 pensions de la seconde classe, de 8 000 à 20 000 livres représentant une somme totale de 5 608 268 livres [2]. A cette même classe privilégiée reviennent les gages, appointements et indemnités des charges de la Maison du Roi, de celle de la reine et des princes. Celle de Grand Maître de France, dont le titulaire est Louis-Joseph de Bourbon, rapporte 139 800 livres par an. Les quatre charges de premier gentilhomme (ducs de Villequier, Fleury, Richelieu, Duras) valent 12 760 livres à chaque titulaire, mais le premier gentilhomme en exercice reçoit 27 850 livres [3]. Le Grand Maître de la garde-robe (La Rochefoucauld-Liancourt a 31 590 livres, le premier maître d'hôtel (Charles-Alexandre de Péruse d'Escars) 134 968 livres ; la gouvernante du Dauphin (Madame de Tourzel, née Croy d'Havré), 43 200 livres, la dame d'honneur de Madame Elisabeth (Diane de Polignac) 21 058, de même que celles de Madame Adélaïde (Françoise de Narbonne) et de Madame Victoire (comtesse de Chastellux). Les treize dames de compagnie de Madame Elisabeth, les dix de Madame Adélaïde, les neuf de Madame Victoire ont 4 000 livres chacune [4]. En fait les à-côtés de ces charges en font de luxueuses sinécures : selon Madame Campan, la seule revente des bougies rapportait aux dames de compagnie de petites fortunes et « faisait monter leur charge à plus de 50 000 francs pour chacune [5] ».

Toutes ces charges représentent d'ailleurs un capital important dont le revenu est souvent partagé entre plusieurs courtisans. Il faut en effet en entrant en charge dédommager

---

1. *Etat des pensions sur le Trésor royal*, 1789, 5 vol., B.N.Lf81/3.
2. *Idem*.
3. Il ne s'agit là que des gages. Les gratifications et avantages divers attachés à ces charges en élèvent considérablement le revenu.
4. A.N. 01 714, charges de la Cour.
5. *Mémoires de Mme Campan*.

son prédécesseur ou ses héritiers. 800 000 livres pour la charge de grand chambellan, 600 000 pour celle de grand écuyer, 400 000 pour les capitaines des gardes, 500 000 pour le premier gentilhomme de la chambre, 475 000 pour le grand maître de la garde-robe [1]. Au total, les charges de la seule Maison du roi représentent une « finance » de 33 761 000 livres. Louis Bruno, comte de Boisgelin, qui perçoit une pension de 8 000 livres sur le Trésor, et 5 400 livres d'appointements pour sa charge de gouverneur de Saint-Mihiel, a été pourvu en 1760 d'une charge de maître de la garde-robe vacante par la démission du comte de Maillebois. Il a été tenu de payer à ce dernier un « billet de retenu » de 480 000 livres ; il a emprunté 400 000 livres à différents seigneurs qui participent ainsi au revenu de la charge : 20 000 livres au marquis de Saint-Chamans, 30 000 livres à Turgot, 50 000 livres à la comtesse de Gisors, 20 000 livres au comte de Montboissier, 90 000 livres à la comtesse de Gisors, 20 000 livres au comte de Montboissier, 90 000 livres au comte de Thiard, 8 750 au duc de Valentinois etc [2]. Les grands favoris du roi et de la reine obtiennent des grâces qui étonnent jusqu'à la cour. La princesse de Lamballe a 150 000 livres d'appointements, 200 000 livres à titre de surintendante, 600 000 livres d'acensement concédées sur les domaines de Lorraine, et le prince de Carignan son frère, 54 000 livres. Les Polignac ont reçu 2 500 000 livres comptant et cumulent 437 900 livres de pensions et traitements. François-Camille marquis de Polignac, premier écuyer du comte d'Artois, touche 2 400 livres de gages mais les attributions attachées à sa charge portent son produit à 20 000 livres ; comme chevalier des ordres du Roi il perçoit 6 000 livres et, depuis 1772, bénéficie d'une pension de 12 000 livres. De 1784 à 1788, il a reçu comptant 1 230 000 livres sur les fonds extraordinaires des haras dont il est le directeur, et en 1789 une retraite de 12 000 livres. Jules-François son neveu, créé duc héréditaire par brevet du 20 septembre 1780, premier écuyer de la reine en survivance, a un traitement de 80 000 livres et une pension du même montant accordée le 8 septembre 1783 et réversible sur sa femme ; en 1784, il a reçu en outre un don de

1. A.N.01/748, Maison du Roi.
2. A.N.T./471/2.

100 000 livres, et 800 000 le 8 janvier 1786 pour le remboursement du droit de huitain dû au fief de Saint-Paulin, plus
une ordonnance au porteur de 1 200 000 livres pour prix
du domaine de Fenestrange. La duchesse de Polignac (née
Polastron) gouvernante des enfants de France, a 7 200 livres
de gages, autant pour ses services auprès du Dauphin,
plus 14 400 livres en ordonnances particulières. Louis-
Héraclius-Victor vicomte de Polignac, ancien ambassadeur en Suisse, reçoit 20 000 livres de retraite et 3 500
livres comme gouverneur du Puy-en-Velay. Sa fille, la
comtesse de Polignac, dame d'honneur de Madame Elisabeth,
n'est pas oubliée non plus : 7 200 livres de gages, 4 500 en
ordonnances particulières, 1 900 de pension. Auguste-Apolli-
naire, fils du comte de Polignac, religieux de Cluny, a
9 000 livres de pension sur Saint-Germain-des-Prés depuis
1777. Camille-Louis perçoit 25 000 livres comme évêque de
Meaux et 30 000 comme abbé de Saint-Epure. La demoiselle
de Polignac femme du duc de Guiche, bénéficie de 6 000
livres de pension à titre de douaire. La branche établie en
Saintonge n'est pas moins gâtée : Guillaume-Alexandre
comte de Polignac et sa fille Madame d'Aspect ont reçu en
1784 400 000 livres de dons et perçoivent en outre 60 000
livres de rentes perpétuelles [1]. Voilà pour les Polignac !

Les évêchés, les riches abbayes font partie des grâces
que le roi dispense à ses familiers et à leur famille.
L'évêque de Strasbourg (Rohan), l'archevêque de Sens
(Luynes), celui de Toulouse (Brienne), de Narbonne (Dillon), de Rouen (La Rochefoucauld) retirent de leurs abbayes
des revenus énormes de plusieurs centaines de mille livres.
Pour les laïcs le trésor est une source inépuisable de traitements et de sinécures. A eux les 37 grands gouvernements
généraux et les 7 petits (ils ne négligent pas non plus
les gouvernements particuliers d'un rapport moindre mais
non négligeable), les 13 gouvernements des maisons royales.
Le gouvernement de Paris vaut près de 70 000 livres, celui
de Berry 35 000, celui de Languedoc 160 000, celui de Guyenne
100 000, de Bourgogne 150 000, sans compter les gratifications
particulières qui s'y ajoutent [2]. Les grandes ambassades,

1. *Rapport du comité des pensions à l'Assemblée Nationale*, 1790.
2. A.N.M./643, *Gouverneurs et revenu des places*, 1750.

comme celle de Madrid, rapportent jusqu'à 200 000 livres, une ambassade secondaire comme Parme vaut au comte de Flavigny 60 000 livres par an sans compter les frais et gratifications particulières [1]. Aux ministères sont attachés d'importants traitements. En 1789, le chancelier reçoit 120 000 livres, le garde des Sceaux 135 000. Villedeuil, secrétaire d'État a un traitement de 226 000 livres. Les ministres, il est vrai, ont d'énormes frais et doivent tenir table ouverte à Paris et à Versailles en même temps.

Grands propriétaires en France, et par là détenteurs de grosses rentes foncières, favoris du roi qui accumule les grâces sur leurs têtes — pensions, dons, gratifications, traitements, les courtisans tirent encore des revenus parfois considérables de sources variées : la ferme générale où ils ont parfois des « croupes » importantes [2], les entreprises industrielles et commerciales [3], les pots de vin obtenus en échange de leur faveur et de leur influence auprès du roi et des ministres. Autre pactole : les richesses coloniales. Je ne parle point ici des grands aventuriers comme Lally-Tollendal, qui acceptent les risques et paient leur enrichissement de leur peine, parfois de leur vie. Mais des propriétaires de plantations qui, le plus souvent, n'ont jamais traversé la mer et mis le pied sur leurs domaines d'outre-mer. Les grands planteurs de Saint-Domingue, souvent pauvres cadets qui avaient gagné les îles avec l'espoir d'y faire fortune, se sont confondus avec la grande aristocratie de la métropole. En épousant leurs filles, les Rouvray, les Galiffet, les Menou, les Vergennes, les Reynaud, les Paroy, les Osmond, les Maillé sont devenus à leur tour de riches planteurs. Le marquis de Gouy d'Arcy a hérité de sa femme, une créole du nom de Bayeux, des plantations évaluées à plus de trois millions. Le duc de Brancas, les Noailles, les Lameth, les Rohan, les Castellane se sont également enrichis par des mariages aux îles. Les grands propriétaires de Saint-Domingue, ce sont encore le duc de Choiseul-Praslin, le comte de Magallon, le marquis de Perrigny, Montholon,

1. A.N.T./348/2.
2. Y. Durand : *Les fermiers généraux au* XVIIIᵉ *siècle,* 1971. p. 108 : la marquise de Cramayel prend en 1780 16 500 livres d'intérêt dans la place d'Alliot de Mussey.
2. Voir chapitre *infra.*

le marquis de Rostaing, la comtesse de Choiseul-Meuse, la comtesse de Poulpry, le comte de Vaudreuil, la princesse de Berghes, le marquis du Luc et une soixantaine d'autres seigneurs, tous propriétaires de plantations de cannes, de caféiers et de sucreries [1].

Pour ces favoris de la fortune, l'argent vient de tous côtés. Mais ils dépensent avec entrain, avec prodigalité, avec frénésie. Pour un qui épargne chaque année une partie de son revenu, deux équilibrent difficilement leur budget, et le quatrième doit engager le capital. Le comte de Choiseul-Gouffier appartient à la première catégorie. Son revenu brut de 247 795 livres 15 sols 4 deniers, provient pour 150 943 livres 8 sols 4 deniers de ses domaines 17 950,4.2 de droits seigneuriaux), pour 26 759 livres 14 de rentes perpétuelles, pour 50 092 livres 14 de maisons, boutiques et terrains à Paris et Pierrefitte. Une fois déduites les charges (vingtièmes, capitation, gages des gardes, honoraire des baillis, appointements des régisseurs, rentes, pensions, aumônes) montant à 80 056 livres 6, il reste un revenu net de 167 739 9,4. L'entretien et les gages de 17 domestiques (2 secrétaires, 1 intendant, 2 valets de chambre, 5 laquais, 3 femmes de chambre, 1 nourrice, 1 cocher, 1 postillon, 1 palefrenier), l'entretien de dix chevaux et des voitures, une loge à la Comédie française et une à l'Opéra, et une pension de 10 000 livres pour le comte et la comtesse de Choiseul (leur argent de poche) représentent une somme de 36 223 livres 9,3. Il reste donc 131 516 livres 0,1. Une fois déduites les dépenses de la maison, la table, la toilette et les dépenses de luxe, le bilan est encore positif [2]. Le prince de Robecq, bien que menant un train de vie éblouissant, est bon ménager de ses deniers puisqu'il parvient à épargner chaque année. Ses 214 233 livres 8,7 de recette proviennent de ses biens fonciers de Flandre et de sa principauté de Robecq, de ses seigneuries de Touraine, Bourgogne, Brie et Hollande, de rentes constituées, de la dot de sa femme d'un revenu de 15 000 livres. Ses charges et emplois militaires lui fournissent un tiers de ses revenus :

1. A.N.BIII, 135, *Journal historique...* de la commission nommée par les colons résidant à Paris, depuis le 15 juillet 1788... rédigé par le marquis de Gouy d'Arcy commissaire-rapporteur.

2. A.N.T./153/150. Tableau du revenu du comte et de la comtesse de Choiseul-Gouffier, 1777.

Ordre du Saint Esprit, 3 000 livres.

Gouvernement de la ville d'Aire, 12 048,6,4.

Commandement en chef des provinces de Flandre, Hainaut, Cambrésis, 46 433,4.

Emoluments des Etats de Lille (en qualité de commissaire), 7 500.

Ses dépenses de table montent à plus de 58 000 livres et sa garde-robe lui coûte 3 450 livres par an. Les gages et appointements des officiers et domestiques de sa maison montent à 17 406 livres. En 1787 le deuil de la maréchale de Luxembourg occasionne une dépense extraordinaire de 3 868 livres. Les frais de spectacle, souscriptions aux périodiques, abonnements aux concerts, achat de livres et d'estampes reviennent à 2 054 livres. A Paris l'hôtel du prince coûte 12 627 livres par an, celui de Lille 1 438. Au total, il dépense 208 674 livres 16,9 et épargne donc peu en 1787. Mais il a bénéficié d'un excédent de recette de 64 542 livres 12,10 sur l'année précédente [1].

Parfois la part du domaine dans le revenu total ne l'emporte plus que de justesse. Les recettes d'un grand officier de la couronne comme le prince de Lambesc, pair et grand écuyer de France, se partagent presque par moitié entre la rente foncière (176 620 livres) et les traitements, grâces, gratifications de la cour (137 300 livres [2]). Le comte de Béthisy ne jouit que d'un revenu de 67 799 livres, mais malgré 241 000 livres de dettes, il mène grand train et entretient 13 domestiques qui coûtent plus de 10 000 livres par an [3]. Le duc de Coigny est de ceux qui ne se soucient pas de comptabilité. Il dépense au-delà de son revenu malgré son intendant qui jette des hauts cris. En 1774, avec une recette de 80 000 livres, il dépense 138 800 livres : 36 000 pour sa bouche, 15 000 pour sa poche, autant pour ses chevaux. Mais il sait pouvoir compter sur des rentrées imprévues. En 1790 ses recettes s'élèvent à 110 000 livres. Son patrimoine n'a pas été démembré grâce à des rentrées exceptionnelles [4].

De tels revenus ne pouvaient qu'inciter à la prodigalité,

1. A.N.T*557/11.
2. A.N.T*491/3.
3. A.N.T*24/4.
4. A.N.T201/90.

à une époque que l'on dit volontiers insouciante et où la mode et le snobisme pouvaient aisément conduire à la ruine des millionnaires intrépides, princes comme Guéménée ou grands financiers comme Saint-James. L'anecdote rapporte bien des exemples de folies pittoresques. Madame de Guéménée doit à son cordonnier la peccadille de 60 000 livres, Mme de Montmorin 180 000 à son tailleur ! Le jeune duc de Lauzun a 2 millions de dettes et Mme de Matignon donne 24 000 livres à son coiffeur pour qu'il la coiffe chaque jour de l'année de façon nouvelle. Faisons la part de l'exagération. Il reste encore de beaux exemples de prodigalité. Mais après tout la plupart avaient les moyens de leurs excentricités. Certes quelques seigneurs se ruinent sans remords. Le marquis de la Bourdonnaye dépose son bilan en 1789 comme a dû le faire plus tôt le marquis de Gouffier qui a plus d'un million de dettes [1]. Nombreux aussi sont ceux qui liquident une partie de leur patrimoine pour disposer d'argent frais. Beaucoup cependant gardent des fortunes intactes en 1789 et la Révolution elle-même ne les en dépossédera pas. Les grands seigneurs de la cour réapparaissent nombreux sous le Consulat et l'Empire : ils sont encore les plus grands propriétaires du royaume. Dans la plupart des cas il s'agit de biens patrimoniaux, bien que quelques-uns, comme d'Aguesseau, n'aient pas négligé l'occasion d'arrondir leurs domaines par l'acquisition de biens nationaux. Sous l'Empire, le duc de Choiseul, grand propriétaire en Côte-d'Or, est le plus riche propriétaire de la Sarthe et de la Seine-et-Marne ; Montmorency est le plus fort contribuable de l'Eure, le duc de Mailly vient en tête des grands propriétaires de Haute-Loire et parmi les premiers de Saône-et-Loire ; le duc de Luynes est dans le peloton des trois plus riches dans la Somme, la Seine-et-Oise et la Sarthe. Le duc de Luxembourg vient en tête dans la Seine Inférieure ; le marquis de Serrant et le duc de Cossé-Brissac sont les deux plus riches propriétaires de Maine-et-Loire, suivis par le marquis de Maillé qui a acquis un dixième de ses biens pendant la Révolution. Le duc de Noailles est le plus grand propriétaire de l'Eure-et-Loir et un Montmorency est en tête dans l'Eure où le petit-fils du chancelier Maupéou a été le principal acquéreur de biens

1. A.D. Seine D4B6/104 et 86.

nationaux [1]. Dans la Sarthe, une cinquantaine de familles nobles ont arrondi leurs domaines par l'acquisition de biens nationaux, Choiseul-Praslin en tête qui s'est adjugé 13 fermes, 2 moulins, 5 étangs soit 570 hectares dans le district de Sillé [2]. Presque toute la noblesse de cour se retrouve sur les listes des plus grands propriétaires de l'Empire, auprès de quelques rares fermiers généraux, moins ménagés par la Révolution, mais dont Legendre de Luçay, premier propriétaire de l'Indre, est le témoin heureux. Il a acquis pour 150 000 livres de biens nationaux et fait, comme préfet de l'Indre, une nouvelle carrière [3].

La riche noblesse provinciale. La soixantaine de familles provinciales jouissant de revenus supérieurs à 50 000 francs, bien que non courtisanes ou courtisanes occasionnelles, appartiennent encore au noyau ploutocratique versaillais. Si elles ont choisi de vivre en province une grande partie de l'année, c'est par choix, par dépit ou sur l'ordre du roi. Mais Choiseul exilé à Chanteloup y reconstitue une cour à son pied, plus parisienne que les salons de la capitale, aussi à la mode que les hôtels des ministres en exercice. Tout rattache ces exilés, ces excentriques ou ces originaux à la noblesse courtisane.

Beaucoup plus nombreuse, la riche noblesse provinciale, avec un minimum de 3 500 familles, représente 13 pour 100 de la population noble, en fait un peu plus car les parlementaires, capités à part, se rangent nombreux dans cette catégorie. Ici, les revenus s'étagent entre 10 000 et 50 000 livres. Une partie vit, quelques mois de l'année à Paris, beaucoup vont de temps à autre à la cour et, chez eux, les dépenses de prestige, bien qu'occasionnelles, sont encore considérables. Beaucoup sont officiers supérieurs et généraux, membres des cours souveraines. Ils sont couverts en partie par les grâces de la cour. Toutes les pensions de la deuxième classe (8 000 à 20 000 livres) qui ne sont pas accaparées par les « courtisans » leur reviennent, ainsi qu'une grande partie des pensions de la troisième classe (2 400 à

    1. A.N.AF4/1076, listes des 12 plus forts cotisés à la contribution foncière dans chaque département, établies vers 1803-1805.
    2. Ch. GIRAULT, « La noblesse sarthoise », in *La Province du Maine*, 1954-1955.
    3. A.N.AF4/1076.

8 000 livres : et il y en a pour un total de 9 millions de livres ! [1]). Ceux qui vivent à Paris ou près de Paris apparaissent à la cour régulièrement : pour rappeler leur existence au roi, assiéger les ministres, entretenir des relations parmi les favoris. Ferdinand de Schömberg et sa femme, qui est la sœur de Dumouriez, ont 3 900 livres de revenus mobiliers et tirent 5 000 livres du domaine de Corbeville (près Orsay), soit 8 900 livres seulement en tout. Mais le traitement de Schömberg (18 000 livres) nommé maréchal de camp en 1777, triple leurs ressources. Pendant que son mari est en Corse (jusqu'en 1783), Mme de Schömberg vit à Corbeville ; mais elle fait des séjours à Versailles où elle a loué, pour 800 livres, un appartement, et à Paris où elle a acquis un hôtel pour 70 000 livres [2]. Les Schömberg appartiennent à ces familles de « présentés » qui, par une cour régulière, obtiennent de faire une belle carrière — Schömberg est promu lieutenant général à sa retraite en 1783 — peu rapide sans doute, mais leur fortune ne les rend pas susceptible de vivre en permanence sous l'œil du roi et de bénéficier plus largement de ses grâces. D'autres ne viennent à la cour que plus exceptionnellement encore, soit que leur naissance les en écarte, soit qu'ils s'en soucient peu. Le comte d'Antraigues n'a pas été admis à monter dans les carrosses du roi, ses titres n'étant pas suffisants et le roi n'ayant pas consenti à passer outre. De 1780 à 1790 ses revenus s'élèvent à 38 068 livres par an. Dans le Gard le baron d'Assas a plus de 20 000 livres de revenu [3]. En Provence le marquis de Sade a 17 500 livres, à Montpellier le marquis de Saint-Maurice 16 098 livres en 1786 sans compter ses intérêts sur la province de Languedoc [4] ; le comte de Vinezac, la marquise de Londre ont des revenus analogues ainsi que les 12 présidents et plusieurs conseillers de la Cour des Aides [5]. La riche noblesse provinciale est très diversement répartie dans le royaume. Elle est nombreuse dans les riches généralités et dans les sièges des cours souveraines. En Guyenne elle représente seulement 12 pour 100 de

1. Etat des pensions sur le Trésor royal, 1789.
2. Jacqueline PRÉJEAN : *Une famille noble dans la deuxième moitié du* XVIII*e siècle*, thèse de 3*e* cycle dactylographiée, Paris I.
3. A.D. Gard 1E 989.
4. A.D. Hérault 1F 459.
5. *Id.*, L 1513.

la population noble, soit un peu moins que la moyenne nationale : résultat du déséquilibre entre les riches élections de Périgueux et de Bordeaux, et les élections pauvres de Condom et Sarlat. A Caen, elle représente plus de 18 pour 100, ainsi qu'à Grenoble. Dans les généralités très pauvres Châlons, La Rochelle, elle est inexistante (0,9 et 0,5 pour 100).

Hobereaux de luxe, ces riches provinciaux mènent grand train. A. Young visitant le château de Nangis, en Seine-et-Marne, qui appartient à M. de Guerchy, déclare que pour vivre là avec 6 domestiques mâles, 5 filles, 8 chevaux, un jardin, une table ouverte, sans jamais aller à Paris, il faut 25 000 livres par an [1]. C'est là le train courant de la riche noblesse provinciale, quand elle est éloignée de la capitale. Proche d'une grande ville elle y a un hôtel, et ne passe à la campagne que la belle saison. A Toulouse, à Aix, à Amiens ou Rennes, la sociabilité urbaine crée des obligations. On dépense gros en réceptions, en toilettes. Il faut visiter l'intendant, le gouverneur, les présidents de cour, rendre les invitations, recevoir les hôtes et les voyageurs de marque. La comédie, le bal, les soupers donnent à la province dorée un certain air de capitale. Imiter Paris, suivre la mode, autant de rites où la noblesse provinciale se complaît. Le gouverneur, de passage, apporte des nouvelles de la cour, sa femme la coiffure du jour : on s'empresse à l'imitation ; une cascade de mimétisme entraîne toute la noblesse à vivre Paris par procuration. Sans perdre tout à fait son âme. Vivre en province, avec de hauts revenus, est une manière d'être, une façon de vivre souvent délibérément choisie. L'attraction parisienne ne va pas sans un certain mépris — même si l'envie n'est pas absente — pour le courtisan qui a perdu, avec l'accent du terroir, un peu de son ingénuité. C'est là sans doute qu'il faut chercher la noblesse la plus représentative, modèle pour le second ordre : c'est là qu'en 1789 il choisira souvent ses représentants.

Les déshérités du second ordre. La catégorie dont les revenus s'étalent de 4 000 à 10 000 livres forme la noblesse campagnarde huppée, un quart de la noblesse à peu près.

---

1. *Voyage en France*, 1787, 1788, 1789, I, p. 320.

Ils vivent peu en ville où la vie est chère, mais mènent sur leurs domaines un train honnête. Ils possèdent un château, sans luxe mais confortable, ont un domestique, deux servantes, trois chevaux et un cabriolet [1]. Ils donnent à dîner à leurs amis du voisinage, peuvent avoir un appartement à la ville ; les femmes ont des toilettes et les hommes des chiens pour la chasse.

Au-dessous de 4 000 livres le train de vie devient modeste. Dans cet état les nobles sont nombreux : 41 pour 100. Toutefois à la campagne, avec ces revenus, on peut encore avoir un certain air. A condition d'être frugal, d'éviter les dépenses de table, de réduire au minimum le luxe et l'apparat. Ce sont d'honnêtes gentilshommes sans grands besoins, partageant leur temps entre la surveillance de leur domaine et la chasse. Beaucoup de ceux-là ont servi. La retraite de capitaine est un appoint précieux, et une distinction.

Passé le seuil des 1 000 livres on atteint vite à la pauvreté. Au-dessous de ce niveau d'alarme, les gentilshommes sont nombreux : plus de 5 000. La moitié ont moins de 500 livres, certains ont 100 voir 50 ou 25 livres. Les plus heureux sont paysans, les plus à plaindre des pauvres honteux. Et il ne s'agit pas là d'une pauvreté sociologique [2]. mais bien réelle, et dans certains cas d'une authentique misère. Dans ses revendications de 1789 la noblesse s'est beaucoup souciée de la condition de ces misérables (elle évalue avec optimisme le seuil de la pauvreté à 1 200 livres) : en fait ce n'est qu'en dessous de 300 livres que les conditions de vie deviennent dramatiques. Au-dessus de ce chiffre, un noble qui braconne, vend ses truites (ou celles de ses voisins), ses garennes ou ses grives, parvient à subsister [3]. Mais il y a pire. Certains ne sont pas imposés à la capitation pour indigence. Ils se multiplient dans les provinces pauvres, comme la Champagne. Beaucoup de ceux-ci rejoignent les rangs les plus infortunés du peuple. A Villefranche de Beaujolais, il faut une circonstance excep-

---

1. A. YOUNG : *Voyages en France,* p. 320.
2. Voir à ce sujet, Jean MEYER, « Un problème mal posé : la noblesse pauvre. L'exemple breton, XVIIIe siècle », in *Revue d'histoire moderne et contemporaine,* 1971, pp. 161-188.
3. Nombreux exemples de ce type de nobles dans les dossiers du tribunal des Maréchaux de France, A.N.ABXIX.

tionnelle, la réunion des Etats généraux, pour dévoiler des misères qui se cachent : une famille d'ancienne extraction est tombée dans une pauvreté si extrême que l'assemblée de la noblesse s'en émeut ; elle décide de pourvoir « au premier moment de nécessité de cette famille de son ordre » en attendant de la recommander à la bienveillance du duc d'Orléans [1]. D'après un voyageur anglais, Smolett, des gentilshommes du Boulonnais se contentaient d'un seul repas par jour ; ils ne donnent jamais à dîner et, n'ayant les moyens ni d'élever des chiens ni d'acheter des fusils, n'ont d'autres distractions que de jouer aux cartes [2]. Ceux-là bien sûr n'ont pas de châteaux. Ce qu'ils nomment gentil-hommière n'est qu'une humble ferme, parfois une masure, avec au mieux une grande salle commune dont le seul luxe est une haute cheminée portant sur son manteau le blason familial [3]. Ils partagent en Normandie la vie laborieuse des paysans. A Saint-Flour, ils prennent des terres à ferme [4]. En Angoumois, Antoine de Romainville conduit ses bœufs et laboure sa terre. A sa mort, il laisse à son fils quelques chaises de paille et beaucoup de dettes [5]. Trop pauvres pour prendre du service, ils ne jouent aucun rôle à l'armée ; trop peu instruits pour être d'église, ils ne peuvent même pas compter sur une maigre cure. Trop heureux s'ils parviennent, comme Antoine de Romainville à trouver une femme dans la petite bourgeoisie rurale qui lui apporte quelques centaines de livres [6]. Jean-Etienne de Chabannes, de petite noblesse issue d'un Secrétaire du roi, laisse en tout et pour tout 5 060 livres à ses 6 enfants. Après avoir payé leur légitime à ses frères et sœurs, l'aîné n'a plus de quoi vivre [7]. Certains se mettent au service des plus favorisés. Chateaubriand raconte qu'un La Morandière était devenu régisseur du château de Combourg. D'autres sont gardes-

1. A.N. BA85, procès-verbal de l'assemblée de la noblesse de Villefranche.
2. M. Kovalewsky : La France économique et sociale à la veille de la Révolution, I, « Les campagnes », p. 9.
3. Dr Jean Fournée : Etudes sur la noblesse rurale du Cotentin et du bocage normand, 1954.
4. M. Leymarie : Redevances seigneuriales en Haute-Auvergne in A.H.K.F., 1948, p. 299 sq.
5. H. du Mas : « Cadets de province au xviiiᵉ siècle », in Mémoires de la Société d'agriculture d'Angers, 1902, p. 121.
6. A. Clergeac : « Une famille de gentilshommes campagnards les Chabannes », in Revue de Gascogne, 1903, p. 97.

chasse, exercent les emplois subalternes des fermes et des gabelles ; à Soissons des gentilshommes sont collecteurs de taille. Beaucoup, comme le dit Châteaubriand, retournent à la charrue, exercent des métiers, retombent dans le peuple. On en recueille dans les dépôts de mendicité[1]. En Poitou, en 1789, 7 gentilshommes se sont présentés : vêtus en paysans, sans épée, ils ont raconté que leurs filles gardaient les moutons. Il a fallu que l'assemblée se cotise pour payer leur dépense d'auberge. En 1781 le marquis de Vaudreuil recommande à Ségur un capitaine descendant d'une des plus anciennes familles nobles de Normandie ; son père, âgé de 80 ans vit dans la détresse avec sa femme : il a 220 livres de rente[2]. Le tribunal des maréchaux de France révèle des misères plus touchantes encore. Duvallier de La Combe emprisonné pour dettes, est dans l'impossibilité de secourir sa femme qui vit sans domestique et sans argent dans un hôtel garni avec ses deux enfants[3]. Beaucoup de petits nobles sont en prison pour des dettes de 40 à 50 livres dont ils ne parviennent pas à se libérer. L'histoire est volontiers misérabiliste quand il s'agit du tiers état. Le faste de la grande noblesse, l'aisance de la riche noblesse provinciale ont trop aisément masqué la situation déplorable d'une partie du second ordre ; privée de ressources financières, inapte à tout emploi faute d'argent et de formation, maintenue dans l'incapacité de se « recycler » par le préjugé, elle était condamnée à la disparition. Quelle hécatombe en fit chaque génération, c'est ce qu'il est impossible de préciser. Mais le renouvellement constant de l'ordre est la preuve *a contrario* de cette déchéance.

Noblesse au pluriel : l'état des fortunes en administre la preuve. L'argent fractionne ce que le droit unifie. L'éducation confirme ces clivages, creuse l'abîme. Séparés par le genre de vie, les nobles le sont encore par la culture. L'égalité des chances, au sein de l'ordre privilégié, n'est pas une réalité, à peine une aspiration qu'a fait naître la création des écoles militaires réservées, en principe, aux plus nécessiteux.

---

1. Abbé BERNIER : *Essai sur le tiers état rural en Basse-Normanie au* XVIII*ᵉ siècle*, 1891, p. 157-158.
2. L. TUETEY : *Les officiers sous l'Ancien Régime*, 1908, p. 26.
3. A.N. ABXIX.

COTES DES ASSUJETTIS A LA CAPITATION SUR LES RÔLES SÉPARÉS DE LA NOBLESSE

Généralités	+ de 500 L.	200-499	100-199	40-99	30-39	20-29	10-19	5-9	— de 5 et insolvables	Total
AMIENS	1	22	77	192	49	55	96	51	60	603
GRENOBLE	4	52	99	174	96	61	88	29	10	613
LIMOGES [1]	1	38	99	206	80	72	78	23	14	611
BORDEAUX	3	56	186	581	197	286	324	156	76	1865
CAEN	10	88	187	412	175	163	260	151	138	1584
CHALONS	0	0	5	97	60	87	193	116	101	659
MOULINS	1	9	45	168	51	71	88	44	55	532
ROUEN	2	35	120	286	126	156	213	83	60	1081
BOURGES	0	20	49	115	49	61	71	43	71	479
ORLEANS	0	8	38	171	64	132	175	73	52	713
LA ROCHELLE	0	0	2	25	8	26	78	70	144	353
BESANÇON	1	13	28	140	45	106	138	82	58	611
MONTAUBAN	1	27	67	149	83	79	91	82	142	721
TOTAL	24	368	1002	2716	1083	1315	1893	1003	981	10425

CHAPITRE IV

LES CLIVAGES FONDAMENTAUX : LA CULTURE

A la fin de l'Ancien Régime, les clivages selon l'ancien-
eté de la noblesse ou le degré de dignité, auxquels Saint-
Simon était si fort attaché, sont en vérité négligeables à
partir d'un certain degré de réussite. A la cour les parvenus
cohabitent avec les représentants des plus anciennes maisons
et les plus hautes en dignité. Les querelles de préséance qui
avaient si fort animé les ducs et pairs à la cour de Louis XIV
n'alimentent plus qu'exceptionnellement la chronique quotidienne. La hiérarchie a perdu sa référence exclusive au droit
divin.

Avec l'échec de la Polysynodie la pairie a dû renoncer à
l'ambition de contrôler l'Etat, les ducs sont confinés dans des
attributions honorifiques, et les secrétaires d'Etat, les « gens
de peu » ou de « rien » — entendons, la noblesse récente —
ont retrouvé leur pouvoir comme au meilleur temps de
Louis XIV. La cour a perdu son image céleste : le Père dans
tout l'émerveillement de sa gloire, les princes du sang repro-
duisant le modèle du Fils, participant de son être, les pairs,
élus, médiateurs, intermédiaires obligés entre le Père et le
peuple. Cette cour à la fois médiévale et moderne impose
l'image biblique d'un Roi-Père superbe et redouté, mais
humanisé et comme démocratisé par la gloire qu'il concède
aux pairs de son royaume, élus par sa seule volonté au sein
de son peuple parmi les plus fidèles et les plus méritants.
Dans cette cour céleste où le droit divin désigne la place de

chacun, seuls les pairs échappent à l'inéluctable. Eux seul
peuvent être appelés à participer à la gloire du sang élu
sans être pourtant issus de ce sang. Par eux toute la
noblesse, le peuple sont désignés pour participer à la gloir
du monarque, par eux également ils sont désignés pour par
tager et contrôler théoriquement le pouvoir royal.

Mais le siècle a entraîné le glissement. A mesure qu
l'image du roi est devenue moins terrible, les pairs ont perd
de leur éclat, leur privilège a été revendiqué par toute l
noblesse d'abord au nom de l'égalité nobiliaire, par toute l
Nation ensuite au nom de la souveraineté populaire. Ains
est née la Nation dans une lente démarche initiée au privi
lège de la pairie. Alors s'estompe le droit divin relayé pa
une légitimité nouvelle, et recule le droit du sang au prof
de l'aptitude à la réussite. La cour a cessé d'être l'autel o
se célèbre la liturgie divine, pour devenir le lieu privilégi
des compétitions de la société profane, celle où s'accom
plissent les révolutions.

Et où, d'abord, se décomposent les hiérarchies e
s'accomplissent les mixages sociaux.

En même temps que le droit divin s'affaiblit, le priv
lège du sang amorce un recul. Il ne suffit plus désormai
d'être « né » : la réussite exige d'autres références. L'évolu
tion de la pratique matrimoniale rend compte d'un glis
sement des usages qui remet en cause toute la théologi
sociale. Les mésalliances, encore exceptionnelles au XVIIe siè
cle, deviennent d'une telle fréquence qu'elles ne s
remarquent plus et cessent d'apparaître comme des aberra
tions. Qu'on se souvienne de l'indignation de Saint-Simo
apprenant le mariage de la fille du duc de Piney :

> On ne s'accoutume point à lui voir marier sa fille
> René Potier, et une fille de cette naissance et qui, pa
> la mort de son frère unique sans enfants, pouva
> apporter tous les biens de cette grande maison, et l
> dignité de duc et pair, si rare encore, à son mari
> René Potier était fils et frère aîné de secrétair
> d'Etat... Son père était conseiller au Parlement et so
> grand-père prévôt des marchands, dont le père éta
> général des monnaies et au-delà duquel on ne voit rie
> Il ne faut donc pas croire que les mésalliances soient

nouvelles en France, mais à la vérité elles n'étaient pas communes alors [1].

Au XVIIIe siècle, l'alliance des dignités est relayée par le mariage des convenances à la mode : fortune, éducation, puissance. On épouse les familles des secrétaires d'Etat, quelles que soient la « bassesse » et la « crasse » de leurs origines, on se dispute celles des riches financiers. Les Villars, Choiseul, Sully, Aumont, Béthune, tant d'autres, s'allient aux Crozat, aux Peyrenc, aux Bonnier, aux Paris. Fleur de noblesse et *savonnette à vilain* font ensemble très bon ménage et il n'est personne pour s'en indigner.

La fortune qui confond les conditions, provoque une hiérarchisation à l'intérieur du second ordre par ses effets cumulatifs. C'est elle, en effet, qui très généralement conditionne l'éducation et la culture. En un siècle policé, érudit, brillant, l'on moque volontiers les prétentions des rustres blasonnés. Etre susceptible de faire ses preuves, appartenir à la meilleure noblesse ne suffit pas pour être bien reçu et accepté de la cour. Un anobli de grande éducation y est d'emblée à sa place. Un gentilhomme de grande maison, mais sans usage du monde ni culture n'y est admis que par pitié et n'y demeure pas. M. de Pentavice, de bonne noblesse bretonne, capitaine de vaisseau, voulut être présenté au roi. Il avait « toute l'élégance des mœurs de Brest ou de Toulon, et toutes les grâces d'un courtisan de Neptune, qui n'avaient pas un rapport frappant avec celles de Versailles ». Il attendit longtemps l'honneur de « casser la croûte avec le maître », mais s'en retourna ravi, comme tant d'autres dont « le visage hétéroclite avait fait rire » des courtisans peu soucieux de ménager des rustres [2]. On attache en effet beaucoup de prix au bel air, à la science du monde, au beau langage et à la culture. Les lettres et les arts élèvent les hommes, les font rechercher et apprécier. Dans cette société affinée et savante, quelle réussite peut espérer celui qui n'a pas accès à la formation supérieure des élites ? C'est là un point essentiel et qu'il faut marquer avec force : toute la noblesse, et il s'en faut de beaucoup, ne bénéficie pas au départ des mêmes possibilités de réussite, des atouts indis-

1. SAINT-SIMON, *Mémoires*, La Pléiade, tome I, p. 125.
2. TILLY : *Mémoires*, Mercure de France, p. 314.

pensables à une carrière soit dans le monde soit dans la vie
professionnelle. L'égalité théorique du second ordre
n'implique pas une égalité des chances. La culture en effet
sépare encore plus que la naissance, et elle dépend largement de la richesse. C'est parce qu'elles ont reçu dans leur
famille, au couvent et dans le monde la même éducation que
les filles mieux nées qu'elles, que celles des riches bourgeois
d'affaires et de tous les financiers anoblis ont pu épouser des
ducs et n'être pas déplacées dans la société où ils les intro-
duisaient, société à jamais fermée à des filles de vieille
noblesse, mais pauvres et dont l'éducation avait été négligée.

La richesse, l'éducation, la culture rapprochent les deux
pôles de la société nobiliaire, les dignitaires et les anoblis.
Sénac de Meilhan, comme beaucoup d'autres, a été sensible
à cette confusion des conditions. Atouts pour les uns, han-
dicaps pour les autres. Un fossé se creusait entre ceux qui
bénéficiaient de tous ces avantages et ceux qui en étaient
privés, entre ceux devant qui s'ouvraient toutes les portes
et ceux qui, dès le départ, étaient condamnés à l'obscurité.

La noblesse ne reçoit pas une formation uniforme. Il
faut des revenus importants pour accéder à l'éducation que
dispensent les bons collèges, les académies, les bons précepteurs, les couvents à la mode. La gratuité accordée aux
élèves pauvres de l'école militaire n'est qu'un palliatif numériquement négligeable.

La ségrégation par l'éducation isole une élite de l'ensemble du second ordre, et hiérarchise les conditions des laissés
pour compte.

Pour les filles, l'éducation autant que la fortune est une
affaire grave, une assurance contre le célibat, dans une
société où il n'y a d'autre alternative au mariage que le
couvent. Avoir une dot ne suffit pas. Encore faut-il avoir
acquis la science du monde — c'est-à-dire toute une culture
sur laquelle repose sa liturgie savante — qui permettra d'y
figurer à son avantage avec esprit, sans rien ignorer des
connaissances qu'il privilégie. L'apprentissage en est long,
confidentiel, réservé aux privilégiés de la naissance ou de la
fortune. Quel que soit le modèle choisi — et au XVIIIe siècle
il y en a au moins deux — l'éducation d'une jeune fille, si
elle est destinée à un grand mariage et à une position brillante, est très coûteuse. Suit-on la mode toute neuve, initié

dans la seconde moitié du siècle, de l'éducation à la maison,
il faut engager les meilleurs maîtres et conduire la jeune
élève dans le monde. Ainsi sont élevées la future marquise de
La Fayette et Mlle Randon de Malboissière, d'une famille
de finance. A elles les plus réputés maîtres de géographie,
de mathématique, de danse [1]. Elles ont loge à l'Opéra et à
la Comédie. Rien n'est négligé pour parfaire l'éducation la
plus achevée. Parfois la négligence ou l'anticonformisme y
ajoute une touche d'excentricité. C'est alors un charme de
plus. Lucy Dillon, nièce de l'archevêque de Narbonne, et
future marquise de La Tour du Pin, a reçu à sept ans un
instituteur, organiste de Béziers, un certain Combes. Venu
pour lui montrer à jouer du clavecin, M. Combes qui a fait
de solides études lui donne le goût de la lecture : à douze
ans Lucy avait lu énormément. Esprit curieux, elle apprend
tout ce qui lui tombe sous la main depuis la cuisine jusqu'à
la chimie que lui enseigne un apothicaire. La femme du jardinier, une Anglaise, lui apprend à lire dans sa langue.
Mais à peine apprend-elle le catéchisme car il n'y avait pas
le chapelain dans la maison d'un archevêque ! [2]. Elle fera
une belle carrière à la cour où, à la stupeur des courtisans,
elle introduira la poignée de mains chère aux Britanniques.
« Avez-vous shake-and avec Mme de Gouvernet ? »
Mlle Ducrest, devenue célèbre sous le nom de Mme de Genlis,
a appris à lire avec l'institutrice de son village. Reçue, à
sept ans, chanoinesse du chapitre noble d'Alix, on lui donne
comme gouvernante une musicienne, Mlle de Mars, qui lui
enseigne non seulement la musique mais lui apprend l'histoire, le catéchisme et l'initie à la lecture [3].

Choisit-on de ne pas rompre avec la tradition ? Les
couvents ne manquent pas : 43 rien qu'à Paris. Les plus
célèbres reçoivent les filles destinées à la cour. L'abbaye de
Pentemont, l'abbaye aux Bois accueillent Mlles de Choiseul,
Montmorency, Chatillon, Bourbonne, Lauraguais, Caumont,
Saint-Chamans, Lévis, Chabrillant, Aumont, Talleyrand,

---

1. Par exemple la comtesse de Chatelaillon paie pour les leçons
de sa fille :
   72 livres dues à M. Huart pour 3 mois de cours de danse.
   96 livres dues à M. Leprince pour 4 mois de cours de chant.
   72 livres pour 3 mois de harpe.
   72 livres pour 3 mois de leçons de clavecin (A.N.T./390/2).
2. Marquise de LA TOUR DU PIN : *Mémoires d'une femme de
50 ans.*
3. Madame de GENLIS : *Mémoires.*

Damas. La province a ses couvents réputés et celui de
Fontevrault a élevé les filles de Louis XV. Mais cette éducation supérieure est réservée. Toute la noblesse ne peut en
bénéficier. La pension est de 600 livres par an au Pentemont, de 500 à l'abbaye aux Bois, de 400 à la Conception
de la rue Saint-Honoré, de 400 à la Madeleine du Traisnel
sans compter les leçons, les habits, les frais divers. Une
partie des familles nobles n'ont même pas un revenu équivalent à ces sommes. Certes, pour les jeunes filles pauvres
les couvents ne manquent pas. Mais l'éducation mondaine y
est négligée, et les religieuses se chargent elles-mêmes de
l'enseignement. On forme des jeunes filles modestes, bonnes
mères de famille, religieuses, ou célibataires effacées destinées à vivre à l'ombre du frère aîné. Les plus chanceuses
sont admises à Saint-Cyr. Mais elles doivent prouver 140 ans
de noblesse. Elles reçoivent une solide formation, mais hors
du monde ; elles sont vouées à la province [1].

Importante pour les filles, l'éducation l'est plus encore
pour les garçons. Elle conditionne, en grande partie, leur
carrière. Trois grandes voies s'ouvrent aux jeunes gens : le
collège, l'école militaire et l'école des pages, les académies.
Les enfants riches vont de préférence au collège après être
passés dans leurs premières années par les mains d'un
précepteur ou d'un instituteur public. Ainsi le marquis
Ducrest est placé à cinq ans dans la fameuse pension du
Roule de M. Bertaut qui avait mis au point une méthode
pour apprendre à lire en six semaines. Les collèges de Clermont et d'Harcourt reçoivent la plus grande aristocratie e
la haute magistrature, en même temps que les fils de bourgeois. A Clermont sont élevés les princes du sang, les princes
étrangers, les ducs. On y rencontre les noms d'Albret, La
Rochefoucauld, Beaufort, Croy, Rochechouart, Noailles
Montmorency etc. Sur les mêmes bancs s'asseoit la grand
robe : Lamoignon, Ormesson, Feydeau, Le Pelletier de Saint
Fargeau, Nicolay, Turgot... [2]. Harcourt reçoit une clientèl

1. Sur l'éducation des filles, voir : A. de LUPPÉ : *Les jeunes
filles dans l'aristocratie et la bourgeoisie à la fin du* XVIII° *siècle*
1924 ; F. ROUSSEAU : *Histoire de l'abbaye de Pentemont ;* L. PAREY
La Princesse de Ligne.
2. G. DUPONT-FERRIER : *Du collège de Clermont au Lycée Loui
le Grand,* 1921.

semblable : Talleyrand, Choiseul-Gouffier, Gouy d'Arcy, Hérault de Séchelles[1]. Collèges aristocratiques par excellence, ils forment la jeunesse de la cour, celle qui aura commandements, postes administratifs et ministériels, et qui siégera aux académies. Le coût élevé de la pension — 900 livres par an au collège de l'Oratoire de Juilly — écartelles modestes gentilshommes. Ceux-ci, que la tradition destine au métier des armes, ont à la fin de l'Ancien Régime une ressource dans les douze écoles militaires[2] préparant à celle de Paris. Bien que les pauvres gentilshommes eussent accès à ces écoles, le nombre de place y était limité, d'autant plus qu'elles attirèrent vite l'élite de la jeunesse. Pour les non-boursiers la pension s'élevait à 700 livres à Sorrèze. Les Castellane, Turenne, La Tour du Pin, Mauléon-Narbonne comptaient parmi ses élèves[3]. Le nombre de places pour la jeunesse peu fortunée était donc peu considérable. De 1776 à 1787 les écoles militaires ont formé un total de 1 592 gentilshommes destinés à entrer ensuite à l'école militaire de Paris, dans des régiments en qualité de cadets ou dans la marine. Encore, sur ce nombre, 438 échouèrent dans leurs études ou quittèrent prématurément le collège[4]. Au reste, beaucoup d'élèves de l'école militaire ne sont pas boursiers. La comtesse de Chatelaillon paie 1 500 livres au trésorier général de l'Ecole royale militaire pour neuf mois de la pension de son fils, du 18 avril 1784 au 18 janvier 1785[5]. Au sortir du collège les plus heureux entrent à l'école des pages. Celle-ci est réservée à la plus haute naissance : il faut faire ses preuves depuis 1550 sans anoblissement connu. Encore faut-il payer une pension de 400 livres par an. Sous la direction de M. le Grand, de M. le Premier et de précepteurs, leur éducation est d'ailleurs assez négligée ; l'équitation et la science du monde tiennent lieu d'instruction. Mais leur service auprès du roi et des princes, les met-il prématurément en selle pour de belles carrières[6].

1. H.L. Bouquet : *L'ancien collège d'Harcourt*, 1921.
2. Beaumont en Auge, Tiron, Pont Le Voy, Sorrèze, Rebais (Bénédictins), La Flèche (Doctrinaires), Vendôme, Tournon, Effiat (Oratoriens), Auxerre (Congrégation de Saint-Maur), Brienne (Minimes), Pont-à-Mousson (Chanoines réguliers de Saint-Sauveur).
3. J. Fabre de Massaguel : *La vie quotidienne à l'école de Sorrèze*, Académie des Sciences de Haute-Garonne, 1972.
4. C. de Montzey : *Institutions d'éducation militaire*, 1866.
5. A.N.T/390-2.
6. C. de Carné : *Les pages des écuries du Roi*, 1900.

Voici l'éducation d'un jeune gentilhomme de belle tournure, d'une des plus anciennes familles de Normandie, Alexandre de Tilly. Le mariage de son père avec une jeune fille « d'un rang distingué quoique d'une famille assez moderne », mais fort riche, a redonné des espoirs à sa famille. Son père se voue d'abord à son éducation puis le confie à un précepteur. A neuf ans il entre à La Flèche où ont été également élevés Antoine-Louis Séguier futur avocat général au Grand Conseil, le marquis de Turbilly devenu agronome célèbre, le comte de Rohan-Polduc... Le goût pour l'étude que manifeste le jeune Tilly lui permet de profiter pleinement d'un enseignement qu'il juge d'ailleurs avec sévérité : « La Flèche n'était plus que le simulacre de ce séminaire de doctrine, d'érudition et belles lettres qu'avaient enseignées les Jésuites, mais qui pourtant était un excellent collège. » A treize ans, ses relations lui valurent une place de page chez la reine d'où il sortit avec le grade de sous-lieutenant[1]. Lauzun, lui, est élevé sur « les genoux des maîtresses du roi ». On lui donne les maîtres les plus à la mode, mais un précepteur dont tout le mérite était un grand talent pour l'écriture et la lecture à haute voix, talent qu'il communique à son élève. Cette éducation négligée le rend pourtant indispensable à Mme de Pompadour qui le retient près d'elle pour lui faire la lecture. « J'étais d'ailleurs, dit-il, comme tous les enfants de mon âge et de ma sorte : les plus jolis habits pour sortir, nu et mourant de faim à la maison[2]. » Mais à douze ans il entre au régiment des gardes dont le roi lui promet la survivance. « Je sus à cet âge que j'étais destiné à une fortune immense et à la plus belle place du royaume, sans être obligé de me donner la peine d'être un bon sujet[3]. »

Pour ceux qui n'allaient pas au collège ou le quittaient tôt, ceux qui n'accédaient pas aux écoles militaires ou à l'école des pages, il restait une solution brillante mais coû-

---

1. TILLY : *Mémoires*, chapitre I.
2. Madame de Créquy raconte dans ses Mémoires que la mode était d'affamer les enfants. Ni soupe, ni viande, ni fruits, ni confitures, ni pâtisserie. Les fils Béthune faisaient la nuit le siège de la cuisine de leur grand-mère. Les plus alertes s'en prenaient à la pâtée du chat. Hébergés chez Madame de Créquy, les enfants du prince de Montbarrey ont été surpris les lèvres peintes en rouge pour avoir mangé la cire à cacheter.
3. LAUZUN : *Mémoires*.

teuse : les académies où l'on entrait vers quinze ans. Au
XVIIIe siècle les plus célèbres étaient à Paris celles de
Dugard, Jouan, Villemotte, et en province celle d'Angers. Il
y en avait à Versailles, à Bordeaux de moins célèbres. Le
séjour dans une académie revient très cher. A Angers fréquentent le comte de Bourmont, le chevalier de Maillé, le
fils du président de Bretagne Cornulier, le marquis de
Waslh-Serrant, un Amelot de Chaillou, un La Rochefoucauld,
le prince de Salm. A Paris la pension revient à 4 000 livres
par an pour un interne. On y enseigne l'équitation et les
armes, les exercices de guerre, la danse[1]. Le fils du baron
de Schömberg, officier général, fréquente une académie versaillaise où, en plus de l'équitation et de la danse, on montre
à lever des plans, on enseigne les langues, l'histoire et les
mathématiques[2]. D'autres évitent l'académie et profitent
de leurs relations pour entrer très jeunes au service. Le
petit François-Marie d'Arod n'a que quinze ans quand il est
attaché à une compagnie. Aussi pleure-t-il quand son capitaine le gronde[3] ! Le régiment continue l'école : les jeunes
gentilshommes font leur instruction sur le tas, montent la
garde, font l'exercice, mais ont aussi leurs maîtres de
langues, de mathématiques et de géographie.

Voilà donc pour les plus heureux ou les plus fortunés.
Encore tous ceux-ci ne sont-ils pas assurés d'une brillante
carrière. Ils seront lieutenant ; mais dès qu'il s'agit d'obtenir
une commission de capitaine, la concurrence est grande. La
carrière du chevalier de Franchelein, devenu officier supé-
rieur, montre bien la difficulté de devenir capitaine. Entré
à la première compagnie des mousquetaires en 1741, il doit
courir après sa commission avec une ténacité frénétique
durant des années, mettre Barjac, le valet de chambre de
Fleury, dans ses intérêts, lui abandonner 200 louis, faire sa
cour à Breteuil puis à d'Argenson, obtenir la bienveillance
du prince de Dombes et, de surcroît, payer 15 000 livres pour

---

1. M. DUMOLIN : « Les académies parisiennes d'équitation »,
in *Bulletin de la Société des vieux papiers*, 1922 ; O. RAGUENET de
SAINT-ALBIN, « Livre des pensionnaires et externes de l'académie
d'équitation d'Angers », in *Revue de l'Anjou*, 1914.
2. Jacqueline PRÉJEAN : *Une famille noble dans la seconde moitié
du* XVIIIe *siècle*. Thèse dactylographiée, Paris I.
3. Beauregard au marquis d'Arod, cité par H. de GALLIER :
Gens de cour et autres lieux, 1921, p. 170.

l'achat d'une compagnie [1] ! La réussite — même modeste — est donc extrêmement difficile pour ceux à qui une honnête fortune a permis une éducation soignée et spécialisée, facile pour ceux que les grands collèges, les académies distinguées et la cour du Roi ont accueillis.

Mais que dire des pauvres ? Et les gentilshommes pauvres sont nombreux. Les écoles militaires n'offrent qu'un nombre de place limité aux boursiers. L'éducation des autres est alors fort négligée. Faute d'argent les collèges leur sont fermés, ainsi que les académies. Ils reçoivent souvent, avec les autres enfants du village, l'éducation élémentaire du curé, qui leur apprend, dans le meilleur des cas, un peu de latin, ou, à la maison, les rudiments que leur enseigne la mère ou la tante célibataire. Au mieux, un précepteur besogneux leur procure un semblant d'instruction. Même dans des familles relativement aisées, l'éducation des enfants est laissée à l'abandon. Chateaubriand, cadet fort peu aimé, est laissé à lui-même : « Je croissais sans étude dans ma famille. » Il passe son temps avec les garnements de Saint-Malo et raccommode la nuit, avec le secours de sa sœur, les vêtements qu'il a déchirés pendant le jour. Le jeune Antoine de Romainville, dont la famille est presque sans ressource, est mis en pension à Angoulême chez un procureur au présidial qui demande pour le logement et la nourriture cent cinquante livres par an. Il va à l'école chez un maître qui prend douze sols par mois : à seize ans, le jeune homme en est encore aux leçons d'écriture ! Il deviendra cependant officier, mais sa carrière sera bornée [2]. C'est là le sort commun de toute une petite noblesse sans véritable formation, sans instruction, sans culture, destinée à faire de bons officiers subalternes, mais à qui tout espoir de brillante carrière est interdit. Le chevalier d'Oisilly, qui sait écrire, devient secrétaire d'un conseiller au Parlement [3]. Certains s'enrôlent en qualité de simple soldat, comme Claude

---

1. « Un capitaine au régiment de Chabot », in H. de GALLIER : *Gens de cour et autres lieux*, 1921.
2. H. du MAS : « Cadets de province au XVIII° siècle », *Mémoires de la Société d'agriculture d'Angers*, 1902, p. 121-165.
3. G. VALOUS : « Une existence de célibataires à la veille de la Révolution », *Le Correspondant*, 1926.

Harenc, petit fils d'un gentilhomme de la Maison du roi [1].
Laurent de Belchamp, élevé au séminaire des Jésuites de
Pont à Mousson, où les Pères ne lui ont pas donné à manger
à son appétit, offre ses services à un avocat, après avoir
renoncé à l'état ecclésiastique [2]. Hobereautaille besogneuse !
Comme elle est loin des grands qui gravitent autour du
soleil. A vrai dire, un autre monde.

Ainsi tout oppose deux noblesses : fortune, formation,
culture. L'éducation opère au sein du second ordre un partage irréductible. Au plus grand nombre une formation
médiocre, sans règle, incertaine. Elle produit au mieux des
officiers subalternes, souvent des hobereaux incultes, qui ne
servent pas par incapacité ou faute de moyens, et mènent
une vie fruste aux côtés de paysans guère plus rustres
qu'eux. Au pire, des marginaux ou des déclassés.

Pour l'élite, au contraire, l'éducation est organisée de
façon à fleurir l'esprit et à donner de solides connaissances [3], à préparer aux grandes carrières de l'armée, des
administrations, de la justice ou des finances, et à donner
cette science du monde, cet agrément d'esprit et de manières
qui ouvre les portes de la cour et de la réussite. Avoir accès
à cette éducation n'est pas strictement un privilège de naissance, mais plutôt celui de la fortune. Les riches bourgeois
en bénéficient aussi et les fils de fermiers généraux côtoient
dans les beaux collèges les fils des ducs et des princes du
sang. Ainsi se constitue une élite de la culture où les vieilles
branches se mêlent aux jeunes pousses et les futurs robins
aux futurs officiers. Aussi bien, les *Lumières* ne sont-elles
pas le produit d'une culture typiquement bourgeoise : la
part de la noblesse y est plus qu'avantageuse. D'ailleurs si
Voltaire, Diderot, Rousseau sont roturiers, Montesquieu,
Mably, Jaucourt, Condorcet, Condillac, Vauvenargues sont
nobles.

C'est qu'en effet, dans la noblesse se recrute une bonne
partie de l'intelligentsia. Ou plutôt la noblesse ne cherche-

1. E. Perrin : « Les oisivetés d'un gentilhomme forézien, Claude
Harenc de la Condamine », *Amitiés foréziennes*, 1921.
2. G. Blondeau : « Journal du chevalier de Belchamp »,
Annuaire de la Société d'Histoire de Lorraine, 1930.
3. Voir par exemple, dans F. Bluche : *Les magistrats du Parlement de Paris*, l'éducation donnée aux futurs magistrats, p. 244-247.

rait-elle pas, dans ce siècle de doute et d'interrogations, à se définir comme intelligentsia pour échapper à la mort qui la guette et fonder son existence sur une nouvelle identité ? Mais toute la noblesse, il s'en faut de beaucoup, n'est pas concernée par la tentation culturelle. Daniel Roche qui a étudié les Académies provinciales a pu estimer que sur 6 000 académiciens au XVIII° siècle, 37 pour 100 étaient nobles, soit 2 220. Ce qui représente tout de même un peu moins de 10 pour 100 de la population masculine adulte noble. La culture débordait-elle beaucoup le milieu académique ? Les souscriptions aux grands ouvrages et aux journaux sont peu nombreuses. Sur 400 souscripteurs au dictionnaire d'Expilly, un peu plus de 200 sont nobles [1]. 400 nobles sont abonnés au *Mercure,* soit 47 pour 100 des abonnés. Cette proportion de nobles se retrouve chez les correspondants de Voltaire (50 pour 100), de Diderot (25 pour 100), de Rousseau (30 pour 100) [2]. Par rapport à la moyenne nationale, la noblesse constitue donc une élite de la culture. Mais au sein de l'ordre une minorité seulement participe activement à l'élaboration du savoir (une trentaine de nobles collaborent à l'*Encyclopédie*) ou même accueille la culture par la lecture. Une fois de plus la richesse délimite l'aire des privilégiés. Seuls les plus riches ont des bibliothèques. Tous les académiciens parlementaires de Toulouse ont une fortune supérieure à 250 000 livres. A Rouen les conseillers au Parlement ont plus de 6 000 francs de revenu et tous les académiciens nobles de Montauban paient une capitation supérieure à 200 livres [3]. Dans les Académies parisiennes la part de la noblesse est de l'ordre de 35 pour 100, et 50 des membres de l'Académie française ont reçu les honneurs de la cour [4]. La part de la noblesse dans l'élaboration et la propagation des idées — et en particulier des idées réformatrices — est donc considérable. Presque tous les grands salons littéraires ou politiques où s'initient les idées et s'ébauchent les livres se tiennent dans les hôtels aristocratiques. Parmi les très grands

_____

1. D. ROCHE : *Le siècle des Lumières en province,* en cours de publication. Je remercie mon ami Daniel Roche de m'avoir autorisé à faire usage de son livre avant même sa parution.
2. *Id.*
3. *Id.*
4. *Id.*

noms de la pensée des Lumières les nobles sont nombreux. A ceux déjà cités, comment ne pas joindre les noms de Buffon, d'Helvetius, de Lavoisier, et les grands économistes, physiocrates comme Quesnay (médecin anobli), Turgot, Mirabeau, ou mercantiliste comme Véron de Forbonnais.

La lecture semble peu répandue dans l'ensemble de la noblesse. Une grande partie d'entre elle n'a pas de livres, et il est au moins probable que les cabinets de lecture et les bibliothèques publiques sont fréquentés plutôt par ceux qui ont déjà une bibliothèque que par ceux qui n'en ont pas. Jean Meyer a établi qu'en Bretagne les bibliothèques importantes appartenaient aux parlementaires ou aux courtisans, et que la moitié au moins de la noblesse n'en possédait pas même un embryon[1]. La noblesse qui lit, possède une bibliothèque digne de ce nom, se limite aux parlementaires, à la riche noblesse provinciale et à la noblesse de cour. Avec d'évidents décalages, selon les catégories, dans les pôles d'intérêt. Un parlementaire de province n'a pas les mêmes lectures qu'un courtisan. Les parlementaires de Rennes ont une solide culture littéraire, juridique et historique mais lisent apparemment peu les philosophes du XVIIIᵉ siècle[2]. A Montpellier les lectures des magistrats de la Cour des Aides offrent un profil peu différent. Les courtisans au contraire sont avides de nouveautés, à la fois victimes et initiateurs du parisianisme culturel. L'analyse de la bibliothèque d'un magistrat, puis celle d'un courtisan, qui représentent peut-être l'une et l'autre des cas extrêmes, peut rendre compte de cette opposition. D'un côté une culture classique, de l'autre une culture *up to date,* plus mondaine et aussi sans doute plus frondeuse. Certes, il serait inexact de généraliser abusivement. De nombreux parlementaires, Parisiens d'abord, mais aussi provinciaux, se sont formés au contact des idées des Lumières. Les Dionis du Séjour et les Hérault de Séchelles, mais aussi un Guyton de Morveau à Dijon, ne sont pas restés à l'écart des courants du siècle. Beaucoup de magistrats cependant, drapés dans l'austère gravité de leurs fonctions, semblent ignorer ou fuir les nouveautés téméraires, peut-être subver-

---

1. J. MEYER : *La noblesse bretonne,* II, p. 1162-1177.
2. *Id.*

sives, et leur culture s'en ressent. Même si dans la seconde
moitié du siècle ils perdent de leur gravité et peut-être aussi
de leur conscience professionnelle [1].

A la fin du siècle, un magistrat de province comme le
président Claris, de la Cour des Aides de Montpellier, est
plutôt l'héritier d'une tradition que l'artisan d'une culture
personnelle. Sa bibliothèque, dont il est évident qu'il l'a
héritée, le nombre des livres publiés depuis 1750 étant fort
négligeable, contient 1 576 volumes représentant 632 titres
dont la répartition thématique est la suivante :

Théologie	37,34 %
Histoire	12,02 %
Littérature	26,58 %
Jurisprudence	5,85 %
Récits, mémoires	3,63 %
Géographie	1,42 %
Sciences	2,05 %
Education	1,25 %
Divers	9,81 % [2].

L'importance de la théologie, à forte teinte janséniste
(toutes les œuvres de Nicole, Pascal, Arnaud, la catéchisme
de Montpellier, une trentaine de volumes sur la bulle *Unige-
nitus*) est sans doute le fait de son père plus que de lui-
même, mais les lectures pieuses constituent une part notable
de ses achats : *Carême* de Pradale (1779), *Sermons* de
l'abbé Paule (1778), *Sermons* du Père Neuville (1776),
Instruction chrétienne (1780), *Le directeur spirituel* (1761),
Réflexions chrétiennes (1768), etc. Le droit n'est représenté
que par 37 titres, ce qui est peu pour une bibliothèque de
magistrat. Si l'histoire, avec 76 titres est mieux représentée,
les titres modernes sont rares : *Les considérations sur la
grandeur des Romains, L'Histoire de France* de l'abbé Gelly
(1775), *L'Histoire de France avant Clovis* de Lauris (1786)
représentent les achats les plus récents. Les œuvres littéraires révèlent une culture axée sur les classiques, anciens et
français du XVIIᵉ siècle. Le XVIIIᵉ ne figure qu'incidem-

---

1. BLUCHE : *Les magistrats du Parlement de Paris*, p. 290-296.
2. A.D. Hérault Q 474.

ment : Mme de Genlis, quelques œuvres de Voltaire ; mais deux éditions de l'*Esprit des Lois,* et l'*Encyclopédie* dans l'édition de Neufchâtel. Donc une bibliothèque qui dénote une solide culture classique et un esprit profondément religieux. Mais une superbe désinvolture — à moins qu'il ne s'agisse d'un refus passionné — pour la pensée du siècle et ses audaces vitriolées. Culture vieillotte, surranée, ou militantisme d'arrière-garde ?

Voici maintenant la bibliothèque d'un courtisan. Quel contraste ! Louis Bruno de Boisgelin de Cucé est maître de la garde robe du roi et colonel du régiment des gardes lorrains. Sa femme est Catherine de Boufflers. Il a un appartement à Versailles, et c'est là qu'il range les livres dont il fait l'acquisition. Ici rien d'hérité. C'est une bibliothèque personnelle. Le profil est très caractéristique :

Ouvrages littéraires	61	% (268 titres)
Histoire	20	%
Politique	6,37	%
Sciences et géographie	6	% [1]

Le droit, la technique militaire etc. représentent des pourcentages négligeables.

Les sciences physiques et chimiques ont les préférences de Boisgelin : les œuvres de Lavoisier voisinent avec les leçons de physique expérimentale de Nollet et la mécanique d'Ozanam. La médecine, sous ses aspects modernes et quelque peu mondains, apparaît avec les réflexions de Gatti sur l'inoculation.

Les lectures littéraires de ce courtisan, qui lit l'anglais, sont les grands auteurs du xviiie siècle. On trouve là toute la littérature anglaise du xviiie : Une cinquantaine de comédies et Dryden, Shaftesbury, Addison, Pope, Swift et bien entendu Locke. Toutes les grandes œuvres du xviiie siècle français, à l'exception de Rousseau (accident ?) figurent dans cette bibliothèque bien « parisienne » : tout Voltaire (plus de 40 volumes) les œuvres philosophiques de Diderot, *De l'homme* et *Le Bonheur* d'Helvetius, Buffon, Montesquieu, les œuvres de La Mettrie, celles d'Holbach. Les économistes,

---

1. Bibliothèque Boisgelin, A.N.T471/1.

avec *La Physiocratie* de Dupont, et divers ouvrages sur le
commerce des grains, voisinent avec l'histoire qui fait une
large place aux philosophes : Raynal et Mably sont en bonne
place, sans exclure toutefois l'histoire traditionnelle où
l'Angleterre, la Russie, l'Empire et l'Amérique sont mieux
représentés que la France.

La bibliothèque a été inventoriée en 1787, donc trop tôt
pour qu'apparaissent toutes les brochures politiques qui
précédèrent la convocation des Etats généraux. Mais, à
côté des classiques sur la constitution anglaise, Boisgelin a
réuni de nombreux livres et brochures sur les finances, les
impôts, et des pamphlets politiques. Enfin, quelques livres
libertins *(Traité des trois imposteurs, De l'imposture sacer-
dotale ou recueil de pièces sur le clergé, Le militaire philosophe ou difficultés proposées au R.P. Malebranche par un
officier, L'alcoran des Cordeliers...)* mais aucun ouvrage de
théologie ou de piété. Boisgelin n'était sûrement pas un
dévot.

On est donc très loin de la bibliothèque du président
Claris. Boisgelin est courtisan, grand dévoreur de nouveautés, homme de cour mais aussi homme de salon. Autant
dire qu'il est, par vocation, aux avant-postes de la vie intellectuelle de la capitale. Culture mondaine, qui n'exclue pas
le sérieux, pénétrée de l'esprit nouveau ; Boisgelin est un
esprit des Lumières, Claris plutôt un homme du Grand Siècle.
Cette opposition, un peu celle de courtisan à parlementaire,
est peut-être plus encore celle de Paris à province. Certes
une partie de la noblesse provinciale ne s'est pas tenue à
l'écart des courants du siècle, et la maçonnerie qui l'accueille
massivement le montre bien. Mais dans la mesure où elle
n'atteint guère que la riche noblesse, la culture nouvelle
reste foncièrement parisienne. Maints gentilshommes de province se révèleront imbus de l'esprit des Lumières et tel
petit noble du Vivarais comme d'Antraigues se montrera en
1788 aussi progressiste que Sieyès : mais c'est un homme des
salons parisiens. Dans la mesure où la culture se heurte à
des incapacités économiques, une grande partie de la
noblesse provinciale n'aura connu de l'esprit nouveau que
des transpirations. L'unification culturelle des élites es
chose faite au niveau le plus élevé : la meilleure part de la
bourgeoisie a les mêmes lectures que la plus riche noblesse
Mais au sein du second ordre les différences restent fortes

soit entre types de culture, soit entre niveaux de culture. Cependant, la diffusion des œuvres philosophiques dans les provinces et jusque dans les petites villes, qu'a analysée R. Darnton [1], suggère une pénétration au moins superficielle de la petite noblesse par les Lumières. Le réformisme manifesté par ses cahiers de doléances en 1789 renforce cette impression. La franc-maçonnerie a pu jouer un rôle non négligeable dans cette diffusion. Encore, celle-ci ne s'adresse-t-elle qu'à une minorité de la noblesse, mais déjà bien plus large que celle que la culture avait gagnée. 3 000 nobles au moins ont été initiés dans des ateliers maçonniques. Parmi eux, courtisans, financiers, parlementaires sont nombreux. Mais les nombreuses loges militaires ont favorisé l'initiation de la petite noblesse des officiers qui forment le contingent le plus important (46 pour 100) [2].

Une minorité de la noblesse seulement, peut-être 10 pour 100, a eu accès à une culture supérieure ; plus moderne et progressiste chez les courtisans, plus classique et dévote chez les parlementaires, avec toutes sortes de gradations et des exceptions notables. La masse nobiliaire est étrangère à l'univers culturel, tandis que son élite constitue une fraction importante des créateurs et des consommateurs des Lumières. Celles-ci cependant, sous forme d'une sous-culture, ont pu pénétrer assez largement les rangs de la noblesse, surtout parmi les militaires : les idées circulent dans les loges maçonniques et les garnisons. Les gentils-hommes campagnards n'ont même pas la chance de grignoter ces succédanés. Le comte de Tilly, au cours d'un séjour forcé chez un oncle, provincial occupé tout le jour à la culture de sa terre, des bâtiments et d'intérêts domestiques, s'étonne du peu de conversation de ce campagnard qui tombe de sommeil à dix heures. Avec sa tante, il ne sort pas des conversations pieuses. Au premier mot de galanterie elle menace son neveu de son confesseur ! La bibliothèque ? Néant. Quelques livres mystiques, quelques romans, trois volumes de Corneille, le grand jardinier, la cuisinière française en faisaient le fonds. Heureusement, ajoute Tilly, *Les Provinciales* et — merveille ! — une édition de Buffon

---

1. « Le livre français à la fin de l'Ancien Régime », *Annales ESC*, 1973, p. 735-744.
2. Daniel ROCHE : *op. cité.*

s'y trouvaient aussi [1]. La pensée en marche préoccupait fort peu ces gentilshommes provinciaux, médiocrement fortunés, que l'économie de leur domaine absorbait entièrement.

Balzac a brossé un portrait saisissant du baron du Guénic, breton sauvage qui a traversé la Révolution et l'Empire sans que le nouveau siècle modifiât en rien son être et son comportement. Portrait littéraire, il pourrait bien être celui de maints gentilshommes d'Ancien Régime :

> Sa physionomie, un peu matérielle d'ailleurs, offrait comme toutes les figures bretonnes groupées autour de lui, des apparences sauvages, un calme brut qui ressemblait à l'impassibilité des Hurons, je ne sais quoi de stupide... La pensée y était rare... Il avait des religions, des sentiments pour ainsi dire innés, qui le dispensaient de méditer. Les institutions, la religion pensaient pour lui. Nous devons avouer que le baron du Guénic était entièrement illettré, mais illettré comme un paysan : il savait lire, écrire et quelque peu compter ; il connaissait l'art militaire et le blason ; mais, hormis son livre de prières, il n'avait pas lu trois volumes dans sa vie [2].

L'éducation élémentaire, seul bagage souvent d'une petite noblesse désargentée, n'exclue pas, Balzac l'a fort bien senti, une « culture », faite de traditions, de respect des institutions, de religion, de foi sincère aussi, qui rapprochait ces hobereaux de leurs paysans. Consciences frustes mais droites, fortes dans leurs croyances et leurs fidélités. Ames naïves mais cœurs rigides, bien ancrés dans leurs certitudes, la Révolution pour eux ne pouvait être qu'objet de scandale. Chez ceux de leurs pairs que le souffle des Lumières avait caressés, sans vraiment les pénétrer, sans entamer la profondeur de leurs convictions, il suffira de quelques audaces révolutionnaires pour que, sous le vernis superficiel, le vieil homme renaisse.

Aussi bien, dès la réunion des Etats généraux, la noblesse se scindera en deux. Loin de constituer un bloc

---

1. *Mémoires*, p. 105.
2. *Béatrix*.

uni, elle s'engagera dans des voies divergentes. Fidèles à leur formation, ceux qui ont grandi et vécu à l'abri des contaminations du siècle, marqueront dès l'abord leur hostilité aux nouveautés. Les autres accueilleront avec enthousiasme et seront souvent les initiateurs des réformes les plus hardies, sauf à opérer parfois des revirements en apparence inexplicables, des conversions — celle d'Antraigues est la plus spectaculaire — qui trouvent peut-être leur raison dans la commotion provoquée par l'impact d'idées novatrices sur des consciences formées à subir et à vivre à l'aise à l'intérieur des schémas éprouvés et sécurisants de la tradition.

Coupée en deux, la noblesse au fond l'avait toujours été. Mais il fallut 89, la contrainte de l'événement, la nécessité de choisir, pour que la contradiction apparût au grand jour, pour que les uns se replient sur un refus catégorique d'accepter le fait accompli, pour que les autres, rompant délibérément en visière, affirment leur foi dans les valeurs nouvelles lentement mûries au cours du siècle, et tentent d'imposer par des voies pacifiques une société nouvelle issue de la longue réflexion initiée à l'aube de la crise de conscience nobiliaire et lentement élargie à toute la Nation. Si une partie de la noblesse, confinée dans une culture inactuelle, prolongée dans des idéaux largement désuets, refusait l'intégration devenue nécessaire, toute une autre fraction, refusant le décalage culturel, s'associait sans réserve, et souvent prenait la tête de l'initiative nationale. Tandis que la rupture devenait évidente au sein de la noblesse, une part de celle-ci scellait son alliance avec la Nation pour la construction d'une France nouvelle où les ordres réconciliés retrouveraient leur dignité dans une société plus juste, libre de son destin, libérée de l'arbitraire d'un pouvoir désormais contrôlé, rationalisé, humanisé. Répétons-le : la noblesse n'est pas une. Richesse, culture, sensibilité, ont créé des clivages qui ont pu longtemps passer inaperçus. La nécessité de prendre parti, au moment des choix décisifs, fait éclater les contradictions. Il ne sert à rien, sur quelques exemples individuels, de prétendre classer la noblesse en bloc dans un parti ou dans un autre. Elle s'engagea en fait dans l'un et dans l'autre avec le même enthousiasme, également fidèle dans les deux cas à sa vocation. Initiatrice souvent des plus grandes audaces, elle était aussi par nature un frein aux initiatives. Dualisme qui devait l'affaiblir, mais aussi la rendre suspecte. Elle ne pourra offrir un front uni à ses détracteurs résolus à l'abattre. Mais n'offre-t-elle pas ainsi un prototype de la Nation tout entière, divisée dans ses objectifs, séparée par un fossé idéologique que rien ne réussira jamais à combler ?

Il reste un point sur lequel, sans prétendre apporter beaucoup de lumière, il est tout de même possible de s'aventurer avec prudence. La société nobiliaire a sécrété tout au long des siècles ses marginaux. Aux XVI° et XVII° siècles, surtout dans les périodes de trouble et d'insécurité (guerres de religion, Fronde), la délinquance, sous ses formes les plus brutales, piraterie, brigandage, meurtre, était un phénomène très répandu dans la noblesse. Liée souvent à des situations économiques précaires, mais aussi à des déviances pathologiques, à la falsification de l'éthique nobiliaire, la délinquance aristocratique a pris à cette époque des dimensions inquiétantes. On connaît le cas du capitaine Guilleri qui terrorisait les provinces de l'Ouest. Les jeux de mot sur « gentilhomme-gens-tue-hommes », « gens-pille-hommes » révèlent plus qu'une propension populaire au calembour. Sous la Fronde et le début du règne de Louis XIV, surtout en Auvergne, région mal contrôlée, le brigandage nobiliaire — que les Grands Jours ont immortalisé — prit des proportions considérables. Des hobereaux tyranniques pillent et terrorisent leurs paysans. Les seigneurs de la Motte-Canillac et Massiat d'Espinchal sont les plus tristement célèbres. Cependant les mesures rigoureuses du pouvoir, l'action efficace des intendants, les progrès de l'administration et de la police ont fait disparaître ce brigandage spontané. Au reste, c'est surtout dans les périodes de troubles que la moralité s'effondre, même dans les classes supérieures. Or, le XVIII° siècle, à l'abri des secousses, n'offrit pas d'occasion favorable à une résurgence de la délinquance collective dans l'ordre nobiliaire.

Toutefois, plus individualisée et sous des formes renouvelées, la délinquance nobiliaire n'a pas disparu. Sous la forme de la violence d'abord. Défi à la religion et à la morale, mépris des préjugés vulgaires, la violence sexuelle est fréquente. Le crime crapuleux remplace les expéditions de brigandage où tout en rançonnant une région on jouait un peu à la guerre et à la chasse. Surtout le vol, l'abus de confiance, le chantage semblent avoir été considérés avec bienveillance dans certains milieux nobiliaires marginaux.

Le tyranneau cruel et facétieux lui-même n'a pas entièrement disparu. Le cas mal connu de Pleumartin est peut-être un cas unique, et en tout cas récurrent. Le siècle se prêtait mal aux exploits de ce genre à la limite de la rébellion et de la pathologie.

Victor Ysoré marquis de Pleumartin, vivait au milieu du siècle en son château situé aux confins du Poitou et du Berry. Il était gendre du marquis de Bonnac et neveu du duc de Biron. Il aimait les facéties un peu cruelles. Trouve-t-il des moines, venus chercher chez lui l'hospitalité, un tantinet trop dodus ? Il les incarcère et les fait jeûner ! Un de ses divertissements favoris consiste à pendre des paysans au sommet d'une tour en menaçant de les lâcher dans le vide. Tout ceci ne semble pas lui avoir valu de poursuites, et après tout il n'y avait pas là de quoi fouetter un chat. Mais un jour il s'avisa d'aller jusqu'au meurtre et commit l'imprudence de prendre l'autorité pour cible. Il battit et séquestra des huissiers venus le saisir et tua les hommes de la maréchaussée. Arrêté, il fut condamné à mort, mais mourut en prison avant l'exécution [1]. Le droit de porter des armes, l'habitude dans les campagnes, les jours de foire, d'aller au cabaret et de s'enivrer, multipliaient les risques d'agression ; l'homicide était assez répandu, jugés sévèrement par les cours de justice, les coupables obtenaient souvent des lettres de rémission. Le duel, fréquent et toujours absout, comme l'attestent les nombreuses lettres de pardon, et les rixes entre officiers, ne parvenaient pas à éteindre le désir de violence de nombreux nobles comme en témoignent les nombreuses condamnations pour assassinat [2].

1. H. CARRÉ : « Querelles entre gentilshommes campagnards du Poitou au xviiiᵉ siècle », Revue du xviiiᵉ siècle, 1914.
2. A.N.X2. Gilbert de Beaucouvert est condamné en 1760 à avoir la tête tranchée pour assassinat. Le marquis du Bellay, 31 ans, est condamné par le Châtelet pour violences. Condamné pour meurtre en 1770, François de Gallier, 39 ans, est grâcié contre 10 livres de prières et autant d'aumônes. Clément de Gaulles de Couvron, 50 ans, est jugé à Reims pour assassinat. En 1755 de Boisvilliers de la Roberdière est condamné à avoir la tête tranchée pour le même

Violence souvent crapuleuse, elle manifeste la persistance au sein d'une société policée d'inadaptés qui trouvent dans son exercice la satisfaction de leurs pulsions primitives. La clémence dont faisait preuve l'autorité en accordant trop souvent des lettres de pardon entretenait sans doute l'idée de l'impunité et favorisait un comportement archaïque.

Les violences moins dramatiques semblent être le fait surtout d'une petite noblesse besogneuse, souvent à la limite de la misère, dont les actes sont imputables autant à leurs tristes conditions d'existence qu'à une sauvagerie mal contenue chez des individus sans culture.

Les jeunes gens, gardes du corps et jeunes officiers se livrent souvent à des farces violentes dont les curés ou la basoche sont les victimes les plus appréciées. Le tribunal des maréchaux de France révèle ces espiègleries qui tournent parfois mal, mais imputables à la jeunesse et à la quasi-certitude de l'impunité. Chez certains les mœurs sont libres, mais aussi crapuleuses. Le comte du Lac s'est mis dans les bonnes grâces d'une fille du monde — entendez, une catin — qu'il a intéressée « par le tableau de sa position et de ses malheurs ». Il l'entoure de soins et la demoiselle lui vient généreusement en aide. Bref, il se fait entretenir, mange toutes les ressources de la fille qui finit par le mettre à la porte. Le joyeux drille ne se tient pas battu. Il revient en joyeuse compagnie, pille la maison, ne consent à s'enfuir que sous la pression du voisinage. Non sans emporter le contenu du secrétaire [1] !

Le vol et l'escroquerie semblent avoir fait des ravages considérables dans certains rangs d'une noblesse instable, peu scrupuleuse, à qui des attaches vite nouées avec les grands donnent des idées de fortune et l'espoir de l'impunité. Les crapuleries de l'entourage de la marquise de Ganges, allant jusqu'au crime, celles de Mme de Valois de Saint Rémy comtesse de La Motte, âme de l'affaire du collier, sont trop connues pour qu'on les rappelle ici. Mais s'il s'agit bien d'isolés, ils sont cependant nombreux à se

motif à Romorantin. Chassin de Chabret reçoit des lettres de rémission, il avait été condamné pour assassinat. Marc de Fontelure jugé à Riom pour fratricide, est condamné à avoir la main coupée et la tête tranchée le 15 avril 1785. Charles Thebault de La Touche est condamné en 1784 à la déchéance pour assassinat et vol.
1. A.N.ABXIX 1404.

croire au-dessus de toute loi, et à avoir perdu tout sens de la dignité. En 1774, Julie de Fauris, femme du président du Parlement d'Aix, est internée par lettre de cachet pour une affaire de faux billets au nom du maréchal de Richelieu. Jacques-Luc de Pillotte de La Barollière — qui deviendra général des armées révolutionnaires — a fabriqué de faux billets de la Caisse d'Escompte en 1787. Le chevalier du Petit-Thouars est condamné en 1783 pour soustraction d'effets et papiers. On est étonné du nombre de gentils-hommes condamnés aux galères ou à la déchéance pour falsification, usage de faux billets, escroquerie, dans les années qui précèdent immédiatement la Révolution. Parmi eux, on relève les noms du baron de Fages-Chaulnes, du chevalier de Saintré, de Le Roy de La Poterie, de la baronne de Norbeck [1].

Les actes crapuleux de ces gentilshommes perdus prennent parfois des formes pittoresques : l'escroquerie au mariage par exemple. En 1789 Jean de Bette d'Etienville, chirurgien des hôpitaux militaires, Joseph-Guillaume baron de Fages-Chaulnes, garde de Monsieur et François Duhamel comte de Précourt, avaient mis au point une combine fructueuse. Ils allaient trouver un orfèvre, en l'occurrence Jean Loques, imaginait une comédie de grand mariage entre une riche héritière et le baron de Fages. Le marchand livrait les bijoux pour la corbeille et n'entendait plus parler de rien. Précourt, qui avait semble-t-il été joué par ses amis fut déchargé de l'accusation. Les autres furent condamnés seulement à la restitution et à l'interdiction de récidiver « sous peine de punition exemplaire [2] ».

Certes il faut se souvenir que détrousser une fille publique ou escroquer un bourgeois pouvait passer pour une plaisanterie de bon ton chez des esprits quelque peu dévoyés. L'ensemble de la noblesse désapprouvait de tels manquements à l'honneur. Les conditions de vie dans la capitale, le besoin d'argent de certains gentilshommes peu fortunés, l'escalade du luxe dont Paris et la cour donnaient l'exemple, ont entraîné dans l'oubli de soi-même des gentils-hommes sans caractère. La baisse de moralité dans certains

---

1. A.N.X2, inventaire.
2. A.N.X2b 1087.

milieux de la noblesse entraînait d'ailleurs de vives réactions.

Les contrevenants à la morale établie étaient rejetés beaucoup plus sévèrement que les escrocs pour lesquels on montrait une certaine faiblesse. Le marquis de Sade est l'exemple le plus éclatant de ces marginaux rejetés par leur ordre comme d'ailleurs par toute la société. Lettres de cachet et condamnations frappent tous ceux qui contreviennent à la morale sexuelle. En 1771 Antoine-Nicolas d'Acary est condamné à avoir la tête tranchée pour libertinage suivi de violences sur la personne d'une fille non nubile qu'il a violée puis tourmentée[1]. L'anomalie sexuelle est en effet très durement châtiée. Le comte de Solages, neveu du fondateur de Carmaux, est embastillé en 1784 pour « des crimes atroces [qui] ne méritent que trop qu'il soit renfermé toute sa vie ». Sodomie ou cruauté sexuelle ? La débauche, souvent crapuleuse, touche une partie de la jeune noblesse. Le comte de Besons, petit fils d'un maréchal de France, brutal, sans scrupules, maître chanteur, est le compagnon de plaisir d'un dévoyé qui devait faire parler de lui pendant les troubles révolutionnaires, le marquis de Saint-Huruge. Celui-ci reproduit au petit pied — et combien furent-ils de la même trempe ? — le modèle de Sade ou du marquis d'Antonelle, débauchés mais hommes des Lumières, tous deux marqués par la même anomalie sexuelle, mais portant sur leur temps un jugement critique formé par la philosophie du siècle. Tous deux prennent parti, à fond, pour la Révolution, Sade comme secrétaire de la section des Piques, Antonelle comme membre du Tribunal révolutionnaire et complice du babouvisme[2]. Sade condamne avec force un régime qui l'a maltraité, une justice qui l'a condamné, une religion qu'il bafouait. Il écrit ce que les philosophes n'ont pas dit ou osé dire. La justice ? « Le procès d'une malheureuse qui n'a ni crédit ni protection, est promptement fait dans un pays où l'on croit la vertu incompatible avec la misère, où l'infortune est une preuve complète contre l'accusé. » Dieu ? « Fantôme absurde. »

1. A.N.X2A 849.
2. P. Guiral : « Un noble provençal contemporain de Sade : le marquis d'Antonelle », in Le marquis de Sade, Colin, 1968.

Le Christ ? « Un fripon. » Le prêtre ? « Un drôle couvert de mensonges [1]. »

Il existe donc toute une noblesse, marginale mais relativement nombreuse, dont le « divin marquis » n'est que l'illustration brillante, chez qui se mêlent le mépris des institutions, et de la morale, le désordre sexuel, la révolte, le mépris de Dieu et de la religion, qui annonce d'une certaine façon le renversement d'une société et des valeurs sur lesquelles elle était établie. Sade est plus qu'un débauché philosophe : il est le cancer d'une société qui a cessé de croire en sa légitimité.

---

1. *Justine ou les malheurs de la vertu,* publié en 1791.

CHAPITRE V

NOBLESSE ET CAPITALISME

La Révolution interprétée globalement comme la victoire des forces progressistes sur les pesanteurs du passé — conservatisme politique, obstacle opposé par les forces rétrogrades à l'expansion économique, soit à l'essor des classes productives et à la libération du capital et des initiatives des entraves juridiques et sociales liées à une structure « féodale » de la société, de la production et des échanges — oppose, dans une dichotomie à la fois suggestive et irréaliste, noblesse à bourgeoisie, économie « féodale » à économie « bourgeoise ».

Ce schéma offre d'autant plus de résistance qu'il a pour lui l'apparence de la logique et qu'il correspond à des structures intellectuelles héritées de la dialectique hegeliano-marxiste. Le contester c'est donc remettre en cause une doctrine qui n'est pas le monopole d'une école ou d'un parti mais qui a contaminé et dominé l'ensemble de la pensée historique contemporaine. On connaît le résultat. Il donne à la Révolution française son sens et sa légitimation. La bourgeoisie porteuse de toutes les forces productives de l'avenir, empêchée par les réglementations de la tradition monarchique et freinée par les résistances d'un complexe socio-économique intéressé au maintien des structures pré-capitalistes, était appelée par une logique impérieuse à détruire le type de société dont l'existence était liée au maintien des formes de production héritées du système féodal et constituait l'obstacle majeur à l'essor du capitalisme moderne qui n'attendait pour s'épanouir que la substi-

tution d'une société bourgeoise à la société rétrograde péren-
nisant au-delà de son terme des formes de production
surannées et démobilisatrices. Abattre l'ordre monarchique
c'était libérer les initiatives jusqu'alors stérilisées ou
entravées, passer d'un bond d'un féodalisme archaïque à
une économie capitaliste de type moderne. Les historiens
marxistes ont modelé cette image jusqu'à la caricature.
Quittes à se trouver déconcertés devant l'impuissance de la
Révolution à tenir les promesses d'un succès sans cesse
repoussé.

Et certes, personne ne niera la puissance des blocages
de toutes sortes imposés par les formes mêmes de la société
monarchique et le poids du privilège — qui joue souvent,
il ne faut pas l'oublier, en faveur de la bourgeoisie comme
l'attestent par exemple les monopoles commerciaux et indus-
triels — et par une politique fiscale dont l'insuffisance,
jointe à l'anarchie financière du système, rend nécessaire,
surtout dans le dernier quart du siècle, une ponction hémor-
ragique — facilitée par le taux mirifique des emprunts —
sur les réserves capitalistes du royaume.

Au-delà de ces constatations élémentaires, il reste à
mesurer jusqu'à quel point les transformations économiques
étaient rendues impossibles, et dans quelle mesure la structure aristocratique de la société empêchait les initiatives de
se développer. En d'autres termes la noblesse, l'un des
principaux bénéficiaires du revenu net du royaume, était-elle
condamnée à la stérilité, et l'avènement de la bourgeoisie
la condition nécessaire à la libération des forces productrices
modernes ? En fait, ceux que l'on tient volontiers pour responsables de tous les maux — faute sans doute d'avoir bien
élucidé leurs rapports avec le pouvoir — ne sont pas moins
intéressés que la bourgeoisie à la suppression des incapacités et des entraves nuisibles à l'essor économique. Parce
qu'ils constituent eux-mêmes une classe montante et par là
même révolutionnaire.

Telle qu'elle se définit au xviiie siècle, la noblesse, loin
d'être cette classe légère, spirituelle et dissolue attendant
dans un fatalisme de bon ton et une insouciance suicidaire
la fin d'un règne qu'elle sent proche, constitue au contraire
une classe dynamique confiante dans l'avenir et consciente
des possibilités que lui offre la décadence d'une monarchie
languissante et contestée, et les ressources d'une réflexion

politique en plein essor et les transformations d'une technique dont elle suit avec intérêt les rapides progrès. Elite réformiste, sinon révolutionnaire, la noblesse s'apprête dans la seconde moitié du xviiie siècle à apporter sa charge d'innovation destinée à faire éclater l'armature trop rigide dont elle reproche à la monarchie de pérenniser le système.

L'erreur, je l'ai déjà signalé, consiste à présenter comme un tout homogène, lié dans ses intérêts et dans son idéologie, la monarchie et *sa* noblesse, et à opposer le pays légal ainsi défini au reste de la Nation. Or si la noblesse s'identifie au Roi, et non à l'ensemble du système monarchique, c'est au terme d'une confusion qui fait du Roi le premier gentil-homme du royaume et non le chef d'une bureaucratie monarchique dont la noblesse globalement ne se sent pas solidaire. Elle a le sentiment, justifié, de constituer une force progressiste dans le royaume. Et elle le prouve au printemps 89 en proposant dans ses cahiers des réformes radicales, où elle s'identifie davantage à la Nation qu'au Roi, où elle renonce délibérément à certains de ses privilèges réels les plus considérables. Mais, dira-t-on, pourquoi dans ces conditions s'est-elle opposée avec opiniâtreté à tant de réformes désirées et entreprises par les ministres réformistes de Louis XV et Louis XVI ? La réponse, toujours reprise, est son hostilité systématique à toute remise en cause des avantages acquis, à toute modification susceptible de porter atteinte à l'état de choses existant. L'analyse des cahiers infirme cette hypothèse et permet en même temps, comme je l'ai fait en son temps, d'expliquer cet apparent revirement *in extremis*. En fait la noblesse ne pouvait admettre que le despotisme ministériel, la bête noire sans cesse dénoncée, asservît un peu plus, en sa personne, la Nation à son arbitraire, alors qu'elle pensait représenter le dernier rempart des libertés contre la toute puissance des bureaux et de leurs ministres. Au contraire, dès que l'annonce de la réunion des Etats généraux eut redonné à la Nation des garanties élémentaires, la noblesse n'a plus hésité à faire l'abandon de ce qui désormais n'était plus un rempart contre l'arbitraire mais une atteinte à la liberté de la Nation de soumettre tous les citoyens à une loi commune. Aussi longtemps que les réformes étaient imposées d'en haut par les ministres, les accepter c'était, pour la noblesse, moins perdre des avantages matériels que renoncer aux derniers vestiges qui maintenaient au moins dans une minorité la tradition et le désir de la liberté. Vue sous cet angle — qui n'exclue pas d'ailleurs chez certains de sordides calculs — la résistance des privilégiés prend le sens d'un combat contre le despotisme.

La noblesse, qui représente sur le plan politique une des lignes de résistance à l'absolutisme monarchique, se range parmi les élites économiques au premier rang des minorités les plus dynamiques, et au plan de l'innovation et du modernisme en tête des plus actifs. La démonstration est d'autant plus aisée que les tenants de la thèse « féodale » se sont jusqu'à ce jour contentés d'affirmations gratuites : il suffisait de faire marcher la machine dialectique où la bourgeoisie nécessairement progressiste relayait après son élimination une noblesse non moins nécessairement réactionnaire. Ni l'une ni l'autre de ces affirmations ne sont convaincantes. Dans le domaine économique comme ailleurs, la noblesse se révèle souvent plus avancée, la bourgeoisie plus timorée, moins novatrice ; elle manifeste moins d'élan et plus de conformisme qu'une noblesse sûre d'elle-même et consciente souvent plus que la bourgeoisie d'être porteuse de régénération, d'audace, d'avenir.

Economiquement, les comportements sont souvent identiques. Dans toute une série d'activités et d'entreprises, la noblesse a montré, seule ou associée à des représentants de la grande bourgeoisie d'affaires, son dynamisme, son goût pour l'invention, l'innovation, sa capacité d'élite économique : entendons sa capacité à orienter le capital d'origine foncière ou fiscale vers des activités productrices, à choisir les investissements en fonction de leur productivité et de leur modernisme, enfin, dans la dernière décennie de l'Ancien Régime, à transformer des formes de production en ébauchant avec de grandes entreprises sidérurgiques dont le modèle est fourni par Le Creusot, la révolution industrielle. Révolution certes prématurée et dont l'échec était peut-être inévitable aussi longtemps que ne serait pas créé un instrument de crédit qui déchargeât les fondateurs du poids exclusif du financement, mais qui montre assez qu'il n'y avait pas d'incompatibilité entre la société monarchique du

xviii° siècle et le passage au capitalisme industriel, et qu'il
n'était nul besoin de la Révolution pour libérer les forces
productrices d'une bourgeoisie qui aurait eu le monopole de
l'initiative.

En fait, dans les vingt dernières années de l'Ancien
Régime, la noblesse traditionnelle, engagée souvent aux côtés
de la jeune noblesse commensale, a été mêlée à toutes les
plus importantes entreprises minières et sidérurgiques, celles
qui bousculaient les formes traditionnelles de l'exploitation
familiale, sur le plan du financement en faisant appel à
d'énormes associations de capitaux, sur le plan de la production et de la productivité par le recours à un outillage per-
fectionné, aux techniques les plus modernes, et par l'association aux entreprises d'ingénieurs et de spécialistes qualifiés. Elle a su aussi, dans un domaine qui s'essoufflait,
celui du grand commerce, ouvrir des voies nouvelles, en
s'associant parfois à des représentants du grand négoce et de
la banque traditionnelle.

Deux objections au moins seront faites à cette interprétation. On a dit et on dira encore que la participation nobiliaire aux entreprises capitalistes est négligeable par son
volume. Je ne prétends nullement que le nombre des affaires
dirigées ou financées par des nobles l'emporte sur la masse
des entreprises bourgeoises. Le contraire est évident pour les
sociétés commerciales et même pour les entreprises manu-
facturières, à l'exception de la sidérurgie. La noblesse n'a
défini qu'assez tardivement sa vocation entrepreneuriale et
seule une élite nobiliaire a été touchée par le mouvement.
La province, en partie par réticence naturelle, en partie par
manque de capitaux, n'est entrée qu'avec timidité dans la
nouvelle carrière. Mais — et c'est là le critère décisif — la
noblesse représente le courant le plus novateur, le plus
dynamique et le plus moderniste des affaires. La seconde
objection est tout aussi irrecevable. Elle consiste à déclarer
que seuls des anoblis récents, engagés dans des activités
productives avant leur promotion au second ordre, figurent
au rang des grands capitalistes. On verra qu'il n'en est
rien. La haute noblesse est fort bien représentée de même
que la riche noblesse provinciale. Il est par ailleurs assez
curieux d'assimiler au tiers état des anoblis, fils ou petits-
fils d'anoblis, alors que l'on est prêt par ailleurs à exclure

du tiers cette portion de privilégiés, détenteurs d'offices et autres, attachés par leurs charges et les réseaux de clientèle au système constitué. Les Wendel dont la noblesse a été reconnue et confirmée en 1727, un Baudard de Saint-James petit-fils d'un Secrétaire du roi mort en 1714 (et dont la postérité est de ce fait anoblie depuis cette date), un Serilly petit-fils d'un grand audiencier de France, neveu d'un intendant d'Auch et fils d'un conseiller au Parlement de Paris, ne peuvent sans ironie être considérés comme des représentants du tiers état. Ils sont intégrés de plein droit à la société nobiliaire comme le soulignent d'ailleurs les actes notariés où figurent parmi les parents et amis les noms les plus prestigieux de la noblesse traditionnelle.

En fait, l'ordre, globalement, n'est pas concerné par la vocation mercantile qui s'est emparée d'une partie de la noblesse seulement. Et c'est ici que l'on retrouve la distinction fondamentale qui dessine une ligne de démarcation très nette à l'intérieur de l'ordre.

D'une part une noblesse nombreuse, habituée à la vie rigoureuse des champs, souvent pauvre, d'une culture médiocre, qui ressasse sans fin dans ses manoirs et gentilhommières assez frustes les vieux rêves de gloire de la noblesse chevaleresque, et pour qui le service du roi apparaît comme l'unique alternative pour la raison majeure qu'ils ne sont préparés et aptes à rien d'autre dans l'horizon borné de leurs activités quotidiennes. Comment le grand-père, l'oncle ou le lointain cousin revenu au pays avec la croix de Saint-Louis après vingt ou trente ans de campagne ou de service de garnison n'apparaîtrait-il pas comme le héros modèle sur lequel les jeunes hommes pensent à modeler leur avenir ? L'environnement social non plus que le milieu culturel ne sont favorables à une rupture. Servir le roi est à la fois un devoir, une aventure exaltante et l'expression d'un ascétisme dès longtemps accepté et sublimé. Car il y a, dans cette noblesse incomprise par les contemporains comme aussi souvent par les historiens, une aspiration au sacrifice que le chevalier d'Arc, bâtard de roi, grand seigneur rigide et sublime, a fort bien définie dans son rêve d'une société d'où le luxe serait banni et où la noblesse, préoccupée seulement de service, se fixerait une morale d'une austérité grandiose et irréaliste. C'est par référence à cette vertu spartiate que s'éclairent et prennent leur profonde signifi-

cation les mesures de 1781 qui tentent de justifier légalement les aspirations de la petite noblesse de race à mono-
poliser les fonctions militaires. C'est le refus de contamination d'une élite, prête à tous les sacrifices à condition
qu'aucun élément étranger, susceptible de dénaturer
l'éthique qu'elle s'est donnée, ne soit admis en son sein.
Seul l'officier de fortune, dès longtemps acquis à la même
morale, fait exception. On comprend dès lors le refus que
cette noblesse là oppose à l'expédient qu'on lui propose :
trouver dans d'autres activités emploi, sécurité et possibilité
de promotion. Et c'est là toute l'importance du conflit qui
oppose l'abbé Coyer au chevalier d'Arc.

Dès qu'avec leurs ressources leurs perspectives se multipliaient, les nobles cessaient de mettre tous leurs espoirs
dans le service militaire. Allant quelquefois à Paris, et en
tout cas à la ville proche, ils sont confrontés à un autre
univers qu'à celui qui leur est familier. Un degré de richesse
au-dessus, et c'est dans les métropoles provinciales que se
plante le décor de la vie nobiliaire. Là ils sont en relation
avec les milieux les plus divers, fréquentent des loges
maçonniques, les sociétés d'agriculture, les sociétés savantes,
côtoient des magistrats, des financiers, des marchands. Moins
préservé, ce milieu est plus sensible aux arguments de
l'abbé Coyer qu'à ceux du marquis de Lassay, de Montesquieu et du chevalier d'Arc. Mais en la dénaturant, ils
détournent sa thèse à leur profit, comme le fait aussi la
haute noblesse qui s'avance le plus dans cette voie. Coyer
cherchait une solution au problème de la noblesse pauvre.
Estimant qu'en temps normal le roi ne pouvait employer
plus de 15 000 officiers, tous les nobles ne pouvaient servir.
Au lieu de se dégrader dans l'oisiveté et la misère, les
laissés pour compte pouvaient, pensait-il, trouver dans les
activités mercantiles une carrière honorable qui, en les enri-
chissant, les mettrait à même de servir dignement à la
génération suivante. « Mettre l'oisiveté en action et l'indigence dans le chemin des richesses [1] », telle était la sugges-
tion de Coyer que bien peu de petits nobles suivirent, mais

---

1. *Développement et défense du système de la noblesse commer-
ante,* 1757.

qui trouva un écho dans la haute noblesse et la riche
noblesse provinciale.

Il est difficile d'évaluer l'impact des arguments de Coyer
sur la psychologie nobiliaire. L'abbé lui-même vivait dans
un milieu où l'on était acquis à l'idée que la noblesse se
grandirait en se livrant à toutes sortes d'activités, et il est
sans doute le porte-parole d'un milieu parisien où se mêlent
grands seigneurs français et aristocrates étrangers, en particulier l'influent groupe jacobite qui fut l'un des premiers
à se lancer dans les grandes entreprises commerciales et
maritimes. Ceux-ci apportaient, contre le préjugé français,
l'exemple de leur pays tant prôné par Voltaire, et la preuve
qu'on pouvait sans déshonneur se livrer à des activités autres
que militaires. Ainsi ce ne fut pas la petite noblesse qui
bénéficia de cette transformation, certes limitée, de l'opinion.
Ce fut la noblesse la plus riche, souvent aussi la plus glorieuse, celle qui risquait le moins de se confondre avec le
monde de la marchandise.

Ce choix révèle aussi une différence de culture et
d'attitude politique. Je l'ai déjà noté : la grande noblesse ne
veut pas se laisser enfermer dans la définition d'une
noblesse fonctionnelle, ayant dans la Nation une mission
précise mais limitée — ce qui est l'idéal de l'autre noblesse.
Elle se perçoit comme une élite à vocation généralisée. Dans
le domaine économique, cette vocation se traduit par un
engagement massif et une floraison d'initiatives dont il faut
maintenant examiner les modalités. Il est clair que toute la
noblesse ne fut pas concernée, mais seulement cette partie
que l'on peut considérer comme son élite naturelle, soit en
fonction de son ancienneté et de sa position, soit en fonction
de sa richesse, de ses talents, de son ouverture aux courants
progressistes du siècle.

Sur le plan quantitatif la poussée nobiliaire reste
médiocre sans être négligeable. Son importance réelle se
mesure à la qualité de sa participation. Les nobles n'ont
fait qu'assez exceptionnellement concurrence à la bourgeoisie marchande dans des entreprises de caractère traditionnel. L'économie mercantile de type familial n'est pas
leur fort... Ils apparaissent au contraire en pointe partout

où se dessinent les premières formes du grand capitalisme moderne, où ils s'assurent une sorte de monopole.

Les blocages psychologiques qui auraient pu faire obstacle à cet engouement ne subsistent, nous l'avons vu, que dans une partie de la noblesse. Celle-là ne conçoit d'activités industrielles ou commerciales que liées à l'économie domaniale. Aussi, malgré leur importance numérique, barons fossiers et maîtres de forges, ne jouent-ils aucun rôle dans les grandes compagnies et leur puissance d'innovation est-elle nulle. Ils ne prennent aucune part à l'essor du grand capitalisme moderne et constituent souvent un obstacle aux tentatives des grands seigneurs capitalistes qui les trouvent sur leur chemin. Cette rivalité apparaît souvent, et par exemple dans la contestation qui opposa au milieu du siècle Antoine-Paulin marquis de Solages, d'une ancienne maison de l'Albigeois, petit-fils d'un président du Parlement de Toulouse, lui-même ancien page du roi, à un groupe de propriétaires de mines ouvertes à Carmaux, groupe entraîné par un petit noble, Joseph Méjanes, qui lui conteste la permission exclusive d'exploiter les mines du diocèse. Ces mines constituaient la principale ressource de cette petite noblesse besogneuse. Son irritation fut grande et Méjanes se battit comme un lion ; mais l'intendant dut débouter les plaignants, dignes pourtant de son attention, car, bien qu'ils se fussent associés en grand nombre, ils ne parvenaient pas à rassembler les capitaux nécessaires et les mines restaient inexploitées [1]. En 1789 de nombreuses doléances réclameront encore la suppression de ces grandes concessions.

A l'autre bout, les obstacles juridiques qui auraient pu s'opposer aux ambitions commerciales et industrielles de la noblesse ont été progressivement levés, sans parvenir toutefois à venir à bout des réticences de la majorité comme l'attestent la fréquence des textes qui aux xviie et xviiie siècles ont supprimé les interdictions, et le comportement de la petite noblesse. Mais dans la haute noblesse les alliances multipliées avec le milieu de finance — jeune noblesse dont

---

1. A.D. Hérault C 2720.

les initiatives dominent l'activité capitaliste — ont favorisé son insertion dans le monde des affaires.

Ainsi, dans la seconde moitié du siècle, se trouvent réunies les conditions qui permettent à une partie de la noblesse de se constituer en noblesse capitaliste, commerçante et entrepreneuriale.

Il ne saurait être question de dresser ici un inventaire de toutes les activités économiques où des nobles se sont trouvés, d'une façon ou d'une autre, impliqués. Trop de lacunes interdisent une telle tentative. Les actes de société dorment chez les notaires, où l'on ne peut se livrer qu'à des sondages. Les archives du consulat de Paris ont disparu. Les archives des entreprises, quand elles subsistent, ne sont pas toujours explicites sur la qualité des sociétaires. La pénurie des sources est encore aggravée par l'obscurité dont les nobles ont fréquemment recouvert leurs activités, pour des raisons évidentes, et par l'usage des prête-nom et des hommes de paille qui cachent la véritable identité de beaucoup d'entre eux. Un tel inventaire ne serait pas d'ailleurs peut-être d'une très grande utilité. Je soupçonne qu'il ne permettrait pas d'élargir beaucoup le cercle des nobles entrepreneurs. C'est en effet dans un groupe numériquement restreint qu'ils se recrutent : ceci s'entend bien sûr des grandes entreprises capitalistes. Il en va autrement pour les petites affaires de caractère traditionnel où la prédominance nobiliaire est incontestable comme les forges, où le contingent nobiliaire n'est pas négligeable, comme les verreries et diverses manufactures qui n'exigent ni de grosses mises de fonds, ni un outillage révolutionnaire, ni des techniciens formés aux nouvelles méthodes. Ce qui nous intéresse ici c'est l'apport nobiliaire dans le développement du capitalisme, son rôle dans le passage amorcé à la fin du XVIIIe siècle du capitalisme traditionnel au capitalisme industriel. Toutefois une esquisse n'est pas inutile : elle montrera l'étendue de la gamme sur laquelle jouèrent les initiatives nobiliaires.

Contrairement à une opinion largement répandue, le commerce n'était pas interdit à la noblesse et la monarchie surtout depuis Colbert qui se plaignait de ne pas trouver de bailleurs de fonds pour le financement de ses compagnie maritimes, avait multiplié les édits destinés à encourager les nobles à se tourner vers les activités commerciales. Reprenant des décisions antérieures l'édit de décembre 1701 permettait à tout noble de commercer sans déroger, pourvu que ce fut « sous balle et corde », c'est-à-dire en gros. Il leur est interdit d'avoir boutique ouverte, mais ils peuvent vendre au détail dans la manufacture même et aux foires[1]. Toutefois, avant 1760, les réticences de la noblesse sont si évidentes que la déclaration est reprise à plusieurs reprises, fait l'objet de discussions au conseil du commerce et d'une consultation des intendants de provinces en 1755[2]. Un nouvel édit de 1765 consacre le droit des nobles à commercer librement, mais en excepte les titulaires de charges de magistrature. Deux ans plus tard suivait le corollaire. Le 30 octobre 1767 un arrêt du Conseil précisa les privilèges, exemptions et prérogatives dont jouiraient à l'avenir les négociants en gros : anoblissement de deux négociants chaque année, droit pour tous de porter l'épée et des armes en voyage.

Seul le commerce de détail restait donc interdit à la noblesse. Mais les infractions ne sont pas rares. Les nobles n'y répugnent pas toujours. Cependant il s'y attachait une sorte de bassesse — sans parler du risque de dérogeance — qui leur interdisait de le faire au grand jour. Ainsi le duc de La Force avait déclenché un véritable scandale, à une époque pourtant peu sourcilleuse, lorsqu'en 1721 il s'était livré au commerce d'épicerie sous le nom d'un homme de paille. Cette coutume cependant ne disparut jamais. Au milieu du siècle la comtesse de Frinc possédait à Nice une maison de commerce sous le nom de Vve Reynaud, et en Bretagne de nombreux gentilshommes — souvent engagés par ailleurs dans le commerce maritime — faisaient sous le nom de leurs femmes le commerce de détail des marchandises les plus diverses, blé, toiles, sardines[3].

La banque qu'aucun édit ne signale parmi les activités commerciales permises aux nobles, a également attiré cer-

1. A.N.F12, 72, p. 49.
2. A.N.F12, 101, p. 321.
3. G. RICHARD : « La noblesse de France et les sociétés par action à la fin de l'Ancien Régime », in *R.H.E.S.*, 1962.

tains d'entre eux. Il est permis de penser que souvent des
nobles ont commandité des entreprises de banque semblables
à celles où se trouvent associés la comtesse de Sabran, le duc
de Nivernais et la comtesse de Boisgelin. Fondée le 30 octobre 1784, la société réunissait sous la raison Douzard et Cⁱᵉ,
Joseph Douzard, banquier rue Sainte-Anne, François de
Treillars de Catry, son neveu Benoît, la comtesse de Sabran,
Marie de Boufflers épouse du comte de Boisgelin, et le duc
de Nivernais. Le capital était fixé à 450 000 livres : les trois
derniers associés en fournissaient à eux seuls 300 000. La
société ne se cantonna pas dans ses opérations de banque.
Elle s'intéressa à un commerce d'eau-de-vie et de thé à
Roscoff avec Jean Drot et Cⁱᵉ, de Morlaix, et s'engagea dans
des opérations au Sénégal où elle expédia un navire, le
« Duchesse de Lauzun », adressé au sieur Thirion, secrétaire
du chevalier de Boufflers [1].

Si certains commerces se dissimulent avec plus ou moins
de succès, les entreprises de spéculation foncière se font au
grand jour. Elles n'intéressent pas seulement des hommes
d'affaires de profession, comme le banquier de la cour
Joseph Laborde ou le fermier général Bouret de Vézelay
qui donnent pourtant un grand essor à ce genre de spéculation en particulier à la Chausée d'Antin, mais de nombreux
seigneurs — à commencer par le duc d'Orléans — qui ne
craignent pas de former à cet effet des sociétés devant
notaire et de diriger eux-mêmes les opérations. La société
formée devant Quatremère, notaire à Paris le 13 décembre
1778, est à cet égard caractéristique et propose une véritable
inversion par rapport à la pratique la plus courante. Elle
associait Louis-Henri de Villeneuve, marquis de Trans
colonel du régiment royal Roussillon et premier marquis de
France, au chevalier Gabriel de Fageolles, pour une entreprise de spéculation sur les terrains du Roule. Sans craindre
de se salir les mains, Trans se déclarait « chef de société »
et se chargeait en cette qualité de l'administration et de la
vente. L'achat des terrains de Roule avait été fait par le
marquis de Trans moyennant 113 000 livres comptant et
10 710 livres de rente. Pour financer son entreprise, il avait
eu recours à des capitaux marchands. Philippe Richer

1. A.N.T.471 ¹.

marchand épicier lui prêta 74 600 livres. L'objet de la société, qualifiée de « spéculation d'un nouveau genre », était « la disposition, la revente et le commerce que les parties se proposent de faire en détail des différentes portions de ce terrain que le marquis de Trans a acheté en gros [1]. »

Ce genre d'entreprises limitées à un objet particulier et renouvelées à chaque occasion, se retrouvent dans d'autres types d'activités. Ainsi le marquis de La Rianderie et Jacques Eugène de Villy, écuyer, s'associent en 1784, 1786 et 1787, dans un commerce de chevaux où La Rianderie apporte la totalité du capital. Villy achète les chevaux en Angleterre et son associé se charge de les revendre à Paris [2]. Assez fréquemment des nobles apportent leurs capitaux à l'un des leurs ou à un bourgeois dépositaire d'un « secret » ou d'un privilège royal. Ainsi le 21 septembre 1782 Jean-François marquis de Vichy, capitaine de cavalerie, demeurant près de Clermont en Auvergne, s'associait à Jean-François Fabre, seigneur de la baronnie du Bousquet, possesseur d'un secret pour la conversion des vins en vinaigre, pour faire revenir les vins gâtés et pour leur bonification, et à Charles Perreaud de Fontermand, procureur du roi en l'hôtel de Ville de Cognac. Fabre apportait le procédé mais ne fournissait aucun fonds. Ses deux associés finançaient l'entreprise et se chargeaient d'établir trois maisons de commerce, l'une près des terres du marquis de Vichy, une autre à Cognac au soin de Perreaud, la troisième à 'Bordeaux [3]. Le commerce des vins attirait la noblesse. Le 25 mars 1785 le marquis de Drenenc et le marquis d'Asse formaient une société en commandite avec Jean-Baptiste Perrot, négociant à Chalons, « pour raison de l'achat et vente de vins de Bourgogne ». Drenenc apportait 100 000 livres, d'Asse 200 000 et Perrot 100 000 [4]. Dans les années 1780, la noblesse, frappée par une épidémie entrepreneuriale sans précédent, multiplie les entreprises, se lance dans les activités les plus diverses et les plus imprévues. La marquise de Marigny, née Choiseul, la marquise de Paysac, née Rastignac, le chevalier Savalette de

1. A.N.T.551/1.
2. A.N.T/291.
3. Minutier central, XIV, 479.
4. *Id.*, XVI, 857.

Langes, ancien conseiller au Parlement de Paris et garde du Trésor royal, et Joseph Ferrand, bourgeois de Paris, forment une société au capital de 100 000 livres pour l'exploitation d'une concession faite par Monsieur, frère du roi, des fènes de son apanage [1]. C'est le marquis Colbert de Chabanais qui, avec Jean Baptiste Rouillé de Fontaine, chevalier de Saint-Louis, André Bietrix de Saulx, Jean Agée, banquier, et Laurent de Leutier, négociant, forme une société en 1780 pour l'achat de deux galeries rue Coq-Héron destinées à une exploitation commerciale [2]. Citons enfin une société pour la production d'huile de lampe et les illuminations à Paris, Versailles et dans les provinces, qui regroupe, à côté de Fabre du Bousquet et des omniprésents officiers de finance (Sanlot, écuyer, fermier général, Millon d'Ailly, écuyer, administrateur général des domaines, Millon d'Ainval, écuyer, receveur général des finances), le marquis de Lort, le comte de Baillon, le chevalier de Bonnard et le marquis de Rasilly [3]. On pourrait multiplier les évocations de ce genre. Toutefois elles ne mettent qu'exceptionnellement en cause des capitaux importants.

Au contraire, le commerce maritime entraîne dans la seconde moitié du siècle une large fraction de la noblesse parisienne. C'est dans les ports bretons et à Nantes que ce mouvement a connu le plus d'ampleur sous une triple influence : la tradition nobiliaire bretonne, la présence des nobles étrangers et la participation des officiers de finance. J. Meyer a montré l'importance des nobles ou anoblis (mais tôt dans le siècle et parfaitement intégrés au second ordre) dans le commerce nantais : les Luynes, les Montaudouin, les Walsh viennent en tête des armateurs [4]. Contrairement aux affirmations de Necker, l'anoblissement ne provoquait pas l'abandon des activités commerciales et les Picot de Closrivière anoblis au début du siècle par une charge de Secrétaire du roi, restèrent dans l'armement tout au long du siècle [5]. D'ailleurs les lettres d'anoblissement des négociants précisent le plus souvent que les enfants ne devront pas abandonner la profession paternelle sous peine

---

1. Minutier central, xiv, 478.
2. *Id.*, xvi, 836.
3. *Id.*, cviii, 683.
4. *L'armement nantais*, p. 91-93.
5. A.N. 94AQ.

de nullité. De leur côté, les financiers, au milieu du siècle, ont lancé de grandes compagnies de sociétaires destinées à relancer le commerce nantais et à relayer la Compagnie des Indes parvenue à bout de souffle. Ainsi naquirent la Compagnie d'Angola avec Paris-Montmartel, et la société de Guinée commanditée par une équipe de dix fermiers généraux entraînés par leur collègue Dupleix de Bacquencourt, frère du gouverneur de l'Inde. Une impulsion supplémentaire fut donnée par l'aristocratie jacobite. Ne partageant pas les préjugés de leurs homologues français sur le commerce, ayant d'ailleurs besoin de refaire fortune, bien introduit à la cour et constituant le groupe « colonial » le plus influent, ils jouèrent un grand rôle à la tête de la Compagnie des Indes et dans la direction des établissements coloniaux et donnèrent à l'aristocratie française le modèle et le goût des investissements commerciaux. Les Rothe, qui servent aussi dans les armées du roi, ont été les premier à organiser à partir de Pondichéry des expéditions pour la Cochinchine, puis se spécialisèrent dans le commerce de Chine où ils prirent la relève de la Compagnie des Indes après sa liquidation en 1769 [1]. Grands aristocrates étrangers, mais reconnus en France et naturalisés, les Jacobites étaient parfaitement intégrés au milieu nobiliaire parisien et les alliances avec des Français étaient fréquentes. La contamination était donc inévitable.

C'est à partir de 1770 que la noblesse commence à participer de façon massive aux grandes compagnies maritimes qui lui doivent parfois leur existence. Entre 1769, date de la liquidation de la Compagnie des Indes, et 1785, date de la création de la nouvelle compagnie, les deux sociétés maritimes les plus importantes sont la Compagnie du Sénégal et la Compagnie du commerce du Nord, et une compagnie d'un type un peu particulier puisque les sociétaires, sans apporter aucun fonds propre, donnaient solidairement leur cautionnement pour un emprunt de 1 200 000 livres [2]. C'est la Compagnie pour l'exploitation du privilège de la correspondance maritime entre la France et les colonies,

1. G. Chaussinand-Nogaret : « Une entreprise française en Espagne au xviii⁰ siècle », in *R.H.M.C.*, 1973.
2. Minutier central, xcv, 372.

fondée le 27 décembre 1781 ; elle se proposait d'armer des navires dans les divers ports de France pour transporter aux colonies « les lettres, paquets du royaume, et le fret du roi ». Les sociétaires, presque tous nobles, se partageaient les soixante sols dont était constituée la livre de la société : Charles-Armand prince de Rohan-Rochefort, lieutenant général des armées du roi prenait sept sols, Louis Drummond comte de Melfort, un Jacobite également lieutenant général, sept sols, Louis-Charles comte du Hautoy, sept sols, le chevalier Lambert, conseiller d'Etat, sept sols, le chevalier de Berge quatre sols, un docteur en médecine, Charles Guiraudet, quatre sols, François Renaud de la Grelaye quatre sols, et, seul négociant, André-Louis Fournier, armateur à Nantes, deux sols. La compagnie disposa des dix-huit sols restant en faveur de nouveaux sociétaires dont un seul est connu : le prince Frédéric de Salm-Kribourg qui, en 1782, en acquit deux. Bien que non négligeable, cette compagnie est loin d'avoir eu l'importance de la Compagnie de la Guyane française.

En 1763, le gouvernement voulut faire de Cayenne le plus important des établissements français en Amérique. Les 500 000 francs qui y furent employés chaque année ne donnèrent aucun résultat. C'est alors que Dubucq, premier commis au bureau des colonies, obtint l'autorisation de former une compagnie au capital de 1 200 000 livres réparti en douze actions, pour former un établissement en culture et une maison de commerce à Cayenne. Très rapidement en perte, la Compagnie Dubucq céda ses droits à une société qui, après plusieurs tentatives infructueuses en 1771 et 1772, s'était constituée en 1774 sous le nom de Compagnie d'Afrique occidentale pour l'établissement du commerce des marchandises et de la traite des Nègres sur les côtes d'Afrique et dans l'intérieur des terres. Le 6 janvier 1776 un arrêt du Conseil autorisait les administrateurs de cette société, le comte de Jumilhac, gouverneur de la Bastille, Charles de Mazière, Jean-Baptiste Harenc de Borda et Jacques Paulze, fermiers généraux, à former à la Guyane française « des établissements pour la culture et exploitation des denrées de subsistance nécessaires aux îles du Vent et Sous-le-Vent de l'Amérique... sous le nom de Compagnie de la Guyane française ». De nombreux avantages étaient faits à la société. Elle recevait les terrains situés entre les rivières d'Oyapock et d'Approuague, la jouissance des bâtiments que le roi possédait dans le quartier d'Oyapock, cinquante Nègres appartenant au roi mais qui devaient être remplacés par le produit de la traite dans le délai d'un an ; en outre, la Compagnie percevrait une gratification de trois cents livres pour chaque Européen, homme ou femme, qu'elle transporterait et établirait dans l'étendue de sa concession, deux cents livres pour chaque garçon et fille et cent livres pour tout enfant qui suivrait ses père et mère. Le roi accordait aussi une prime pour chaque tête de nègre, savoir 150 livres pour les 1 200 premiers, 100 pour les 1 200 suivants, mais 200 pour ceux qui proviendraient de la traite du Mozambique, le tout à condition que les Noirs soient employés à des travaux de défrichement ; une corvette armée aux frais de S.M. soit pour aller prendre possession, soit pour les premiers transports. La Compagnie était auforisée à faire telles entreprises de commerce qu'elle jugerait à propos sur les côtes, dans les îles et dans l'intérieur des terres, des constructions et établissements. Elle reçut aussi pour six ans la préférence pour l'approvisionnement des établissements français sur la côte d'Afrique. En septembre 1776, on lui accorda aussi le privilège pour la fourniture des approvisionnements des troupes de Cayenne.

La Compagnie se proposait donc un triple objectif : entreprise de colonisation, elle devait assurer le peuplement et la mise en valeur de Cayenne ; société de commerce, elle s'adjugeait essentiellement la traite des Nègres ; entreprise de munitionnaires, elle se réservait l'approvisionnement des troupes de Guyane et d'Afrique.

La Compagnie émit un millier d'actions au porteur de cinq cents livres chacune, que se partagèrent vingt-quatre actionnaires. La liste révèle — fait caractéristique et d'ailleurs assez exceptionnel — l'absence de tout homme de l'art et le recrutement exclusif dans la noblesse et le milieu des officiers du roi et de la ferme générale :

Duc de Duras, pair et maréchal de France ..	30	actions
Jean-Baptiste Gaillard, baron de Beaumanoir, capitaine de dragons	121	—
Charles Mazière, écuyer, fermier général	37	—

Jacques Paulze, écuyer, fermier général ...... 30 —
Jean-Baptiste Lemoyne de Belleisle, chevalier, chancelier du duc d'Orléans .... 52 —
Geneviève Lemoyne de Belleisle, veuve du Chevalier Lejaulne .... 12 —
Claude-Louis, marquis de Saisseval, maître de camp .... 30 —
Claude-Henri, comte de Saisseval, maître de camp .... 30 —
Antoine-Joseph-Marie, comte de Jumilhac, ancien gouverneur de la Bastille .... 25 —
Antoine-Laurent Lavoisier, écuyer, fermier général .... 30 —
Jean-Antoine Clément de Barville, conseiller du Roi en ses conseils, premier avocat général à la Cour des Aides .... 60 —
Jean Harenc de Borda, écuyer, fermier général .... 34 —
Jacques-Mathieu Augeard, écuyer, fermier général .... 30 —
Pierre Rousseau, administrateur général des domaines du roi .... 20 —
Henri Lefèvre, abbé commandataire de Chartreuve .... 22 —
Prosper Tassin de Vilpion, intendant des finances du duc d'Orléans .... 30 —
Etienne Prévot, écuyer, Secrétaire du roi .... 49 —
Etienne Serre de Saint-Romans, comte de Fresserville, maître ordinaire en la Chambre des Comptes .... 144 —
Elisabeth-Marie, marquise de Mesniglaise .... 20 —
Alexis-Janvier de la Live de La Briche, introducteur des ambassadeurs .... 30 —
André-Marie Clairval, chevalier de Saint-Louis. 25 —
Marie-Philippe Taschereau de Baudry, veuve de André Potier de Novion, marquis de Grignon, président honoraire au Parlement .. 3 —
Pierre-Constantin Levicomte, comte de Blangy . 30 —
Jean-François, marquis de Rochedragon, colonel d'infanterie .... 20 —

La noblesse traditionnelle domine la société, suivie par la ferme générale, les officiers de la Maison du Roi et des princes, et les veuves, cet élément indispensable à toute société d'actionnaires. De négociants, aucun. Le capital se révélant insuffisant un autre millier d'actions fut émis. Elles furent acquises par les intéressés et par quelques nouveaux venus :

André-Marie-Gautier de Montgeroult, chevalier de Saint-Louis,
Pierre-Louis Taboureau, chevalier de Saint-Louis,
Marie-Thérèse de Mondran, veuve de Jean-Joseph La Live de la Pouplinière, fermier général,
Palteau de Veymerange, intendant des armées du roi,
Barthélémy-Jean-Louis Le Coulteux de la Noraye, chevalier, conseiller du roi en tous ses conseils,
Antoine-Jean Amelot, marquis de Chaillou,
Jean-Pierre Loliot, secrétaire général de la cavalerie de France,
Sylvestre Richer, caissier du bureau des parties casuelles,
Théodore Maron de Montjuzion.

La compagnie obtint le 14 avril 1777 une extension de ses droits : le privilège exclusif de l'île de Gorée et dépendances depuis le Cap Vert jusqu'à la Casamance et les fournitures pour l'approvisionnement de l'île. La société de Guyane semble s'être, en fait, assez peu préoccupé de mettre Cayenne en valeur. Elle essaya surtout de se réserver le commerce exclusif de la traite des nègres, pour Saint-Domingue et les îles du Vent. Un mémoire hostile l'accusa d'exporter chaque année 2 200 nègres de Juda et 400 de Gorée, mais de ne pas les envoyer à Cayenne, hors d'état de les recevoir. « Cayenne, disait-on, est le lieu dont elle s'occupe le moins. »
Cependant la traite des nègres était devenue un poids trop lourd et la compagnie demanda d'en être déchargée, ce que lui accorda un arrêt du conseil d'Etat du 28 décembre 1783. le roi prenant en considération les services qu'elle avait rendus lors de la conquête du Sénégal, et les lourdes pertes qu'elle avait éprouvées, lui concéda, en compensation, le privilège exclusif de la gomme et autorisa toutes les opérations de commerce qu'elle jugerait à propos de faire.

Aussitôt la société se reconstitua sous le nom de Compagnie du Sénégal.

L'acte de société du 24 mai 1784 prévoyait un fond capital de 3 millions formé par 3 000 actions de 1 000 livres, auquel s'ajoutaient les 2 000 actions de la Compagnie de Guyane dont les porteurs participeraient pour deux cinquième au bénéfice de la nouvelle société. Les anciens associés vendaient à la Compagnie du Sénégal les marchandises, embarcations et Noirs des établissements du Sénégal ainsi que tous les terrains situés à la Guyane avec les habitations et plantations, les meubles, vivres etc., contre 1 000 actions de la nouvelle compagnie. Les anciens associés firent l'acquisition de la majorité des actions nouvelles, en sorte qu'en changeant de nom, la compagnie n'avait pas changé de sociétaires. Le duc de Duras acquit 90 actions, le marquis de Saisseval, 120, le marquis de Chaillou 90, le chevalier de Belleisle 156, de Montgeroux 75, le comte de Blangy 90, la marquise de Menilglaise 60, de Saint Romans 216, de Vilpion 90 et Veymerange 33. Quelques nouvelles figures apparaissent, mais peut-être appartenaient-elles déjà à l'ancienne compagnie : un certain Sylvestre Gougenot de Croissy, écuyer, le duc de La Vrillière, Madame de Langeac, le comte d'Ailly (comme héritier de la comtesse Le Camus), le président de Noiseau, la princesse de Lamballe et Dangé d'Orsay.

Il n'était pas inutile de s'attarder sur cette compagnie : c'est le type caractéristique de la grande société par actions dont les administrateurs et la totalité des actionnaires sont nobles, qui semble avoir eu, en cette fin de siècle, plus de succès dans les milieux nobiliaires de la capitale que la commandite traditionnelle des entreprises de marchands [1].

Il s'agit là d'une très grosse entreprise presque unique dans cette décennie ultime de l'ancienne monarchie où les symptômes annonciateurs d'une crise économique d'une rare intensité se multiplient. La seule qui puisse lui être comparée à cette date fait aussi une part considérable à l'initiative et au capital nobiliaires. Mais ici les hommes de l'art ne sont pas absents et la finance — mais n'est-elle pas une des composantes du monde nobiliaire — y joue un rôle de

---

1. A.N.COL.C14 (46-47), T 514 (14) et T 200 (1), Minutier central, XXX, 483.

tout premier plan en la personne de Claude Baudard, baron de Saint-James, trésorier général de la marine. Il s'agit de la Compagnie patriotique du commerce du Nord.

Cette entreprise est, à plus d'un titre, révélatrice de la dynamique qui entraîne noblesse traditionnelle et noblesse de finance à renouveler la tradition maritime française. L'Atlantique, le commerce des îles et de l'Inde, dont les voies éprouvées assuraient des bénéfices certains, sollicitaient les négociants des ports, peu enclins à sortir des sentiers battus. Ouvrir à la France le trafic de la Baltique représentait de gros risques où ils hésitaient à s'engager. Il n'est pas indifférent que ce soit dans la noblesse que des hommes assez hardis se soient levés pour relayer la bourgeoisie marchande défaillante, et donner une impulsion décisive à un secteur commercial vital pour le royaume jusqu'alors dépendant pour son approvisionnement des pays neutres. Le 10 août 1776 le ministère de la Marine passait un traité avec l'administration royale de Prusse qui s'engageait à lui livrer des bois à Hambourg. La marine hollandaise se chargea d'abord du transport dans les ports français. Après que l'Angleterre eut déclaré la guerre aux Provinces Unies (décembre 1780) on eut recours aux pavillons danois et suédois. En 1782, la Marine utilisa les services d'une compagnie de commerce établie à Stralsund sous la direction de deux Suédois et de deux écuyers français : Simon-Léon Casauranc de Saint Paul et Laurent-Guillaume Fraissinet de Larroque. Mais dès la fin de l'année, le ministre, mécontent des fournitures, songeait à rompre le contrat. Il tenta d'intéresser les négociants bordelais au commerce du Nord : sans succès. C'est alors que deux entrepreneurs français, déjà engagés dans cette voie sous le couvert neutre de la compagnie de Stralsund, Saury et Casauranc de Saint-Paul, obtinrent un contrat au terme duquel ils s'engageaient à livrer dans les ports de France les bois de construction que la Prusse devait fournir. Les activités de cette compagnie, qui fusionna le 2 janvier 1785 avec l'entreprise des fournitures à la marine royale sous la raison Ferber frère et C°, a déjà fait l'objet d'une étude, et je n'entrerai pas dans des détails déjà connus [1].

---

1. D. Ozanam : *Claude Baudard de Sainte-James*, Paris, 1969. Voir aussi A.N.T. 461 (1).

Ce qui nous intéresse ici, c'est la personnalité des actionnaires.

La société du commerce du Nord fut financée par deux nobles périgourdins, Joseph de Coustin comte de Bourzolles et François-Antoine de Laverie-Vivans comte de Siorac, qui fournirent 400 000 livres destinées à l'achat des premiers vaisseaux de la compagnie. Provincialisme qui tranche sur le recrutement plus fréquent des compagnies commerciales dans la noblesse parisienne. Derrière les frères Ferber au contraire, c'est Paris que l'on retrouve avec Paul-Juste Harmensen de Polny, écuyer, administrateur de la caisse d'escompte, et Claude Baudard baron de Saint-James, trésorier général de la Marine. Ce dernier fut amené à investir dans la compagnie des fonds de plus en plus considérables qui s'élevaient en 1787 à la somme de 2 400 000 livres. Ainsi, grâce à deux nobles provinciaux et à un représentant de la haute finance parisienne, le pavillon français avait réussi à se tailler une place dans la mer du Nord et la Baltique, et la France échappé à une dépendance dangereuse. Preuve supplémentaire que, face à une bourgeoisie marchande timorée, un capitalisme imaginatif se développait à l'intérieur du second ordre.

Si la place de la noblesse dans le capitalisme commercial du XVIIIe siècle n'est pas négligeable, et même dans certains secteurs décisive, c'est avec un tout autre relief que cette classe « oisive » est intervenue, surtout après 1770 dans le développement du capitalisme manufacturier, et j'oserai le mot, industriel.

Ici, à côté de la noblesse traditionnelle, apparaît souvent la jeune noblesse des officiers de finance. Mais jeune noblesse doit s'entendre avec des réserves. On a souvent souligné — à tort — que si l'on trouvait des nobles engagés dans des activités capitalistes, il ne pouvait s'agir que d'anoblis mal dégagés de leurs premières activités bourgeoises auxquelles, fréquemment, ils devaient leur anoblissement. Or, dans la plupart des cas, il ne s'agit pas d'anoblis récents mais de serviteurs du roi, ayant droit au titre de chevalier, et pouvant faire valoir leur ancienneté par deux, trois, ou quatre générations ou degrés de noblesse et un nombre égal de charges de finance ou de judicature qui les ont depuis longtemps affranchis de leurs origines roturières et éloignés des activités marchandes des commencements. C'est le cas des Sérilly et des Baudard qui jouent ici un rôle de premier plan. Mais leurs fonctions au service des finances royales jettent un voile trouble sur la forme de ce capitalisme en plein développement. Comment peut-on parler de capitalisme industriel alors qu'une partie du capital est d'origine fiscale ? Et de fait, on sait quelle confusion régnait dans les caisses des grands comptables et banquiers du régime entre l'argent de l'Etat et les propres ressources des financiers. Mais je ne vois pas là d'empêchement majeur au développement d'un capitalisme industriel. Que l'argent du fisc ait parfois servi à financer telle entreprise manufacturière — dans des cas d'ailleurs assez rares car les trésoriers étaient plus souvent en avance qu'en retard sur leur exercice — ne crée pas une situation tellement différente de ce qui se passe aujourd'hui lorsque l'Etat accorde une subvention à tel secteur industriel pour favoriser son essor, ou lui consent des avantages fiscaux.

Parmi les entreprises auxquelles la noblesse s'est trouvée intéressée, il est indispensable de distinguer celles qui sont un simple prolongement de l'exploitation domaniale, des entreprises capitalistes sans rapport avec les activités d'un propriétaire terrien.

Dans la première catégorie on peut ranger aussi bien les mines et les forges que quasiment tout noble — depuis le comte d'Artois jusqu'au plus petit hobereau du Couserans — exploite sur ses terres, que les manufactures établies dans le ressort de leurs domaines et qui fonctionnent — avec ou sans privilège — avec leurs propres capitaux. La mode manufacturière a bénéficié d'un illustre patronage. Le roi a donné l'exemple à Sèvres. A sa suite, la grande noblesse s'est lancée avec passion dans la manufacture. Le duc d'Orléans a des verreries à Cotterets et à Bagneux [1] et des manufactures de toiles peintes à Montargis et Orléans. Le comte d'Artois crée la fabrique de produits chimiques de Javel et possède une manufacture de porcelaines [2]. Le prince de Conti a une manufacture près de Soissons, le marquis de Caulaincourt une fabrique de mousselines en

---

1. A.N.F12, p. 375, 384, 459, 481, 563, 593, 739 ; 107, p. 80.
2. A.N.F12/106, p. 781.

Picardie, le comte de Custine emploie quatre cents ouvriers dans sa manufacture de faïence en Lorraine. Le duc de La Rochefoucauld-Liancourt a investi 36 000 livres dans une manufacture de toiles établie sur ses terres et fait venir de l'étranger des ouvriers pour ses écoles de fileuses et pour former des apprentis [1]. Le marquis de Bullion a une entreprise de soude artificielle [2], Madame d'Aneville une manufacture de draps à Sedan [3], le vicomte de Laugest est propriétaire d'une fabrique de papier [4], le comte de Brienne achète des métiers anglais, la comtesse de Laval possède une manufacture de toiles et un Monsieur de Lamartine deux manufactures de fils de fer dans le jura [5]. Ces exemples pourraient être multipliés, ils ne montreraient jamais que la part prise par la noblesse dans l'activité manufacturière traditionnelle et les entreprises individuelles. Ils révèlent cependant l'importance des manufactures domaniales dont l'inventaire reste à faire, mais dont la part dans l'ensemble de la production nationale n'est sans doute pas négligeable.

Plus intéressantes, les grandes compagnies capitalistes, formées en sociétés d'actionnaires, associant à de gros capitaux, hommes de l'art et techniques nouvelles. Telles sont la manufacture de Saint-Gobain, celle de Neuville et l'entreprise de distribution de l'eau de la Seine liée à la fonderie de Chaillot. Elles ont en commun d'associer des nobles qui apportent les capitaux, à des spécialistes qui apportent leur savoir faire et parfois leurs secrets. La plus ancienne, Saint-Gobain, recruta d'abord ses actionnaires parmi les officiers de finance et secrétaires du roi avant de s'ouvrir, après 1750, à la grande noblesse : Anne de Montmorency, le vicomte de Ségur, La Vieuville, La Luzerne, le comte de Jaucourt, le marquis de la Ferté-Imbault vinrent siéger au conseil d'administration [6]. En 1789, le capital de l'entreprise — qui avait d'immenses ateliers à Saint-Gobain,

---

1. *Id.*, /1339.
2. *Id.*, /107, p. 205.
3. *Id.*, p. 205.
4. *Id.*, p. 412.
5. *Id.*, pp. 614, 756, 854.
6. A. COCHIN : *La manufacture des glaces de Saint-Gobain*, Paris, 1865.

Paris et Tourlaville — s'élevait à 10,5 millions de livres. Moins importante, la verrerie de Baccarat, fondée en 1765 par l'évêque de Metz, un Montmorency-Laval, et Antoine Renault avocat au Parlement, occupait en 1788 sept cents ouvriers et expédiait ses produits en Espagne, en Afrique, aux Antilles. La manufacture royale de Neuville (filature des cotons, fabrication des toiles de coton, des mousselines et des velours de soie sur trame de coton) fut constituée en société le 26 mars 1782 sous la raison de François Perret et C°. Perret était le propriétaire du privilège et un Britannique, Milne, était l'inventeur des mécaniques destinées à l'exploitation de l'entreprise (en fait, des métiers anglais), Benoît Allier de Hauteroche, chevalier, demeurant à Lyon, apportait les fonds. Le complément de finance serait fourni par 24 actions de 25 000 livres dont 6 appartinrent à Hauteroche, vendus à Paris par maître Lormeau et à Lyon par l'entreprenant notaire Baroud. Les actionnaires restèrent bientôt seuls maîtres du terrain. Perret mourut, Milne fut éliminé, Hauteroche vendit ses parts, le 2 novembre 1783, au marquis de L'Aubépin. Les autres actions furent acquises par Jean-Baptiste de Menardeau, chevalier, ancien conseiller de Grand Chambre au Parlement de Paris, Jean-Baptiste-Armand de Menardeau, ancien avocat général au Parlement de Bretagne, Claude Etienne, baron de Marivetz, Marie-Henri La Martinière, Claude Servant de Poleynieux, trésorier de France à Lyon, Philippe François Bertaud du Coin, chevalier. Les actionnaires avaient versé la somme totale de 375 000 livres lorsqu'une nouvelle société fut formée, en 1785, qui agrégea à l'ancienne compagnie cinq nouveaux membres dont deux étaient déjà bien connus dans le monde des affaires : Baroud et Jacques-Constantin Perier. Avec eux, entraient dans la société Joseph-Benoît du Plain de Saint-Albine, écuyer, maître d'hôtel du roi, Louis-Clair Maurin, conseiller de cour du prince royal de Prusse, et Pierre Bonfils, écuyer, secrétaire du roi. Les fonds étaient portés à 600 000 livres, plus 200 000 livres qui représentaient la valeur des bâtiments et machines de la manufacture [1].

Avec l'entreprise de Neuville s'ouvraient des perspectives immenses de développement industriel. Elle témoigne

---

1. Minutier central, xxx, 483 ; A.N.F12/1339.

de l'implantation, désormais irréversible, du travail mécanique du coton. L'influence du jacobite Holker, noble écossais passé au service de la France après l'échec du *Forty Five*, et devenu inspecteur général des manufactures, a été décisive. Sous son influence, la *jenny* s'est répandue en France et de grands établissements ont pu fonctionner avec les machines d'Arkwright et la *mule-jenny*. La famille Milne, d'origine britannique, devait jouer, dans cet effort de modernisation, un rôle capital. Après avoir quitté Neuville, les Milne obtinrent l'appui de Calonne, de Vergennes et du comte d'Angivilliers, pour fonder à Passy un atelier de fabrication de machines d'Arkwright modifiées et perfectionnées. Passionné d'arts mécaniques le duc d'Orléans entrevit tout le parti que l'on pouvait tirer de ce nouvel instrument et entreprit de financer la création de grands établissements sur le modèle des manufactures anglaises. Il établit donc sur ses terres deux filatures de coton. Mais soucieux de se réserver l'exclusivité du procédé, il obligea les Milne, au terme d'un contrat qui ne fut qu'occasionnellement respecté, à ne construire de machines que pour lui. L'établissement de Montargis, confié à la direction de Jean Milne, fut équipé de 1788 à 1792, de dix-huit assortiments ou ensembles de machines sortis des ateliers de Passy, et employa quatre cents ouvriers. Plus considérable la manufacture d'Orléans fut placée en 1786 sous le contrôle du gendre de Milne, Foxlox ancien fabricant de coton de Manchester. En 1792 elle était dotée de vingt et un assortiments.

En 1790 on y introduisit une innovation qui devait avoir de grandes conséquences pour le perfectionnement de la mécanisation du coton. Jusqu'alors les machines étaient mues à la main. Le duc d'Orléans qui avait suivi de près les tentatives des Perier à Chaillot, fit doter son établissement d'une machine à vapeur. La première filature à vapeur française était née [1].

La machine à vapeur, instrument décisif de la mécanisation, avait été introduite en France tôt dans le siècle. La première avait été installée à Anzin en 1737 et les proprié-

---

1. Sur la mécanisation du coton voir : C. BALLOT : *L'introduction du machinisme dans l'industrie française*, 1923.

taires de la mine avaient réussi dès 1777 à l'employer pour passer les niveaux d'eau dans les fosses. Toutefois, c'est dans l'entourage du duc d'Orléans qu'on chercha, avec une passion fébrile, les diverses applications de la machine de Watt dont les Perier furent en France les introducteurs. Le chevalier d'Auxiron, le vicomte d'Harambure, le chevalier de Follenay, le comte Jouffroy d'Uxelles rencontrèrent chez les Orléans, Perier, le marquis Jouffroy d'Albans et le théoricien de l'utilisation maximale de la nouvelle machine, le marquis Ducrest, commensal du duc d'Orléans[1]. De leur association naquit la navigation à vapeur et une compagnie pour le transport des marchandises sur la Saône et le Rhône qui, faute d'argent, fut abandonnée. Mais les Perier, reprenant une idée d'Auxiron, encouragés par Ducrest et le duc d'Orléans, se mirent à construire des machines à vapeur dans les ateliers de Chaillot : une quarantaine en sortirent entre 1778 et 1791[2]. Les entrepreneurs du Creusot les utilisèrent pour mouvoir les foreries et les marteaux à forge ; de son côté le duc d'Orléans innova en les employant à la filature du coton, tandis que des seigneurs moins pragmatiques — comme le duc de Chartres à Monceau — s'en servirent pour leur agrément à élever l'eau nécessaire à l'alimentation de leurs élégants jardins à l'anglaise.

L'entreprise de distribution de l'eau de la Seine dans Paris, liée à la fonderie de Chaillot[3], offre un autre exemple de grande entreprise capitaliste associant des spécialistes — ici les frères Perier — à la haute noblesse et aux représentants de la grande finance. L'acte de société du 27 août 1778[4] nomme parmi les intéressés un conseiller d'Etat, deux chevaliers, un chevalier de Saint-Louis, sept écuyers, deux receveurs généraux, un fermier général, sept trésoriers généraux (parmi lesquels Baudard de Saint-James et Mégret de Sérilly), un Secrétaire du roi, divers officiers de la Maison du roi et un seigneur étranger, qui fit un temps office de banquier de la cour, le comte de Seneffe. A ceux-ci se joi-

---

1. Charles Louis marquis Ducrest, frère de Madame de Genlis, publia en 1777 un *Essai sur les machines hydrauliques*.
2. C. BALLOT : *op. cité*, p. 394-395.
3. Sur celle-ci voir Jacques PAYEN : *Capital et machine à vapeur, au XVIIIᵉ siècle*, p. 137 et sq.
4. Minutier central, XXX, 459.

gnirent rapidement — ils figurent dans la délibération des intéressés du 18 janvier 1781 —, le duc du Chatelet, le duc de La Rochefoucauld-Liancourt, Beaumarchais, écuyer et Secrétaire du roi, Boullongne de Préminville, chevalier, le colonel Ylverton de Kendall, et les banquiers Mallet et Perregaux [1].

L'utilisation de la vapeur, la mécanisation du coton unissent les noms de l'aristocratie aux spécialistes qu'ils ont patronnés et à leurs inventions dont, les premiers, ils ont fait un usage industriel. La manufacture de Neuville, celle d'Orléans, ouvraient la voie à la grande industrie cotonnière. Certes il ne s'agît encore que de noyaux embryonnaires. Mais la modernisation était en voie de faire un saut décisif avec l'introduction d'une technologie de pointe et l'emploi d'une nouvelle source d'énergie. Sans entrer dans le débat que suscite l'utilisation même des termes d'industrialisation et de modernisation [2] et pour m'en tenir plutôt à une image suggestive qu'à une définition rigoureuse, n'y a-t-il pas là quelque chose qui annonce et qui est peut-être déjà d'une certaine manière une « révolution industrielle » ? Le concept peut paraître inadéquat à définir ce qui se passe dans les dernières décennies de la monarchie, et il faudrait prendre en compte pour le justifier un certain nombre de mesures ou de variables — rationalité, croissance du revenu, urbanisation etc. — qui n'entrent pas dans mon propos.

Toutefois, dans un secteur au moins le terme ne semble pas excessif. Dans les mines et la métallurgie apparaît une convergence de facteurs sans précédent : énorme concentration de capitaux, concentration géographique et concentration de main-d'œuvre, appel massif du capital aux techniciens, utilisation d'une technologie de pointe et ce que l'on peut appeler déjà la « recherche scientifique » ; tandis que sous les apparences archaïques de la finance classique apparaît une forme de financement bien proche de celle qu'initieront les banques d'affaires du XIXᵉ siècle. C'est là aussi que, pour faire face à des conditions nouvelles imposées par les dimensions d'entreprises géantes, s'est

---

1. Minutier central, xxx, 469.
2. Cf. E.-A. WRIGLEY : « Modernisation et révolution industrielle en Angleterre », in *Annales E.S.C.*, mars-avril 1973.

ébauchée la transformation des formes de société, les anciennes se révélant inadaptées — moins par nature que par suite d'une conjoncture politique et financière défavorable — au processus d'industrialisation. Révolution industrielle avortée. Soit. Elle était trop étroitement liée au régime qui l'avait suscitée pour ne pas être entraînée avec lui. Mais ce premier démarrage n'aura pas été vain et, par-delà la Révolution, la France industrielle pourra naître sur les expériences de l'Ancien Régime que le Creusot ou les industries cotonnières auront réussi à transmettre en dépit des conjonctures néfastes à travers ruines et convulsions.

Mines et métallurgie ne constituent pas nécessairement un secteur avancé de la production. Les forges représentent au contraire une industrie ancienne où la tradition individualiste et artisanale reste forte, et tout au long du XVIII⁰ siècle la noblesse — la grande et la moins grande a obtenu des concessions minières. Il serait fastidieux de citer les noms de tous ceux qui ont exploité mines de charbon, de cuivre et d'argent. Mais du duc d'Aumont au marquis de Traisnel, du duc de Chaulnes au marquis de Foudras, du duc de Charost au marquis d'Antraigues, la haute noblesse, et avec elle des seigneurs de moindre importance et jusqu'à de petits nobles besogneux, ont considéré les mines un peu comme leur domaine réservé[1]. Il en va de même pour les forges où plus de la moitié des entreprises recensées appartenaient à la noblesse[2]. Les recherches de G. Richard sur plusieurs généralités ont montré que la noblesse y possédait de 45 à 86 pour 100 des établissements sidérurgiques avec un taux de production du même ordre[3]. Les concessions minières, les verreries qui s'y accrochaient, les forges, même de bonnes dimensions, ne faisaient pas sortir la noblesse du cadre traditionnel des activités routinières de propriétaires terriens soucieux de tirer de leur sol un maximum de ressources. Toutefois des seigneurs suffisamment influents à la cour obtiennent des concessions qui recouvrent des diocèses et parfois des provinces entières.

---

1. A.N. T522/2, F12/1301-1304 ; cf. aussi Rouff.
2. B. GILLES : *Les origines de la grande industrie métallurgique en France*, 1947.
3. « Les nobles métallurgistes dans le département de l'Eure de 1789 à 1815 », *Actes du 87ᵉ Congrès des Sociétés savantes*, 1963.

Dans les vingt dernières années de l'Ancien Régime ils ne sont pas loin du monopole [1].

Beaucoup de ces nobles exploitent eux-mêmes, dirigent leurs mines et leurs forges. Certains se contentent de les mettre en ferme, mais là encore ils interviennent directement, fixent un plan au régisseur, orientent l'exploitation. Le comte d'Artois, conseillé par son intendant Radix de Sainte Foy, afferme au sieur Bergeron, fournisseur de la Marine, son domaine de Vierzon : le contrat précise que le preneur devra construire deux hauts-fourneaux, une forge et une fonderie et qu'il jouira des mêmes privilèges que les fermiers des forges de Clavières et d'Ardentes situées aussi dans l'apanage du frère du roi [2].

Encore une fois il ne s'agit pas là d'une nouveauté. La fin du XVIIIe siècle a vu se développer une tendance déjà ancienne, se multiplier des entreprises dont la capacité d'innovation reste faible. Il en va autrement des sociétés

---

1. Une liste très restrictive des concessionnaires de mines révèle les noms suivants : marquis de Pons (La Frugère, Auvergne), comte de Rangouse (Aurillac), duc de Chaulnes (Bretagne), marquis de Rastignac (Périgord), prince de Beauffremont (Franche-Comté), marquis de Traisnel (Hainaut), duc de Guines (Artois), marquis d'Ornemans (Lorraine), marquis de Mondragon (Saint-Chamond), marquis de Foudras (Lyonnais), marquis de Bermond (Le Bousquet-d'Orb), baron de Ferroul (Laurens et Fougillon, Languedoc), baron de Comère (Neffiès, Languedoc), marquis d'Antraigues (Antraigues, Languedoc), princesse de Saint-Pons (Agillanet, Languedoc), comte de Vezins (Roucoulet, Montauban), marquis de Basleroy (Littry, Normandie), comte de Praslin (Cheffreville, Normandie), duc d'Aumont (Boulonnais), comte de Châtenay (Lagny), baron de Montéjean (Montéjean, Anjou), comte de Lévis (Foulon, Roussillon), Guyton de Morveau, avocat général au Parlement de Dijon qui a fait, comme Jars, des tentatives de fonte au coke (Chalon-sur-Saône) et dont la mine de Saint-Brin alimente une verrerie, duc de Clermont-Tonnerre (La Reville, Autun), qui possède aussi une verrerie à Epinac, comte de Buffon, Guyton de Morveau, le chevalier de Richard et Tolosan (Vassy) (A.N.T./238 et 522/2). On pourrait faire le même tour d'horizon pour les mines de plomb et d'argent. L'ensemble des concessions de Couserans et du Comminges appartient au marquis de Vellepinte et au comte de Betous de Gestas. Dans cette région les forges sont toutes aux mains de la noblesse : Madame de Polignac (Oust), comte d'Ercée (Alos et Aulus), comte de Sabran (Massat), de Montgrenier (Arbas) (A.N. H/69 et T/522/2°). Plus importantes encore les acquisitions faites par le duc de Béthune-Charost à Roche-La-Molière et par le marquis de Solages à Carmaux où il fait construire des verreries, sans parler du comte de Buffon et de ses forges de Montbard.

2. A.N.X2b 1431.

minières qui, à l'initiative de la noblesse, se constituent en France, et hors de France, sur un mode capitaliste. La plus importante de toutes, Anzin, dont le capital dépassait le million en 1789, regroupait un grand nombre de nobles sous les auspices du prince de Croÿ, du marquis de Cernay, du vicomte de Sandrouins et, pour Aniche, du marquis de Traisnel [1]. Le marquis de Mirabeau, pourfendeur de l'abbé Coyer et ennemi déclaré d'une noblesse commerçante, mais théoricien apparemment peu convaincu, avait de son côté formé une Compagnie pour l'exploitation de la mine de Glange en Limousin dont le capital initial fut fixé en 1766 à 300 000 livres représenté par 100 actions de 1 000 livres. Elles furent acquises presque exclusivement par des représentants de la noblesse versaillaise (duc de Nivernais, duchesse de Cossé, comte de Broglie, Turgot, Malesherbes, marquis du Saillant, marquis de Brancas, comtesse de Rochefort), ou auvergnate d'Antraigues) [2]. La Compagnie des mines de charbon des environs de Paris, fondée en 1785, recrute ses actionnaires dans les mêmes milieux : grande noblesse avec Polignac, Montesquiou, Laval ; noblesse de finance : Saint-James, Serilly, Sainte Foy ; le Roi, qui prit treize actions, le prince d'Henin, le comte de Fouquet, le baron de Bezenval, le comte d'Espagnac, le marquis de Couey, de Wendel et Perier [3]. Le 13 août 1778 deux sociétés, l'une composée de Louis Thomas Richard, chevalier, de son frère, du comte de Buffon, des banquiers parisiens Sellon et Perrouteau, l'autre de Carouges des Bornes avocat en Parlement, de du Rotoy commandant de Saint-Quentin, et de trois écuyers, fusionnèrent pour former une Compagnie de l'épurement des houilles dans les provinces de Normandie, Dauphiné, Provence, Languedoc et la généralité de Lille et Valenciennes. Le fonds capital était fixé à 1 200 000 livres [4]. L'entreprise du charbon de tourbe pour l'approvisionnement de Paris, fondée en 1784 et reconstituée en 1786, regroupait un personnel identique où l'on retrouve à côté du marquis de Valençay les grands financiers d'affaires Saint-James, Serilly, Pyron de Chabou-

---

1. A. de SAINT-LÉGER : *Les mines d'Anzin et d'Aniche*, 1938.
2. A.N. T.1146/1-2-3.
3. A.N.F14/7890 (7).
4. Minutier central, XXXIII, 638.

lon, Gigot d'Orcy [1]. En Bretagne de larges sociétés s'étaient
constituées. Poullaouën et Chatel-Audren étaient les plus
importantes. Cette dernière, reconstituée en compagnie de
sociétaires en 1774 avec un capital de 920 000 livres — après
avoir essuyé un demi-échec en inaugurant la société
d'actions au porteur — comptait parmi ses membres Le
Ray de Chaumont, François Rothe, le marquis de Brique-
ville, la présidente de la Fortelle, le comte de Blangy, le
prince Czartorysky, le chevalier d'Arcy maréchal de camp et
membre de l'Académie des Sciences, le marquis de Cor-
douan [2]. C'est en Espagne que la plus importante des
sociétés minières alla chercher fortune. La Compagnie de
Guadalcanal, dirigée par le comte de Clonard, un Irlandais
jacobite naturalisé, réunit tout le parti des ducs (Harcourt,
du Chatelet, La Rochefoucauld-Liancourt), et de nombreux
seigneurs (les marquis de Bussy, de Levis, des Réaux,
d'Houdetot, d'Hérissy), des chevalières d'industrie (mar-
quises de Marboeuf, de Cambot, de Boursonne), les comtes
de Blangy, de Peyre, de Custine, de Hautoy, un noble
étranger le comte Doria, les comtesses de Ruffey, de La
Suze, de Coustin, le vicomte de La Rochefoucauld et le
président de Vaudreuil. En 1778 la Compagnie de Guadalcanal avait absorbé plus de trois millions de livres [3].

C'est donc massivement que la noblesse participait à la
poussée industrielle qui marque les dernières années de
l'Ancien Régime. Mais l'importance de sa participation se
mesure moins à son volume qu'à sa qualité. Le secteur
cotonnier avait ouvert des voies révolutionnaires par la
mécanisation. La métallurgie, de son côté, s'ouvrait à l'innovation. Sa modernisation passait d'abord par la concentration. De grands établissements se formèrent. Ceux de
Babaud de La Chaussade à Cosne et Guérigny, achetés par
le roi en 1781 pour 2,5 millions ; la manufacture d'armes de
Tulle passée en 1783 sous le contrôle de la société de
Wendel ; la fonderie de Ruelle fondée par Montalembert en
1753, rachetée par le comte d'Artois en 1774 et par le roi

1. *Id.*, xiv, 492.
2. *Id.*, xxvi, 619, 631, 643, 647, 651, 654.
3. G. Chaussinand-Nogaret : « Une entreprise française en
Espagne au xviii* siècle : Guadalcanal », *R.H.M.C.*, 1973.

en 1777 ; les forges coloniales du comte de Rostaing à Mondésir à l'Ile de France [1]. Les plus puissantes concentrations sont dans l'Est. Les personnages qui en portent la responsabilité méritent un instant d'attention. L'un d'eux jouera un rôle décisif dans la fondation du Creusot.

D'une famille originaire de Flandre, les Wendel sont des militaires. Dès la fin du xviie siècle ils s'intéressent à la métallurgie, d'abord comme directeur des forges de la baronne d'Eltz à Ottange puis pour leur propre compte. Jean-Martin achète les usines d'Hayange et, à La Marolle, la forge du marquis du même nom. Sa famille est déjà probablement noble ou réputée noble car il reçoit en 1727 des lettres de confirmation du duc de Lorraine. Pour plus de garantie toutefois il achète une charge de Secrétaire du roi en la Chancellerie près du Parlement de Metz. Sa fille épouse Gabriel Palteau de Veymerange dont l'alliance servira les intérêts de Wendel : le fils né de ce mariage plaidera avec succès la cause du Creusot devant Calonne. Lorsqu'il meurt en 1737 Jean-Martin de Wendel laisse un avoir de 700 000 livres et cinq forges en pleine activité. Entreprise encore modeste ; son fils Charles l'agrandit des forges de la Warndt à Sainte-Fontaine. En 1768 les forges Wendel produisent annuellement 1 370 tonnes de fer et fonte. Le fils de Charles, François-Ignace, officier d'artillerie, inspecteur des forges, esprit curieux et novateur, sort délibérément de la tradition. Il a deviné l'importance des méthodes anglaises, il amorce la révolution des techniques industrielles. En 1769 à Hayange il procède avec Gabriel Jars à la première coulée au coke réussie en France [2]. Les Dietrich, banquiers de Strasbourg, ont renoncé à leurs activités financières dès que leur état leur parut incompatible avec les dignités qui en peu de temps s'accumulèrent sur leurs têtes : anoblissement en 1761 sur la recommandation de Paris-Montmartel, baronification en 1762, érection en comté d'une de leurs seigneuries en 1783. En même temps que le plus grand propriétaire foncier d'Alsace, Jean Dietrich en fut le plus puissant industriel. Il employait, en 1789, 1 500 ouvriers, produisait 3 000 tonnes de gueuses,

---

1. A.N. AP2/dossier 2.
2. Sur les Wendel, voir R. SÉDILLOT : *La maison de Wendel de 1704 à nos jours*, 1958.

700 tonnes de poteries de fonte, 2 500 tonnes de fers forgés, en barres, fendus ou laminés [1].

Ces concentrations, pour importantes qu'elles fussent, étaient insuffisantes à assurer une véritable révolution dans l'industrie métallurgique. Deux autres conditions étaient nécessaires : le renouvellement de la technique, l'emploi de machines perfectionnées. L'ensemble de ces conditions se trouveront réunies au Creusot pour la première fois. Mais que de tâtonnements, d'entreprises avortées, d'échecs retentissants avant de parvenir à ce résultat ! Les Wendel à Hayange, Buffon à Montbard, Guyton de Morveau le savant avocat général du Parlement de Dijon, ont réussi à fabriquer de la fonte au coke. Mais ce sont là résultats expérimentaux. Il restait à passer à l'exploitation commerciale du procédé. Tandis que se constituait la société du chevalier Richard pour l'épurement du charbon, une autre Compagnie se formait pour rendre le charbon de terre propre à la fabrication du fer, à l'initiative du comte William Stuart, officier jacobite passé au service de France, capitaine au régiment royal Deux-Ponts, du baron de Kesling, officier lorrain, ancien capitaine au régiment de Nassau, du chevalier de Milleville et de Jean Roettiers de la Tour, échevin de Paris. Ils achetèrent la forge de Maivrin, le haut-fourneau de Bouvier pour 125 000 livres, en 1776. puis la concession de la mine du Creusot pour la somme de 60 000 livres comptant et une redevance annuelle de 15 600 livres. Ils dépensèrent 250 000 livres pour équiper la mine de charbon et mettre au point la fabrication de la fonte au coke. Cependant les bons techniciens manquaient ; leurs tentatives échouèrent. Il fallait, pour que la métallurgie à la houille prenne son essor, des hauts-fourneaux plus grands que les fourneaux au bois, des soufflets plus puissants. C'est un petit gentilhomme languedocien au nom prédestiné, Marchant de la Houlière, brigadier d'infanterie et lieutenant du roi à Salces en Roussillon, qui devait montrer la voie. Avec l'aide du métallurgiste Gensanne il s'installa à Alès, s'aperçut vite que les connaissances des Français étaient insuffisantes et que leurs

---

1. Guy RICHARD : « De la sidérurgie à la métallurgie de transformation. L'entreprise de Dietrich de Niederbronn de 1685 à 1939 », *Actes du 88ᵉ Congrès national des Sociétés savantes*, 1964.

expériences tournaient en rond ; il décida alors d'aller chercher et prendre à la source le secret des procédés anglais. Il réussit, grâce au comte de Guines ambassadeur de France à Londres, à pénétrer dans le milieu des métallurgistes anglais et surtout à approcher John Wilkinson qui lui fera cadeau de son frère et associé William.

Ainsi se mettaient en place les éléments du futur complexe du Creusot. D'abord les hommes de l'art : Wilkinson, bien au fait des procédés anglais, auquel on adjoignit un ingénieur de grand mérite, Toufaire, le constructeur de la fonderie de Ruelle. Avec cette équipe de choc, Indret commença à fonctionner. Mais la production restait faible, les canons de petit calibre. C'est alors qu'intervint De Wendel. Il vit d'emblée le défaut de la cuirasse : on refondait de vieux canons, on utilisait le four à réverbère, on moulait en sable et non en terre. Il fallait alimenter Indret sur un autre pied : construire des hauts fourneaux et fabriquer de la fonte au coke. On lui donna Indret, les fonderies de Forgeneuve et de la Ruelle. Restait à trouver l'emplacement du futur établissement. Wendel, Toufaire et Wilkinson choisirent Montcenis près du Creusot déjà élu par la Compagnie Stuart. Ils en firent bientôt le joyau de la métallurgie française. Montcenis eut une capacité annuelle de 5 000 tonnes de fonte. L'installation fut équipée de machines modernes : une soufflerie mue par la vapeur ; Wendel a importé d'Angleterre la machine à rotation qui transforme le mouvement alternatif du piston en un mouvement circulaire continu. A côté des hauts fourneaux et de la soufflerie, on installa une forge et une seconde machine à feu pour actionner les marteaux.

Pour mener à bien cette entreprise gigantesque, il fallait de gros capitaux. Necker sollicité se récusa. Les deux plus grands trésoriers de l'époque, Sérilly (guerre) et Saint-James (marine) qui étaient également administrateurs de la Caisse d'Escompte, intervinrent alors à titre personnel comme principaux bailleurs de fonds, entraînant avec eux Nicolas Bettinger Premier commis du Trésor général de la Guerre, et Palteau de Veymerange, ancien conseiller au Parlement de Metz, chevalier de Saint-Louis, intendant

royal des Armées et des Postes, cousin de Wendel et lié à
Calonne qu'il a connu à Metz, enfin Constantin Perier. De
Wendel coiffa le tout de sa compétence et de son autorité.
Sollicité par Veymerange, Calonne décida le roi à investir en
1784 600 000 livres dans l'entreprise et à devenir l'un des
principaux associés.

La Compagnie continua sa croissance : en 1785 elle
racheta les établissements de Mévrain, en 1786 les mines de
charbon de Montcenis. Enfin on lui adjoignit la manufacture
des cristaux de la reine qui fonctionnait à la houille, mais
réussissait mal à Saint-Cloud où on l'avait installée. Elle fut
déplacée à Montcenis près de la mine et les entrepreneurs du
Creusot participèrent pour 200 000 livres à la formation du
capital. Ainsi constitué, modernisé, équipé, Le Creusot est
devenu l'égal des plus belles usines anglaises. Il fallait pour
charrier les matériaux 2 400 voitures à quatre bœufs. Les
maçons venaient d'Auvergne ; 600 ouvriers vinrent d'un peu
partout. Les hauts fourneaux furent allumés le 15 novembre
1785, la première gueuse fut coulée le 11 décembre. L'activité devint intense. Tandis que fonctionnaient les hauts
fourneaux, les fours à réverbère, les forges, les souffleries,
les marteaux et martinets mus par une machine à vapeur,
les puits de charbon marchaient à plein rendement, ainsi
qu'une mine de fer située à trois lieues. Une machine à
vapeur montait la houille, une autre animait les grands soufflets cylindriques à piston. Enfin, autre innovation d'avenir
le premier chemin de fer français reliait la mine de charbon
aux fours et les ateliers entre eux. Au premier janvier 1787
Le Creusot avait absorbé sept millions de livres et la réussite
était totale.

Malgré ce démarrage exemplaire, les bouleversements de
la fin du siècle empêchèrent l'essor de la sidérurgie française. Le Creusot ne servit pas de modèle et lui-même végéta
jusqu'à ce que les Schneider en 1836 lui redonne un lustre
nouveau.

Pourtant quelle admirable révolution technique ! Et
quelle énorme concentration industrielle : la Compagnie du
Creusot et de Wendel monopolisait la presque totalité de la
grande métallurgie ; mines de Blangy, Chalency, La Pâture,
Antully, forge de Mévrain, fonderies d'Indret, Ruelle et
Forgeneuve. Wendel, en outre, avait de grosses parts dans
les établissements d'Hayange, de Charleville, de Tulle. Le

Creusot, enfin, était la plus belle entreprise du continent et l'Angleterre elle-même n'en avait pas d'aussi colossale.

Ainsi deux grands officiers de la finance royale et un capitaine d'artillerie, aidés d'un technicien britannique et d'un ingénieur de la Marine, avait créé la plus moderne des industries européennes. Le financement avait été assuré d'une façon moins archaïque que le laisserait croire la personnalité des principaux intéressés. Les grands tréso-riers, Sérilly et Saint-James, comptables du roi, étaient aussi, étaient surtout de grands rassembleurs de fonds, leur crédit était immense et ils surent fonctionner comme de modernes banques d'affaires. Conseillé par Calonne, le seul ministre de Louis XVI qui ait eu un projet économique, le roi lui-même fut l'un de ces hommes qui préparait à la France un avenir industriel. Cependant le mode de finance-ment faisait reposer tout le poids de l'entreprise sur les épaules de quelques-uns, il manquait de souplesse et, à la longue pouvait se révéler dangereux. On le vit bien lorsque Sérilly et Saint-James durent déposer leur bilan. Mais ils avaient flairé le risque. Aussi proposèrent-ils de transformer la Compagnie en y faisant directement participer le public par la création d'actions au porteur. La nouvelle société fut créée le 1er janvier 1787. Mais cette solution qui aurait donné au Creusot une structure financière la mettant à l'abri des périls intervenait trop tard, au moment où d'autres préoccupations allaient reléguer au rayon des acces-soires et futilités le grand rêve un instant caressé de la modernisation industrielle du royaume [1].

Pourtant la grande industrie moderne était née. La révolution industrielle qui avait si bien réussi en Grande-Bretagne était-elle pour autant naturalisée ? Certes il faudra attendre encore longtemps pour la voir s'épanouir en France. Il aurait fallu multiplier Les Creusots. L'orage révolution-naire devait amener d'autres soucis.

De la petite manufacture établie sur le domaine patri-

1. Sur le Creusot, voir Charles BALLOT : *L'introduction du machinisme dans l'industrie française*, 1923 ; R. SÉDILLOT : *La maison de Wendel de 1704 à nos jours*, 1958 ; Denise OZANAM : *Claude Baudard de Saint-James*, 1969 ; Guy CHAUSSINAND-NOGARET : *Gens de finance au* XVIIIᵉ *siècle*, 1972.

monial au grand complexe industriel, des petites associations marchandes aux grandes compagnies commerciales, la noblesse est incontestablement présente. Ce ralliement au capitalisme novateur de la fin du XVIIIe siècle s'observe un peu partout. Dans l'économie agricole où la part de la réserve s'accroît en même temps que la commercialisation des produits. Dans la multiplication des manufactures « seigneuriales » établies par de nombreux nobles sur leurs propriétés ancestrales. Mais c'est surtout dans les secteurs de pointe — mécanisation du coton, modernisation révolutionnaire de la métallurgie — que le rôle novateur du capitalisme nobiliaire s'est manifesté avec la plus grande vigueur. La noblesse a fourni la preuve de son aptitude à s'engager résolument dans la voie de l'innovation, à entrer dans les circuits du capitalisme moderne, à renoncer aux pesanteurs de la tradition, à contribuer à l'éclatement des formes « féodales » de la production. Certes, on ne saurait sans excès créditer la totalité de l'ordre d'un comportement aussi dynamique. Comment s'en étonnerait-on ? D'une part il faut compter avec les conservateurs impénitents, ceux pour qui l'ordre immuable des choses est à jamais fixé, et qui, ici comme ailleurs, opposent à toute nouveauté le frein d'une tradition le plus souvent controuvée, mais qui leur apparaît comme la garantie du retour à un passé idyllique. De ceux-là, on en trouve partout, dans la noblesse de cour comme chez les petits gentilshommes provinciaux, chez les riches comme chez les pauvres, et sans doute dans la bourgeoisie comme dans la noblesse. Que dire des petits hobereaux simplement aisés, parfois nettement pauvres ? On ne peut attribuer leur passivité à des considérations idéologiques. Que penser quand on les voit réclamer naïvement dans leurs cahiers le droit de pratiquer le grand commerce autorisé légalement depuis si longtemps ? L'absence de capitaux suffit à expliquer qu'ils soient demeurés en marge du mouvement qui entraînait leurs pairs plus favorisés par la fortune. Ceux-ci, on l'a vu à travers un exposé qui ne prétend pas à l'exhaustivité, sont nombreux et d'origine diverse : antique noblesse, jeune noblesse de finance ou de mérite, noblesse riche dans tous les cas. Quelle fut chevaleresque comme La Rochefoucauld ou récente comme Wendel, elle a montré son aptitude à conduire le grand effort d'industrialisation que la France tentait avec quelque retard sur l'Angleterre mais en somme à son heure. Elle justifiait ainsi, dans un domaine aux résonnances particulièrement fortes, son choix et l'ambition qu'elle manifestera demain de participer à la régénération du royaume. Là aussi elle se heurtera à la résistance des uns et à l'hostilité des autres. L'important c'est qu'une force progressiste, capable de faire éclater les structures en voie de dépérissement, se soit constituée au sein de la noblesse et, qu'après avoir contribué à la libération des forces productives, elle ait rejoint le camp, et souvent en ait pris la tête, de ceux qui s'apprêtaient à donner au royaume une nouvelle jeunesse, à la société un nouveau visage, plus libre et plus juste.

Le plus important n'est pourtant pas que la noblesse, renouvelant son image, ait joué un rôle dans l'activité économique du royaume, même si ce rôle est un peu celui d'entraîneur. Les conséquences de ses initiatives vont bien au-delà. C'est la société qui, en fait, se trouvait bouleversée. A la vieille stratification où les ordres s'opposaient à la fois par la non-contamination et par la différence des états, où chacun restait à sa place, s'employant aux activités spécifiques de son ordre, l'attitude résolument non conformiste d'une partie de la noblesse substitua la communication, l'amalgame, la fusion, au sein d'activités analogues menées en étroite collaboration, des ordres jusque-là isolés. Dans les sociétés commerciales et les compagnies industrielles, les nobles d'ancienne extraction cotoyèrent les riches parvenus, récemment issus du tiers, officiers de finance pour la plupart, représentants les plus dynamiques de la grande bourgeoisie, les grands banquiers et négociants roturiers. Le monde des affaires se révélait le plus apte à faire éclater une structure socio-politique peu favorable au développement d'une économie moderne, au drainage des capitaux, à l'essor d'une grande industrie. C'est en son sein que d'abord les élites amorcèrent la fusion qui, par-delà la destruction des ordres, devait amener la formation d'une classe de grands notables où se côtoieraient, dans une égalité à peine nuancée par la pesanteur équivoque des dignités, les représentants les plus qualifiés des anciens ordres désormais confondus dans une classe dirigeante recrutée essentiellement dans le monde des affaires peu soucieux de distance sociale. Ainsi, dans les dernières décennies de l'Ancien

Régime, a pu se constituer, grâce à l'absence de préjugés
de la grande noblesse, une classe composite dominant l'activité financière et économique du royaume. Il est inutile
d'insister sur la force de corrosion, sur les périls que faisait
courir à la société traditionnelle ce brassage des élites au
sein d'une activité qui représentait le plus puissant force
de désintégration d'un système fondé sur la distinction des
ordres, la spécificité des états et des sources de revenus.
Désormais la noblesse n'est plus liée exclusivement à la
rente foncière et au trésor royal. Elle tire une partie de ses
profits des mêmes sources que les négociants, partage leurs
intérêts, puise au même pot. C'est là la plus profonde
révolution sociale que la France devait connaître avant
l'avènement de la démocratie, tardivement, au XIXᵉ siècle

Les activités économiques ont contribué à l'éclatement
de la société traditionnelle. L'insertion des financiers dans la
noblesse a accéléré le mouvement. En se mêlant aux entreprises du tiers, la noblesse brisait la ségrégation au niveau
des attitudes et des comportements. En prenant femme hors
de la tribu les grands seigneurs de Versailles ont contribué
largement à abattre la frontière qui les séparait de l'élite
du tiers.

Les financiers représentent un groupe roturier par ses
origines, noble par son élévation récente, dont la richesse est
fondée sur le maniement des deniers publics et sur les
opérations les plus diverses de la banque et du commerce [1]
Ils tiennent à la fois au tiers état où une partie de leur
famille végète encore, et à la haute noblesse avec laquelle
ils multiplient les alliances et partagent les sinécures et les
positions de pouvoir. Par eux la cour et l'élite du tiers se
rejoignent. La haute bourgeoisie et le parti des ducs
semblent ne plus former désormais qu'une seule société
société du bon ton, de la fortune, mais aussi du pouvoir
Elle monopolise les ministères et les Peyrenc et les Bourgeois siègent auprès des Ségur et des Castries. Sénac de

---

1. Pour une approche rapide, voir Guy CHAUSSINAND-NOGARET
Gens de finance au XVIIIᵉ *siècle*, 1972. Pour pénétrer plus intimement
dans le monde des financiers on se reportera à trois ouvrages
H. LUTHY : *La banque protestante en France*, réédition, 1972
G. CHAUSSINAND-NOGARET : *Les financiers du Languedoc*, 1970
Y. DURAND : *Les fermiers généraux*, 1971.

Meilhan a fort bien senti en son temps l'importance de cet amalgame :

> Des alliances multipliées existaient entre les famille des magistrats, de la finance et celles de la haute noblesse, et formaient des liaisons qui réunissaient ces diverses classes... Les enfants des financiers s'élevaient aux emplois de la magistrature, et parvenaient aux plus grandes places et souvent au ministère. Les richesses des financiers devenaient la ressource des grandes familles obérées, et les alliances s'étaient multipliées entre les races les plus illustres et les financiers opulents [1].

Le noyautage de la cour par les financiers est le résultat d'une stratégie matrimoniale qui échange millions contre titres. Les filles et petites filles du receveur général Crozat entrent dans les familles d'Evreux, La Tour d'Auvergne, Montmorency, Broglie, Béthune, La Tour du Pin, Biron. Les enfants d'Ollivier de Sénozan, receveur du clergé, épousent des Montmorency, Lamoignon, Talleyrand. Les Paris s'allient aux Béthune, aux Pérusses des Cars, aux Fitz James. Michel, de Nantes, marie ses sœurs au marquis de Marbeuf et au duc de Lévis. S'il est lui-même trésorier général de l'artillerie, son frère reste négociant. La fille du receveur général Fillon de Villemur épouse le comte d'Houdetot, celle d'Abraham Mouchard Claude de Beauharnais. L'ascension de Mme de Pompadour met en selle les fermes générales où elle compte un mari et un cousin germain, Jean Baptiste d'Arnay. Une fille de Jean Joseph Laborde, fermier général et banquier de la cour, devient comtesse de Noailles, une autre duchesse des Cars. On pourrait multiplier les exemples, mais la cause est entendue. Le trait d'union que la finance établit entre deux mondes, dont on s'obstine trop souvent à ne pas reconnaître la profonde unité, est évident. Voyez le cas des Michel : un négociant nantais devient le beau-frère du duc de Lévis ; rapprochement éloquent ! Les fils de ces financiers entrent, non plus par beaux-frères interposés,

---

1. Sénac de Meilhan : *Le gouvernement, les mœurs et les conditions en France avant la Révolution*, 1862.

mais de plain pied, dans la grande noblesse. On les trouve aux premières charges de l'armée et des Parlements. Les fils de Crozat sont le président de Thugny et le baron de Thiers lieutenant général des armées du roi, grade réservé à la noblesse de cour. Les fils de Dupleix de Bacquencourt sont intendant et colonel de cavalerie. On les trouve souvent à la tête des ministères. Le marquis de Moras, ministre de la Marine et contrôleur général, est le fils de ce Peyrenc, de médiocre réputation, enrichi dans le système de Law. Tavernier de Boullongne, aussi contrôleur général, est le fils d'un fermier général anobli par une charge de Secrétaire du roi. Flesselles, petit-fils de négociant, est le fils d'un intéressé aux affaires du roi qui tient sa noblesse d'une *savonnette à vilain*. Bourgeois de Boynes, ministre d'Etat, est le fils d'un caissier de la banque de Law enrichi comme Peyrenc dans les spéculations du Système. Le plus souvent, les financiers exerçaient leur pouvoir par personnes interposées, mettant en avant leur noble parentèle, refusant souvent les postes les plus en vue pour mieux agir dans la coulisse, comme le montre le rôle politique des frères Paris sous Louis XV[1], celui de Laborde et des Marquet sous Louis XVI. Au lendemain de la guerre américaine et de la paix avec l'Angleterre, Joly de Fleury, un parlementaire, ayant été nommé au contrôle général, on lui donna Marquet de Bourgade pour tuteur, et on créa un comité des finances, qui eut la haute main sur tous les ministères et où siégèrent Miromesnil, gardes des Sceaux, Vergennes, ministre des Affaires étrangères et Fleury c'est-à-dire Bourgade et Micault d'Harvelay, tous en excellents termes avec leur parent Calonne. Ils avaient ainsi en sous-main le contrôle des finances de tous les ministères, et leur puissance souterraine s'accrut encore lorsqu'ils parvinrent à faire nommer le neveu de Bourgade, Calonne, au contrôle général.

C'est en effet au niveau du pouvoir que s'éclaire le mieux la collusion de la finance et de la haute noblesse. C'est là que se forment les partis unissant les uns et les autres selon les ambitions et les humeurs, là que les deux mondes déjà si proches se fondent dans une mainmise commune sur l'Etat.

---

1. Voir G. Chaussinand-Nogaret : *Gens de finance au XVIII° siècle*, 1972.

Et c'est bien la leçon de cette profonde révolution, que la Révolution devait ratifier : l'élite du tiers et l'élite de la noblesse balayant les divisions que les ordres opposaient à leur fusion, unissant leurs forces et leurs ambitions tendues vers un même but : le monopole du pouvoir.

CHAPITRE VI

RITES ET STRATÉGIES : LES ALLIANCES

Le baron d'Andlau entreprend de faire sa cour à la future Mme de Genlis. Courtois, et même galant, il fait précéder sa visite d'un hommage respectueux et d'un petit cadeau : sa généalogie. M. de La Bédoyère épouse Agathe Sticoti, une chanteuse. Sa famille lui fait un procès. Mlle de Comminges refuse d'épouser le comte d'Effiat : son nom patronymique — il s'appelle Coiffier — prête à rire. Sa sœur ne veut pas davantage entendre parler du marquis de Porcelet : les armes de cette ancienne famille représentent trois sangliers... ils font penser à des cochons. La marquise de l'Hospital refuse le comte de Choiseul, pourtant l'aîné de sa maison. Elle a, il est vrai, une solide raison : les armes du comte sont sur champ d'azur comme les siennes ; du rouge serait tellement plus seyant ! Le maréchal de Richelieu, inquiet de l'opinion qu'on pourrait avoir de l'ancienneté de sa noblesse épouse Mlle de Guise. Il est amoureux de ses croix de Lorraine et de ses alérions d'or.

Sensibilité aux armoiries, chasse aux ventres qui anoblissent (mésalliances prodigieuses. Au-delà de l'anecdote, des politiques matrimoniales se dessinent. Elles ne sont pas toutes excentriques. Celles-là sont même, en fin de compte, l'exception. Dans une société largement clanique, le mariage n'intéresse pas moins les deux individus qui s'unissent que les familles auxquelles ils appartiennent. Un mariage se conclue comme une alliance entre deux royaumes. La sympathie et l'amour peuvent céder le pas à des impératifs sociaux et économiques. Deux *gens* unissent leurs noms, leurs dignités, leur crédit, leurs fortunes. Tout entre en compte dans ces associations, depuis la beauté du blason jusqu'à la position dans le monde, mais l'agrément, le sentiment n'en sont pas absents. Ce sont même des conditions qui ont tendance, sinon à prendre le pas sur les autres, du moins à devenir de plus en plus prioritaires à partir du moment où, l'individualisme se développant, le bonheur dans la vie conjugale tend à l'emporter sur toute autre considération. Mais ce bonheur n'est pas exclusivement, et même pas essentiellement, lié à l'amour. L'idéal, c'est le juste milieu entre le mariage raisonnable et le mariage d'agrément.

Les prétendants à la main d'une jeune fille tiennent grand compte de ses biens et de ses espérances, de la situation de sa parentèle, du passé mais aussi de l'avenir de sa famille. Lucy Dillon, nièce de l'archevêque de Narbonne, un des plus riches prélats de France, dont elle pouvait beaucoup espérer, passait aussi pour l'héritière de sa grand-mère.

> Tous ceux qui voulaient m'épouser étaient séduits par ces belles apparences. La place de dame du palais de la Reine, je devais l'occuper, on le savait, en me mariant. Cela pesait alors d'un grand poids dans la balance des unions du grand monde. « Etre à la cour » résonnait comme une parole magique. Ma mère l'avait été parce que la reine l'aimait personnellement, parce qu'elle était petite fille d'un pair d'Angleterre et belle-fille d'un autre. Enfin parce que mon père, militaire distingué, comptait parmi le très petit nombre de ceux qui pouvaient devenir maréchaux de France [1].

Une fortune escomptée, des antécédents illustres, un père destiné à une brillante carrière, une charge à la cour voilà qui fait de Lucy Dillon un des plus beaux partis du royaume. Les candidats se pressent. Mais la demoiselle peut se montrer difficile, choisir, écarter les prétendants qui lu

---

1. Marquise de la Tour du Pin : *Mémoires d'une femme de 50 ans.*

déplaisent ou qu'elle juge mal assorties. Elle évince ainsi le **vicomte de Fleury** « sans esprit ni distinction » et d'ailleurs de la branche cadette d'une maison sans grand renom ; puis **Espérance de l'Aigle** : « Je ne le trouvais pas d'un nom assez illustre. » Le candidat qui suivit, **Frédéric de La Tour du Pin**, était fils d'un gouverneur de Provence promis au maréchalat. Il est cousin de l'archevêque d'Auch, soutenu par la princesse de Hénin, patronné par la reine. Une véritable cabale se constitue pour circonvenir Mme de Rothe, grand-mère de Lucy, et monseigneur Dillon son oncle. Séduite par les avantages de cette alliance prometteuse, Lucy accepte sur le champ. Alors commence la grave liturgie qui doit conduire au mariage. Les deux jeunes gens en effet ne se sont jamais vus. La première rencontre est régie par l'usage. Ecoutons Mme de Créquy, une Froulay, qui doit rencontrer pour la première fois celui qu'on lui destine.

— Ma nièce, vous avez un prétendant que vous ne connaissez pas, et qui ne vous a jamais vue. Votre grand-mère a pensé que vous pourriez vous rencontrer sans que vous en soyez embarrassée, dans un parloir de l'abbaye de Penthemont. C'est un jeune homme de grande naissance, il est devenu le chef de sa famille, et d'ailleurs vous n'aurez qu'à ouvrir l'histoire des grands officiers de la couronne pour y voir ce que sont messieurs de Créquy.

— Oh ! ma tante, je connais très bien cette généalogie là ; c'est un nom qui résonne comme le bruit d'un clairon. C'est une famille éclatante et c'est, je crois, la seule d'Europe qui se trouve mentionnée dans un capitulaire de Charlemagne. Ils ont produit des cardinaux et des maréchaux, ils ont eu des ducs de Créquy, de Lesdiguières et Champsaurs, des princes de Mont-laur et de Poix. Mais comment se fait-il que celui-ci ne soit pas duc ?

— C'est apparemment qu'il ne s'en soucie guère. Depuis les dernières créations, il est convenu que les titres ne signifient plus rien. Il n'y a que le nom qui puisse marquer la noblesse. Ils sont cousins du roi.

Ma toute belle mettez donc pour demain matin votre nouvel habit de dauphine à bouquets et soyez ajustée pour onze heures précises. Je voudrais que vous missiez

des pompons dans vos cheveux. Nous irons visiter
mesdames de Penthemont à qui j'ai promis de vous
mener.

La marquise douairière était toujours d'avis de s'en
tenir aux anciennes coutumes. Sa première entrevue
pour son mariage avec mon grand-père avait eu lieu
à travers la grille d'un parloir à Bellechasse. Il était
bienséant, il était indispensable à ses yeux, d'en agir
avec M. de Créquy comme si je n'étais pas encore sortie
du couvent.

Nous voilà donc à Penthemont dans l'intérieur de la
clôture et nous commençons par aller faire des visites
à Mme l'Abbesse, à la coadjutrice, à la prieure. La
prieure était Mme de Créquy-Lesdiguières. Il avait été
convenu que son cousin la ferait appeler au parloir et
qu'on aurait soin de nous y faire demander en même
temps par la duchesse de Valentinois qui logeait en
face de l'abbaye.

Nous y trouvâmes le marquis de Créquy, lequel était
en conférence avec sa religieuse à l'autre bout de la
grille et lequel se contenta de nous saluer profondément. Il regarda plusieurs fois de notre côté d'un air
très noble mais ce fut avec une si parfaite mesure que
Mlle de Preuilly ne se douta de rien. Je n'avais eu qu'à
jeter un coup d'œil sur lui pour que ma décision fut
prise.

Certes voilà un cérémonial un peu désuet que les grands-
mères imposent encore au XVIIIᵉ siècle pour la satisfaction
ironique de leurs petites-filles. En général les choses se
passent moins sévèrement que derrière les grilles d'un
cloître, mais restent soumises à un protocole strict.

Lorsque les jeunes gens se sont vus et agréés ; après que
les deux familles ont donné leur accord — et c'est souvent
après de longs pourparlers diplomatiques où l'on emploie
des intermédiaires, parents et amis — intervient le mariage
dont la célébration se décompose en trois temps : signature
des articles, signature du contrat, bénédiction.

La demande officielle peut être faite soit par le père,
soit par un proche parent. Dès qu'elle est agréée, les familles
se réunissent en présence d'un notaire pour la signature des
articles, acte préparatoire auquel n'assistent pas les futurs

époux. Ce n'est qu'après cette lecture que la demoiselle est introduite et voit son fiancé. Désormais le futur mari peut venir librement visiter la jeune fille mais il est d'usage qu'il ne dorme pas sous le même toit qu'elle. La signature du contrat, qui peut intervenir plus ou moins rapidement, se fait en grande solennité.

Pour les mieux en cour elle se décompose en deux temps. A Versailles d'abord, le roi, la reine, la famille royale et les courtisans apposent leur signature sur le contrat. Le lendemain ou quelques jours plus tard il est signé à nouveau par les familles des fiancés, leurs amis et leurs témoins. C'est souvent une fête assez magnifique, les toilettes sont superbes, la fiancée est en rose ou en bleu, le blanc étant réservé pour la bénédiction. Et le grand jour arrivait enfin. Il avait été précédé de visites au cours desquelles les proches avaient apporté des cadeaux. Lucy Dillon a été choyée. M. de Gouvernet lui a offert une corbeille contenant des bijoux, des rubans, des plumes, des gants, des blondes, plusieurs chapeaux et bonnets habillés, des mantelets de gaze. La princesse de Hénin a apporté une table à thé garnie d'un service de Sèvres avec théière et sucrier de vermeil. On lui offrit encore un nécessaire de voyage, une paire de boucles d'oreilles, une table jardinière garnie des plantes les plus rares, une petite bibliothèque et de belles gravures anglaises joliment encadrées. Le jour du mariage, célébré à Montfermeil, on se réunit à midi au salon. Tous les invités sont là, les ministres, l'archevêque de Paris et celui de Toulouse et des évêques du Languedoc que Mgr Dillon a conviés. En tout cinquante à soixante personnes et le maréchal de Ségur ministre de la Guerre qui accorde pour la circonstance un mois de congé au jeune Gouvernet. On se rend alors à la chapelle : bénédiction donnée par l'oncle Dillon, suivie d'un fort joli discours. La cérémonie terminée, la fiancée est embrassée par toutes les femmes présentes par ordre d'âge et de parenté. Avant le dîner il faut encore se soumettre à une petite formalité. L'usage voulait que l'on distribuât aux invités de petits souvenirs, usage d'ailleurs fort dispendieux : nœuds d'épée et dragonnes pour les hommes, cordons de chapeau pour les prélats, et pour les dames des éventails. On peut alors se rendre à la salle à manger. La mariée a gardé sa robe de crêpe blanc ornée d'une belle garniture de points de Bruxelles et de barbes pendantes, mais a troqué son bonnet pour une petite toque rehaussée de plumes blanches sur laquelle elle a accroché son bouquet de fleurs d'oranger. Le dîner a lieu à quatre heures. Lucy fait ensuite le tour des tables dressées dans la cour pour les gens de livrée et les paysans qui boivent joyeusement à sa santé. Un joli concert termine la journée. Pourtant il reste à la jeune femme à accomplir une dernière formalité : la présentation à la cour qui intervient dans les jours qui suivent le mariage. Leçons de révérence, essayage de l'habit de cour occupent quelques jours. Enfin, présentée, Lucy Dillon, désormais officiellement Mme de Gouvernet, commence véritablement sa vie de femme mariée.

Ce cérémonial, quasiment immuable, est à peu près universel. Toute la noblesse de cour s'y soumet, et la présentation en moins, il est valable pour tous. La préparation d'un mariage est pour tout le monde une affaire importante. Elle l'est pour le paysan, pour le bourgeois, mais plus encore pour le noble. Cela tient en partie à son statut, à l'importance du lignage dans la conception de la famille, mais tout autant aux intérêts que l'alliance met en cause. Le mariage, répétons-le, est moins l'affaire des individus que celle des clans. Il met en commun les biens, l'influence, le pouvoir de deux lignées. Il intervient le plus souvent comme élément de base dans une stratégie séculaire de consolidation ou de montée sociale. Les politiques matrimoniales répondent à des besoins et donnent lieu à des stratégies différentielles. La première, appelons la, stratégie d'équivalence. Les familles qui s'assortissent apportent le même capital d'ancienneté et de valeur, de positions et de biens. Ainsi le jeune couple bénéficie d'une double mise et les familles alliées s'épaulent l'une l'autre, chacune apportant à l'autre un même potentiel de crédit. De ce type d'alliance, un exemple. Le mariage du prince d'Elbeuf et de Mlle de Montmorency. Les deux partis s'équilibrent en honneur, en fonctions, en richesse. Le prince d'Elbeuf est fils de Louis-Charles de Lorraine comte de Brionne, pair et grand écuyer de France. Il est entouré du cardinal de Rohan son grand oncle, du prince de Rohan et du prince de Rohan-Rochefort, ses oncles, de la princesse de Ligne et du prince de Maison ses cousins. Sa fiancée lui apporte des alliances non moins brillantes : outre la glorieuse *gens* Montmorency, les Guines, les Broglie, les Boufflers, les Robecq. A l'égalité des charges et dignités correspond l'égalité des apports matériels. Le prince d'Elbeuf reçoit un capital de 55 000 livres et 66 000 livres de rentes annuelles. Mlle de Montmorency est dotée d'un trousseau de 70 000 livres, d'un capital de 50 000 florins et de 15 000 florins de rente viagère. En plus le baron de Wassenaer lui fait don d'un million de livres exigibles à son décès [1].

Dans la robe, l'alliance Lamoignon-Feydeau répond aux mêmes exigences de parité. Marie-Gabrielle de Lamoignon, fille d'un président du Parlement et petite fille du garde des Sceaux Berryer, épouse le 8 décembre 1778 Charles-Henri Feydeau de Brou maître des requêtes et intendant de Berry. Il est allié aux Mesmes, aux Boullongne et aux Saulx-Tavannes. Du côté Lamoignon, même parenté dans le monde parlementaire et ministériel : Bernard, Castanier d'Auriac, Malesherbes. Charles-Henri apporte, outre la succession de son père indivise entre lui et ses sœurs Mmes de Maupeou et de Saulx-Tavannes, sa charge de maître des requêtes. Son oncle de Marville lui offre le marquisat de Dampierre d'une valeur de 360 000 livres, le comté de Gien évalué à 140 000 livres, une maison à Paris valant 100 000 livres, 2 000 livres de rente et des droits et créances pour une valeur de 30 000 livres. Mlle de Lamoignon reçoit 200 000 livres en avancement d'hoirie et 200 000 autres exigibles au décès du dernier survivant de ses parents [2].

Ce type d'alliance, fort répandu, correspond donc au souci d'assortir les dignités, les emplois et les biens, et de ne pas sortir de la sphère relativement étroite où les familles offrent une similitude de traits qui se renforcent en s'unissant. Mariage de bienséance, il est un facteur de stabilité, ou mieux d'immobilisme social.

Certaines familles choisissent une stratégie dynamique, stratégie de compensation ascendante destinée à gommer un handicap originel. Prenons le cas du maréchal de Richelieu. En dépit de la gloire de son nom, de sa propre valeur, de ses grands emplois, il ne peut cacher qu'il n'est qu'un

Vignerot, descendant certes du grand cardinal mais par les femmes seulement. Aussi a-t-il désiré anoblir son blason en épousant Mlle de Guise. Mais cette merveilleuse alliance reste encore insuffisante et la plus grande prudence est nécessaire dans l'établissement des enfants. Sa fille voulait épouser le comte de Gisors, fils du maréchal de Bellile et le plus beau et le plus brave seigneur de son temps. « Grand merci, dit le maréchal, je n'ai pas envie de donner ma fille au petit-fils du surintendant Fouquet. Je ne dis pas si j'étais de la maison d'Auvergne ou de Créquy ! Mais nous sommes trop sottement chicanés sur la noblesse pour nous allier à des gens de robe. » Et Septimanie de Richelieu dut épouser le plus grand seigneur des Pays-Bas, Casimir d'Egmont-Pignatelli [1].

Mais quelle erreur ce serait de penser que robe et épée constituent deux ordres séparés. Les mariages le montrent bien. Les deux corps sont si étroitement unis que rien ne permet, sinon un vieux réflexe tout à fait surrané au XVIIIᵉ siècle, d'opposer la robe et l'épée comme deux mondes distincts. On pourrait citer des dizaines d'exemples d'alliances mixtes. Il suffira d'un contrat pour montrer l'extrême confusion qui s'est établie entre deux noblesses qui s'interpénètrent complètement [2]. Charles duc de Clermont-Tonnerre, d'illustre famille dont la noblesse est une des plus assurées du royaume, épouse le 4 juin 1741 Marie-Anne Le Tonnelier de Breteuil, d'une fort honorable famille, mais de robe. Elle est la fille de François-Victor ministre et secrétaire d'Etat à la Guerre. Parmi ses proches, les d'Argenson, une des plus vieilles familles de robe du royaume, les Lefèvre de Caumartin et d'Ormesson, Machault d'Arnouville, tous dans les premières places de la robe. Le duc de Clermont-Tonnerre compte dans sa parenté les Potier de Novion, les Montmorency, les Courtivron, les Béthune. Mieux encore : Potier de Novion qui est de la même famille que les ducs de Gesvres est simple conseiller au Parlement, et M. de Nicolaÿ premier président à la Chambre des Comptes est le neveu d'un maréchal de France. Ainsi la grande robe copine avec les premiers barons de France. Au niveau le plus élevé, la noblesse est une.

---

1. Marquise de CRÉQUY : *Mémoires.*
2. A.N. Y 61 fo 359 vo et sq.

Mais après tout ne s'agit-il pas d'un même monde : si l'origine est différente l'ancienneté est grande souvent dans les deux cas et l'illustration de la robe égale à celle de l'épée. L'anomalie, par rapport au modèle, commence avec l'intégration de la *savonnette à vilain*.

Un nouveau type d'alliance se vulgarise en effet au XVIIIe siècle entre bourgeoisie ploutocratique et haute noblesse. Certes il s'agit bien, là encore, d'un mariage intra-nobiliaire. Avant d'y prétendre le riche bourgeois a généralement fait l'acquisition d'une charge anoblissante. Mais si le statut des deux conjoints est bien égal, il n'y a pas pourtant équivalence, mais complémentarité. C'est l'alliance de deux valeurs : un lignage et une fortune. Il est caractéristique que ce type d'alliance ne corresponde pas nécessairement à un impératif économique. Certes il est fréquent encore, comme au temps de Mme de Sévigné, qu'une race antique songe à « fumer ses terres ». L'attitude du marquis de Créquy marque bien la réticence de certaines familles à des alliances mal assorties. Mlle de Froulay devait d'avoir épousé le marquis de Créquy à un hasard qui en avait fait une riche héritière. Toutes les terres de Créquy étaient accablées d'hypothèques et le mariage n'aurait pas eu lieu sans la succession qui échut brusquement à celle qu'il désirait épouser. « M. de Créquy aurait été obligé de s'allier à quelque famille de finance, ce qui n'était jamais arrivé dans [sa] maison, et ce qui l'aurait tellement contrarié qu'il aurait bien pu ne s'y décider jamais et ne pas se marier du tout. » Les Créquy font partie de ce petit noyau d'une vingtaine de familles dont l'origine est la plus antique du royaume. Ils sont restés, les *Mémoires* de Mme de Créquy sont à cet égard d'une grande éloquence, étrangers aux courants du siècle, réfractaires à tout modernisme, étonnés de toutes les transformations dont ils sont les témoins ahuris. Des races aussi nobles — les Montmorency par exemple — ont eu un comportement matrimonial tout différent.

Prendre à la lettre le mot ironique de Mme de Sévigné ? Les nobles familles ne s'uniraient aux filles et fils de marchands et de financiers que sous la contrainte économique ? Voire ! C'est faire peu de cas de la véritable position des gens d'affaires dans la société qui lui en reconnaissait une

de premier plan, et de la personnalité de ces familles de
finance que le style de vie, la culture, le raffinement désignaient plus comme modèle que comme vivier miraculeux
d'une bonne société dont elles étaient devenus les phares
et qu'on s'empressait à l'envi de copier. Une fille de finance,
une grosse dot ? Un pactole inépuisable qui allait permettre
de racheter les hypothèques ou de constituer de magnifiques
établissements ? Eh oui, bien sûr ! Mais c'est aussi une
femme aimable, spirituelle, que l'éducation la plus soignée
a préparé au monde et à la cour. Car elle a été élevée dans
ce dessein. Même Mme de Sévigné et Saint-Simon, esprits
chagrins et soupçonneux, ne tarissent pas d'éloges sur le
mariage du maréchal de Lorges avec la fille de Frémont qui
n'était pas encore garde du Trésor mais déjà le plus riche
particulier de France. « Le maréchal de Lorges n'est-il point
trop heureux ? Les dignités, les grands biens et une fort
jolie femme ! On l'a élevée comme devant être un jour une
grande dame [1]. »

   C'est une sorte de prédestination. L'alliance des dignités
et de la richesse était si naturelle qu'on y destinait les
enfants dès leur plus jeune âge. Les financiers faisaient de
leurs filles des duchesses accomplies. Considérés encore
sous Louis XIV comme des mariages inégaux, ils deviennent
au XVIIIe siècle des mariages à la mode. On assortit non
pas deux noms, mais une fortune et un nom, c'est-à-dire
deux valeurs complémentaires également prisées. Car la
dignité d'une maison se fonde aussi sur la richesse. Un
financier n'est pas seulement un sac d'écus. Les intellectuels,
Diderot et Voltaire en tête, ont trop souvent assimilé leur
cause à la lutte contre la ploutocratie, pour qu'il n'en soit
pas resté quelque chose. Mais le financier c'est aussi un
homme qui compte dans l'Etat. Les responsabilités qu'il
assume, pour son plus grand profit, en font un serviteur du
Roi et lui confèrent dignité et pouvoir. Ses fils font carrière
dans la robe et l'épée. Il est un personnage à la ville, fréquente le meilleur monde, tient souvent salon où la cour se
presse. Loin de n'être qu'une bouée de sauvetage pour des
nobles désargentés, il est un parti honorable et même brillant. Il n'a souvent que l'embarras du choix. Il n'est guère de

_____

1. Lettre à Madame de Grignan, 8 avril 1676.

familles de grande noblesse qui n'aient subi l'attraction des financiers : l'intégration des deux mondes est totale et irréversible. Au XVIIIe siècle, seul un provincial ridicule oserait parler de mésalliance quand un Grimod épouse Mlle de Jarente ou que la fille de Baudard devient comtesse de Puységur. Il s'agit de mariages modernes qui font honneur à tout le monde. On ne se sent plus honteux de ces alliances dans le vent dont on essayait autrefois de s'absoudre par des mots d'esprit et une attitude méprisante à l'égard de ceux dont on affectait de ne vouloir que l'argent. D'ailleurs les demoiselles de finance n'occupent-elles pas fort dignement les tabourets ? La duchesse de Chaulnes est fille de Bonnier, la duchesse de Choiseul petite fille de Crozat, la duchesse d'Aumont fille de Mazade. Les imbrications entre la noblesse la plus huppée et la finance sont si profondes, si inextricables, qu'à la limite on ne sait plus, lorsque deux familles s'unissent, laquelle est la mieux alliée. Voyez Henriette Mazade. Lorsqu'elle épouse le 10 septembre 1771 Louis Alexandre d'Aumont duc de Villequier, qu'apporte-t-elle à son mari ? La coquette dot d'un million, soit. Mais aussi des alliances dont la dignité ne le cède en rien à sa propre généalogie. Certes, son père, trésorier de la Bourse des Etats de Languedoc est encore aux marges de la noblesse dont l'entrée vient de lui être ouverte par une charge de Secrétaire du roi. Mais qui sont ses frères, ses beaux-frères, ses cousins ? La marquise de Foucault, la marquise de La Ferrière dont le mari est lieutenant général des Armées du roi, le comte de Pons Saint-Maurice premier gentilhomme du duc d'Orléans, la vicomtesse de Rochechouart, la comtesse de Lévis, le marquis et la marquise de Chauvelin et le fermier général Grimod de La Reynière qui a lui-même épousé Suzanne de Jarente[1].

---

1. A.N. Y 61 fo 413 vo et sq.

La plupart des grandes familles de finance offrent le même profil. Les Crozat tiennent à toute la cour :

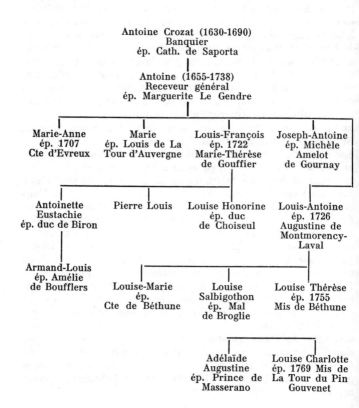

Les Ollivier, marchands de Poussan à la fin du XVIIe siècle pénètrent au XVIIIe siècle dans les familles de Groslie-Viriville, La Tour du Pin, Vienne, Talleyrand-Périgord, Lamoignon, d'Yvetot, Vioménil. On pourrait en citer sans peine des dizaines d'autres. Il est à peine exagéré de dire que, sans la finance, la haute noblesse n'aurait pu se soutenir. Sénac de Meilhan en a été frappé : « Les richesses des financiers devenaient la ressource des grandes familles obérées, et les alliances s'étaient multipliées entre les races les plus illustres et les financiers opulents. »

Le mariage était ainsi pour la haute noblesse une occasion de contrôler le fisc. Déjà en possession des hauts grades dans l'Armée, des évêchés dans l'Eglise, des charges de la cour, elle ajoutait la finance aux secteurs où s'exerçait déjà son monopole. Elle récupérait les gains des receveurs et fermiers généraux sous la forme de dots qui viennent régulièrement redorer des familles qui ne se soutiennent que grâce à ces apports renouvelés d'argent frais. Déjà alliés aux Crozat, les Choiseul se font renflouer encore une fois de cette façon par les Paris. Alliés aux Crozat encore, les Montmorency courent aussi après les dots des Ollivier de Sénozan et des Tavernier de Boullongne. Leur politique constante a été de récupérer la finance pour ajouter ses bénéfices à ceux dont elle jouissait déjà.

Ainsi ce qui constitue la sphère supérieure de la noblesse se lit moins en termes d'ancienneté et de généalogie qu'en termes de pouvoirs : cour et armée, magistrature supérieure et haut clergé, fisc royal. Les revenus et les pouvoirs attachés à ces secteurs dominants de l'Etat absolutiste sont, par la grâce des alliances, entièrement entre les mains d'une poignée de familles, les seules qui soient vraiment liées par intérêt au maintien du système. Ce sont elles aussi qui constitueront en majorité le noyau de crispation en 1789 et qui entretiendront Louis XVI dans sa volonté de résistance.

Dans la noblesse provinciale, les attitudes ne sont pas sensiblement différentes. La tendance à l'endogamie nobiliaire est compensée par le besoin de rétablir des fortunes compromises, par l'étroitesse du choix et par l'importance sociale d'une élite bourgeoise qui tient souvent dans les villes le haut du pavé. Le mariage intranobiliaire reste cependant la norme que l'on ne tourne qu'avec précaution. Avant de marier ses enfants dans la noblesse le bourgeois prend généralement la peine de s'anoblir. D'Artaguiette a acquis une charge de Secrétaire du Roi et n'a donné sa fille à Péruse d'Escars qu'après ce préalable sinon nécessaire du moins recommandé à qui veut faire bonne figure, et Pierre Poivre a reçu des lettres d'anoblissement avant que Bureaux de Pusy n'épouse sa fille Julienne. Dans le Lyonnais, la bourgeoisie anoblie offre les plus beaux partis et la vieille noblesse n'hésite pas à s'allier aux échevins et Secrétaires du roi. Le cas typique est fourni par les Mont d'Or, issus d'un chevalier croisé en 1166 : Joseph épouse en 1749 l'héritière d'une famille bourgeoise de Lyon, Catherine Burtin, et leur fils, Eléonore du Villars fille d'un Secrétaire du Roi. Le normand Bailleul, riche bourgeois anobli par lettres, marie toutes ses filles dans la noblesse. Ses gendres sont le baron de Wimpfen, le marquis de Saffray, le comte d'Albignac. Certains pourtant n'hésitent pas à sortir de l'ordre. Le marquis de Rostaing épouse la fille d'un marchand épicier dont le frère, il est vrai, fait ses premiers pas dans la noblesse avec une charge de Secrétaire du Roi. En Provence, M. Agulhon a rencontré de nombreux exemples de mésalliances chez les Castellane-Mazaugues, les Villeneuve-Bargemont, alliés à des familles parfaitement bourgeoises. L'angevin Leclerc de Juigné a lui aussi sauté le pas[1]. Les statistiques sont pour l'instant impossibles. Un fort pourcentage continue sans doute à pratiquer le mariage intranobiliaire. Mais il est important que de nombreuses entorses à la règle se soient produites. Et c'est en fait un phénomène qui ne paraît aberrant que par l'idée trop rigide que l'on se fait de la société d'Ancien Régime. Riche bourgeoise et noblesse vivent en connivence dans les villes provinciales. De l'une à l'autre, pas de fossé, et les alliances renforcent l'unité du milieu. Il va de soi que plus on descendait dans l'échelle des positions et des revenus, plus le mariage intranobiliaire s'avérait difficile ; mais l'alliance bourgeoisie n'était pas acquise non plus. Certes beaucoup de bourgeois en veine de généalogie acceptaient de marier leurs filles à des nobles désargentés. Le cas n'est pourtant sans doute pas très fréquents. Pour deux raisons complémentaires : le petit hobereau est souvent trop attaché à ses parchemins, son seul bien ; quant au bourgeois des villes il a pour ses enfants de plus hautes ambitions. C'est à la campagne surtout que petite bourgeoisie rurale et nobliaux de petites ressources s'unissent le plus fréquemment. Ces alliances permettent d'arrondir un revenu insuffisant et contribuent parfois à éviter à une famille une totale décadence. Pas toujours cependant. Antoine Tartas de Romainville, gentilhomme

---

1. *La vie rurale en Provence intérieure au lendemain de la Révolution*, 1970.

angevin dont le nom risque de s'éteindre dans la gêne, épouse la fille d'un petit laboureur qui lui apporte quelques biens : il n'évitera pas cependant de laisser ses enfants complètement démunis [1].

Une étude sérieuse des comportements matrimoniaux de la noblesse sous l'Ancien Régime serait nécessaire pour sortir de l'impressionnisme auquel nous sommes aujourd'hui réduits. Malgré tout on peut dès à présent admettre quelques conclusions, valables au moins pour la haute noblesse.

D'une part, et c'est sans doute le plus important, la noblesse a adopté des stratégies matrimoniales fondées à la fois sur la défense et sur l'ouverture. Elle a multiplié les alliances à l'intérieur de sphères étroites pour éviter l'éparpillement des charges, honneurs et héritages. Mais en même temps elle a intégré la source de profits la plus importante qu'avait créée la monarchie absolutiste : le fisc, et les charges qui en dépendent plus ou moins, la banque et le commerce dans certaines de leurs activités officielles. Qu'elle ait intégré les Crozat, les Peyrenc, les Paris, les Baudard et tant d'autres, à la fois comptables royaux, spéculateurs et bourgeois d'affaires, au moment où avec la fiscalité se développait l'économie capitaliste, montre bien le désir et la nécessité d'annexer à ses larges sources de profits un secteur dynamique qu'elle avait dès longtemps investi [2] mais qu'elle a réussi au XVIIIe siècle à dominer entièrement.

D'autre part, étrangère depuis longtemps — en fait depuis les commencements de la monarchie absolutiste, soit en gros le XVIe siècle — au système pyramidal de la société vassalique, elle a échappé aux mécanismes qui la fondaient et a dû entrer dans la société des compétitions que la monarchie a organisées pour refouler les pouvoirs féodaux et assurer sa propre autorité. De même qu'elle a dû admettre l'entrée dans le second ordre des serviteurs de l'absolutisme au point qu'il finit par se confondre avec eux, elle s'est ouverte, à mesure que montaient le capitalisme fiscal et le

---

1. H. du MAS : « Cadets de province au XVIIIe siècle », in *Mémoires de la Société d'agriculture d'Angers*, 1902, p. 121-165.
2. Cf. D. DESSERT : « Finances et société au XVIIe siècle », in *Annales E.S.C.*, juillet-août 1974.

capitalisme marchand, à ces nouvelles puissances dont la récupération lui assurait la survie tout en accélérant sa transformation.

Cette intégration s'est faite très largement au rythme des stratégies matrimoniales qui ont complété ce que la monarchie avait initié. Après la disparition de la société vassalique, l'Etat avait créé de toutes pièces un ordre de fidèles qui se substituèrent progressivement aux débris de l'ancienne noblesse. Par le biais des réformes et des exclusions, elle élimina ceux dont la fidélité incertaine ne pouvait être rigoureusement contrôlée. Par les créations multipliées d'emplois, elle fit entrer dans le second ordre une masse de serviteurs zélés, recrutés dans la bourgeoisie opulente seule capable de satisfaire les exigences financières d'un régime qui bradait les charges : lui devant tout, étrangers par leurs origines et leur recrutement à l'ancienne société féodale, ils devinrent les plus fermes soutiens de l'absolutisme. Ainsi se trouvèrent à la fois refoulée la féodalité et satisfaites les ambitions de l'élite du tiers.

Toutefois, le service de l'Etat n'était pas extensible à volonté. L'accumulation d'ambitions, au rythme de l'accumulation du capital et de la démocratisation de la culture, dans des couches élargies de la population, se heurtait à un *numerus clausus*. La saturation était atteinte sans que soient réalisées toutes les aspirations. La pression sociale voyait même se dresser contre elle des tentatives de réaction ou de monopole, heureusement compensées par le laxisme individuel des politiques matrimoniales. Mais l'évolution de la société, dans les dernières décennies de l'Ancien Régime, a accéléré la demande de promotion. L'importance acquise par l'argent, le snobisme de l'intellectualisme, le jeu mondain du frottement social ont substitué — au moment où la définition juridique des ordres était remise en question : l'édit de Ségur par exemple brisait l'unité nobiliaire en excluant les nobles récents du privilège militaire — toutes ces innovations ont donc substitué à la société des ordres une société de copinage où les identités se perdent dans le confusionisme social. Clopin-clopant, noblesse et bourgeoisie allaient à l'amalgame. Mais à des vitesses inégales. Là où la noblesse se contentait d'infiltrations, la bourgeoisie proposait un raz de marée. L'impatience des uns, la timidité des autres exigeaient un compromis. La monarchie n'avait pas qualité pour le faire aboutir. Il se fit contre elle. La Révolution, par la suite, pourra masquer pour un temps les résultats de l'alliance conclue entre les élites. Mais la société post-révolutionnaire en recueillera les fruits. Les notables impériaux en seront le premier avatar promis à une longue destinée.

CHAPITRE VII

LA NOBLESSE CONTRE L'ANCIEN RÉGIME

Les cahiers de doléances — testament de l'ancienne France — constituent le plus étendu, le plus minutieux, le plus vrai sondage d'opinion jamais réalisé dans la France d'Ancien Régime, et l'on peut ajouter que l'on ne dispose d'aucun corpus comparable pour aucune autre période de l'histoire de l'Hexagone.

Cette photographie de la conscience française est à plus d'un égard exemplaire. Elle recouvre la totalité du territoire, les villages les plus reculés des terres froides de l'Auvergne et des Pyrénées, aussi bien que les plaines fertiles et les régions urbanisées. Plus important encore, elle fournit l'opinion différentielle de la population : non pas un amalgame douteux où, tout emmêlé, les strates sociales confondues brouilleraient leur identité, mais l'image individualisée de chaque groupe fonctionnel correspondant à la traditionnelle division en ordres de la société. Si au niveau qui nous concerne ici, celui des bailliages, ce système présente l'inconvénient, pour le tiers état, de surestimer le poids de la bourgeoisie par rapport aux populations rurales, son avantage pour mon propos est évident : la noblesse a rédigé, seule, ses propres cahiers. Son image n'est donc ni gauchie ni médiatisée. Il est certes arrivé que le tiers état et la noblesse aient une conscience suffisamment nette de la conjonction, de l'identité de leurs revendications, pour rédiger leurs cahiers en commun. En fait, cette convergence aurait été

plus fréquente si tiers et noblesse avaient été les seuls parte-
naires. Les négociations échouèrent souvent du fait du
clergé. La noblesse, à plusieurs reprises refusa de se joindre
au tiers pour ne pas désobliger le clergé et donner l'impression, en se désolidarisant du premier ordre, de former une
coalition contre lui. Le rejet de la rédaction commune, tant
de la part du tiers que du second ordre, ne peut d'ailleurs
être interprété comme preuve d'une opposition, encore moins
d'une hostilité. La tradition plaidait en faveur de cahiers
non-communs. Le plus souvent les deux ordres se sont
communiqués leurs cahiers respectifs et chacun a fait à
l'autre les emprunts qu'il jugeait à propos.

Les cahiers de la noblesse — il y en eut un peu plus de
cent soixante, la Bretagne ayant refusé de rédiger les siens
comme d'ailleurs d'élire ses députés — représentent donc
bien la noblesse et ne représentent qu'elle. Mais ils la représentent tout entière. Tous les nobles, même les plus pauvres,
même ceux dont la noblesse était la plus récente ont pris
part aux assemblées. On vit dans certains bailliages arriver
des manants blasonnés, des gentilshommes vêtus en pauvres
paysans, et il fallut se cotiser pour les défrayer pendant
leur séjour. Ceux qui n'étaient pas « nés » furent également
accueillis : tout détenteur d'un office anoblissant ayant effectué son temps d'exercice réglementaire eut droit de séance
sans discrimination. On a parfois cru et dit que dans certains
bailliages seuls les nobles possédant fief avaient pris rang
dans l'assemblée. En fait, ils furent les seuls à bénéficier
d'un traitement de faveur, purement honorifique : ils furent
convoqués individuellement. Les autres le furent par voie
de publication et d'affiche et en conçurent du dépit. Certes
les possesseurs de fiefs furent sur-représentés. Ils obtinrent
le privilège d'être présents par procureurs fondés dans tous
les bailliages où ils tenaient fief. De grands propriétaires
purent ainsi apporter leur voix dans deux, trois, quatre
assemblées ou plus. Il est vrai que certaines assemblées,
peu soucieuses d'accroître l'influence des grands propriétaires, refusèrent de prendre en compte les procurations,
mais virent alors casser leurs décisions par le Conseil dont
les règlements se trouvaient bafoués.

Au sein des assemblées de la noblesse, la procédure fut

démocratique. Toutes les décisions furent prises à la majorité. Des personnages influents ont pu peser sur les délibérations. Mais les combinaisons ont surtout joué au niveau de l'élection des députés où les ambitions personnelles pouvaient aisément se faire jour. Pour la rédaction des cahiers on a élu des commissaires, généralement une dizaine, choisis surtout en raison de leur compétence, et chaque article a ensuite été discuté et approuvé en assemblée générale. Les cahiers ne sont donc pas l'expression d'une minorité, d'une élite dégagée du sein de la noblesse, mais bien celle du corps tout entier. Ce caractère explique bien des aspects des revendications nobiliaires, et par exemple l'intérêt souvent manifesté pour la noblesse indigente qui n'a été écartée ni des assemblées ni des décisions. Inversement, les choix ne sont pas seulement ceux des plus riches et des plus influents : toutes les strates dont se compose la noblesse et qui n'ont d'autres liens que leur commune appartenance au second ordre, ont eu leur mot à dire et ont pesé sur les résultats.

Les cahiers qu'il faut maintenant analyser forment bien l'enquête la plus fidèle, la plus sûre et la plus large de l'opinion nobiliaire. On peut y lire, à plusieurs niveaux, et d'abord la représentation que la noblesse se donnait de la société d'Ancien Régime, vision assise sur la connaissance qu'elle avait de sa réalité mais où l'imaginaire et les phantasmes ne sont pas absents ; et l'organisation du pouvoir, objet privilégié d'une critique singulièrement lucide et d'une remise en cause dont le radicalisme n'a pas été dépassé par les audaces du troisième ordre.

LE CHOIX DU SCRUTIN

Le doublement du tiers acquis et accepté par la noblesse, le tiers état ne pouvait tirer parti de cette concession que si le vote par tête prévalait sur le scrutin traditionnel où chaque ordre, quelles que fussent sa composition et son importance numérique, bénéficiait également d'une voix. Cette pratique comportait pour la noblesse des avantages évidents. D'abord elle respectait la tradition, l'antique « constitution » du royaume formé de trois ordres indépendants et hiérarchisés. Renoncer aux trois chambres, c'était remettre en cause non seulement cette constitution, qui en

L'ALTERNATIVE: VOTE PAR TETE OU VOTE PAR ORDRE

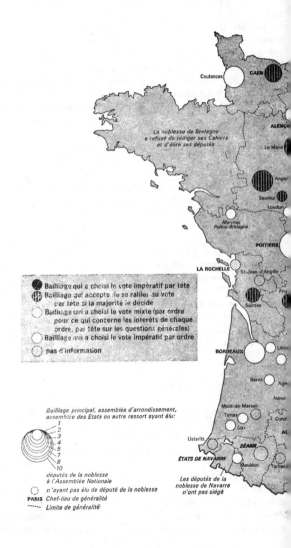

La noblesse de Bretagne a refusé de rédiger ses Cahiers et d'élire ses députés

Marches Poitou-Bretagne

● Bailliage qui a choisi le vote impératif par tête
◉ Bailliage qui accepte de se rallier au vote par tête si la majorité le décide
○ Bailliage qui a choisi le vote mixte (par ordre pour ce qui concerne les intérêts de chaque ordre, par tête sur les questions générales)
○ Bailliage qui a choisi le vote impératif par ordre
○ pas d'information

Bailliage principal, assemblée d'arrondissement, assemblée des Etats ou autre ressort ayant élu:
1
2
3
4
5
7
8
10
députés de la noblesse à l'Assemblée Nationale
◌ n'ayant pas élu de député de la noblesse
PARIS Chef-lieu de généralité
----- Limite de généralité

Les députés de la noblesse de Navarre n'ont pas siégé

ÉTATS DE NAVARRE

BÉARN

Mauléon   Tarbes

Ustaritz

Mont-de-Marsan
Tartas   Cond
Dax

BORDEAUX   Libou

Bazas   Age

Nérac

POITIERS

LA ROCHELLE   St-Jean-d'Angély

Saintes

Coutances   CAEN

ALENÇ

Le Mans

Anger

Saumur

Loudun

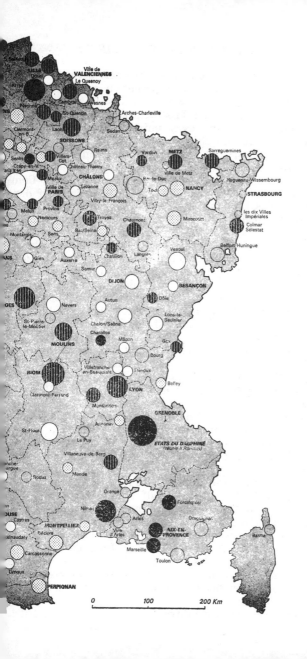

Ville de
VALENCIENNES

Le Quesnoy

Avesnes

Arches-Charleville

Sedan

Soissons

Reims

Verdun

METZ

Sarreguemines

Ville de Metz

Haguenau-Wissembourg

NANCY

STRASBOURG

Ville de
PARIS

Bar-le-Duc

Toul

Chaumont

Mirecourt

les dix Villes
Impériales

Colmar
Sélestat

Belfort Huningue

DIJON

BESANÇON

Dôle

Lons-le-
Saulnier

Gex

Bourg

Belley

GRENOBLE

ETATS DU DAUPHINÉ
(réunis à Romans)

Forcalquier

AIX-EN-
PROVENCE

Bastia

Marseille

Toulon

0   100   200 Km

dépit de son existence tacite n'était pas sérieusement contestée — bien au contraire la regardait-on comme la seule réalité juridique que des règnes successifs d'absolutisme avaient dénaturée — mais la structure même de la société telle qu'elle était encore assez universellement perçue par les contemporains. La chambre de la noblesse qui pouvait se flatter de réunir tout ce que la France comptait de plus remarquable en dignité, en fortune, et souvent en talent, bénéficiait comme telle d'une prééminence sur les Communes qui pouvait lui assurer un rôle souvent décisif dans l'assemblée des Etats généraux, un leadership dont il pouvait paraître légitime qu'elle refusât de se dessaisir.

Si le tiers avait tout à gagner au vote par tête, la noblesse risquait en y accédant de perdre des plumes. En se coalisant avec le clergé ou en exerçant son droit de veto, elle pouvait faire pièce au tiers état et dominer les Etats à sa guise. En renonçant à son privilège, elle perdait beaucoup. Il convient donc d'être très circonspect dans l'analyse des réponses que la noblesse allait faire à la question qui lui était posé. Son privilège peut bien paraître exorbitant : la décision qu'on attendait d'elle exigeait un renoncement, un sens de l'Etat qui n'a jamais été demandé à aucune puissance politique avant ni depuis, et pour y répondre dans un sens positif, qui était un véritable sabordage, il fallait une grande inconscience, une générosité dont il existe peu d'exemples, ou une conscience politique aiguë qui ne pouvait découler que d'une analyse lucide de l'histoire, de la situation sociale et des besoins de l'Etat.

En fait il s'agit d'un problème complexe et il faut éviter de le réduire à des alternatives primaires. La question n'était pas de savoir si les ordres privilégiés réussiraient, en préservant le mode traditionnel, à étouffer la voix du tiers état, ou si, le vote par tête prévalant, la noblesse serait absorbée, engloutie et privée de faire entendre sa voix au sein des Communes devenues toutes puissantes. Il était acquis que les choses se passeraient autrement qu'aux Etats de Blois ou à ceux de 1614. La noblesse n'ignorait pas que le tiers conscient de sa force, de sa richesse, de ses Lumières, ne se laisserait pas mener par le bout du nez. Elle sut en tirer les conséquences.

L'avantage que le tiers avait obtenu en se voyant attri-

•uer une représentation double de celle de chacun des ordres
•rivilégiés mettait ceux-ci devant l'obligation de se démas-
quer. Ou bien ils acceptaient que les voix soient comptées
•ar tête et dès lors la mesure prenait toute sa signification,
•es députés du tiers égaux en nombre à ceux des deux pre-
•niers ordres pouvaient jouer aux Etats généraux le rôle
qu'ils revendiquaient et dont Sieyès, entre autres, se faisait
•e propagandiste, ou bien, les privilégiés maintenaient le vote
•ar ordre, marquant ainsi leur attachement à la tradition,
•eur désir de maintenir le tiers en état de minorité, leur
•olonté de faire peser le poids de leurs corps sur les déci-
•ions de l'assemblée, et le tiers se trouvait frustré de la
•ictoire qu'il avait espérée.

Se fondant sur le refus de la noblesse, jusqu'au 27 juin
•e se réunir aux Communes pour vérifier les pouvoirs en
•ommun, les historiens de la Révolution ont jusqu'à présent
•ffirmé, sans y aller voir de près, l'hostilité systématique
•e la noblesse au vote par tête. Récemment encore un histo-
•ien américain, qui n'appartient pourtant pas à la tradition
•istoriographique révolutionnaire française, arrivait aux
•êmes résultats, en travaillant il est vrai non sur les docu-
•ents originaux mais sur les notes de B. Hyslop. Le travail
•e Sasha Weitman qui concluait à l'ouverture de la noblesse
•ux idées nouvelles et à la forte conjonction de ses revendi-
•ations et de celles du tiers état, achoppait sur ce point pour-
•ant crucial car il est le thermomètre du libéralisme nobi-
•iaire, la mesure réelle de l'étendue de sa conversion à une
•ociété nouvelle ou renouvelée, la preuve de sa volonté ou
•e son refus d'édifier une Nation sur des fondements
•odernes qui tiennent compte des acquisitions du présent et
•es aspirations des peuples. Une relecture attentive des
•ahiers était donc nécessaire. Les lectures quantitatives, par
•uite des méthodes utilisées, ont le privilège de décrire la
•éalité en blanc et noir et de gommer les couleurs.
•es hésitations, les remords, les ambiguïtés disparaissent, le
•iscours se réduit à une série d'affirmations et de négations.
•l fallait donc, sans renoncer aux avantages de la lecture
•uantitative, lui rendre une âme, mettre un peu de rouge
•ux joues du Léviathan anonyme, en un mot faire du quanti-
•atif personnalisé. La masse relativement réduite de cahiers
•à dépouiller rendait possible une telle tentative. On jugera

si la nouveauté des résultats justifiait l'entreprise. Très vit
il est apparu que l'alternative simple, vote par ordre/vot
par tête, n'avait pas toujours été tranchée positivement dan
un sens ou dans l'autre. De nombreux cahiers exprimaien
des prises de position beaucoup plus nuancées. Tel bailliag
laissait à ses députés le soin de juger et de choisir au gré d
ses préférences, de celles de son ordre, des intentions mani
festées par les Etats généraux, ou des circonstances, le mod
de scrutin qui lui paraîtrait le plus opportun. D'autres ne s
prononçaient pas, marquant par là leur désir de ne pa
influer directement sur une décision qui leur semblai
revenir à la Nation assemblée. Un certain nombre de cahier
éprouvant quelque répugnance à renoncer définitivement a
vote par ordre, adoptaient une solution conciliante : on vote
rait par tête pour tout ce qui touchait à l'impôt, à l'intéré
commun, à la constitution, par ordre pour tout ce qu
intéressait l'intérêt particulier de chaque ordre.

Une forte minorité seulement s'est prononcée san
réserve pour le vote impératif par ordre : 41,04 pour 10
Souvent ce résultat n'a été acquis qu'à la suite de bataille
assez dures. A Chatillon sur Seine le vote par ordre est pass
par dix-huit voix contre treize ; à Blois, au cours d'une dél
bération préliminaire, quarante-trois voix favorables au vo
par tête s'opposèrent à cinquante et une voix qui préféraien
la forme traditionnelle. Quelle que soit la majorité à laquell
ce résultat fut acquis, pour tous ceux-là, le vote par ordi
était absolument impératif et les députés devaient se retir
plutôt que de consentir à une autre forme de scrutin. L
motifs, lorsqu'ils sont mentionnés, mettent en avant d
préoccupations désintéressées. Villefranche de Beaujola
refuse de contrevenir à une règle devenue « constitutio
nelle de la monarchie depuis les ordonnances de 1355
1356 consenties par les Etats généraux seuls capables de l
révoquer ». Gien enjoint à son député d'opiner par ordre d
manière « qu'une portion modère l'autre, que les trois ordr
forment leur opinion séparément afin de n'être pas emport
par une même fermentation, qu'une question ait le temp
d'être discutée par des gens sages avant de recevoir u
décision ; alors une intrigue sera retardée dans un ordre p
l'incertitude de la façon de penser de l'autre ». Les craint
éprouvées par certains devant les risques d'une assemblé

houleuse où des meneurs habiles pourraient aisément faire passer des décisions trop peu mûries, ne doivent pas être mésestimées ; les préoccupations des tenants du vote par ordre n'étaient pas nécessairement égoïstes. Généralement pourtant, il paraît probable que le souci dominant a été de préserver la noblesse de l'anonymat, d'éviter que sa voix ne soit noyée dans le concert général, de lui conserver un pouvoir autonome de décision avec sans doute l'arrière-pensée de faire pièce au tiers état avec le secours du clergé lorsque ce serait nécessaire.

Le vote impératif par tête est très minoritaire (8,2 pour 100), mais si l'on ajoute à ce pourcentage tous ceux qui, sans se prononcer impérativement pour le vote par tête, s'y montrent favorables ou prêts à s'y rallier si le vœu général ou l'intérêt de la Nation l'exigent, on atteint un score proche du précédent : 38,76 pour 100. Ici, les intérêts de classe sont nettement relégués au second rang. Dôle, qui ne s'est pas prononcée pour le vote impératif par tête, déclare : « Comme c'est à la Nation assemblée en Etats généraux à statuer sur la forme la plus avantageuse de ses délibérations, on laisse au député la liberté de délibérer quelle que soit la forme que la majorité adoptera », et précise : « Nous osons croire que l'égalité numérique accordée aux représentants du tiers état est l'annonce de l'égalité réelle des suffrages qui doit exister entre cet ordre et les deux autres réunis. » Provins s'exprime à peu près dans les mêmes termes : « Que les Etats statuent sur la question du vote par tête ou par ordre selon le bien général », et recommande à son député de se regarder « moins comme gentilhomme que comme français, moins comme notre représentant particulier que comme celui de la Nation, et qu'à ses yeux tous les intérêts particuliers disparaissent devant l'intérêt général ». La cause est claire : tous ces bailliages qui n'ont pas osé se prononcer catégoriquement, attendent des Etats généraux qu'ils tranchent la question en faveur du vote par tête.

Reste une troisième catégorie de cahiers dont les prises de position sont plus ambiguës. Ils représentent 20,14 pour 100 du fichier et se partagent en deux groupes.

D'abord ceux qui ayant choisi le vote par ordre n'en ont pas un principe invariable. Tel bailliage exige que l'on

se réunisse et vote par tête chaque fois qu'il n'y aura pas
unanimité entre les ordres. Cette formule enlève au vote par
ordre toute sa nocivité ; elle empêche la noblesse d'exercer
son droit de veto et de bloquer une décision à laquelle elle
serait hostile.

Le second groupe adopte une formule sélective : vote
par ordre pour certaines questions, par tête pour d'autres.
Parfois le domaine commun est très limité : le vote par tête
est réservé à tout ce qui concerne les intérêts pécuniaires et
l'impôt. Pour d'autres bailliages il est au contraire très
étendu (impôt, intérêt commun, constitution).

Récapitulons :

Exigent le vote par ordre	41,04 %
Exigent ou se rallient au vote par tête	38,76 %
Vote mixte	20,14 %

Dans ces conditions il n'est plus possible de soutenir que
la noblesse avait une position ferme sur le vote. Elle est
assez bien partagée entre intransigeants et libéraux, avec une
fraction modérée dont la position est souvent un compromis
entre une tendance dure et une tendance progressiste.

Si l'on prend en compte non plus les bailliages, mais les
députés porteurs d'un mandat, on obtient des résultats un
peu différents : le vote par ordre et le vote mixte diminuent,
le vote par tête augmente. Sur 245 députés dont on connaît
les instructions (sur un total de 282), 99 soit 40,40 pour 100
devaient se prononcer pour le vote par ordre ; 27, soit
11,02 pour 100 pour le vote par tête ; 78 (31,83 pour 100)
étaient autorisés à se rallier au vote par tête ; les instructions
de 41 députés (16,73 pour 100) se prononçaient pour le vote
mixte. Soit :

Vote par ordre	40,40 %
Vote par tête	42,85 %
Vote mixte	16,73 %

La réunion au chef-lieu de tous les nobles du bailliage
ne permet pas de distinguer entre une noblesse rurale et une
noblesse urbaine. Tout au plus les grandes villes, surtout les
villes parlementaires, peuvent elles être distinguées des bailliages à forte population rurale. Sur dix sièges de Parlement

correspondant au ressort d'un bailliage [1] six (Paris, Rouen, Bordeaux, Dijon, Besançon, Douai) se sont prononcés pour le vote par ordre ; un seul (Aix) pour le vote impératif par tête, deux se sont ralliés au vote par tête (Metz et Toulouse), un a adopté le vote mixte (Nancy). Peut-on en conclure que les Parlements ont été les instruments d'une réaction nobiliaire ? Les magistrats n'étaient pas seuls en cause, mais leur attachement à la tradition juridique a sûrement joué un rôle décisif dans les décisions. Toutefois, le cas d'Aix le montre, il n'y eut pas unanimité dans l'attitude parlementaire. On retrouvera cette ambiguïté au niveau de la députation : certains parlementaires siègeront à l'assemblée parmi les nobles libéraux.

Le regroupement géographique des choix du mode de scrutin permet de reconnaître deux Frances nobiliaires. Un grand quadrilataire allant de La Rochelle à Vesoul et de Bourg à Tarbes, délimite une zone peu ouverte aux courants progressistes : le vote par ordre y prédomine largement. Isolé, le Sud-Est, Dauphiné, Provence, Languedoc, dessine sur la carte une tache où le vote par tête et le vote mixte l'emportent très largement. Au nord d'une ligne Coutances-Vesoul, le vote par ordre est très minoritaire et les voix se partagent entre les différentes nuances du vote par tête au vote mixte. Sud-Ouest, Bourgogne, Franche Comté, Normandie, Picardie et Champagne, représentent les bastions les plus traditionnalistes de la France immobile. Dauphiné, Provence et Nord artésien et flandrien les noyaux les plus délibérément en avant. Autour de Paris, les petites villes Senlis, Meaux, Provins, Melun, Dourdan, Montfort-l'Amaury, Châteauneuf-en-Thimerais) constituent également une ceinture progressiste qui s'oppose à une capitale complaisante à la tradition.

Ainsi la légende tenace qui opposait noblesse et tiers état sur la question fondamentale du mode de scrutin, ne mérite pas qu'on y attache désormais plus d'attention : elle témoigne des partis pris d'une historiographie profondément marquée par ses présupposés idéologiques. L'attitude de la noblesse a été très nuancée, et, sur ce point, elle ne se montre pas en retrait mais au contraire — si l'on tient

---

1. Grenoble, par exemple, ne peut être pris en compte, le cahier ayant été rédigé par les Etats du Dauphiné.

compte des conséquences que devait avoir pour l'ordre une décision qui sabordait son existence — manifeste une volonté d'ouverture et la radicalisation de son désir de changement, la convergence de son analyse politique avec celle qu'au même moment faisait le tiers état, ou plutôt la minorité de celui-ci qui rédigeait les cahiers de baillage après avoir éliminé les éléments populaires et la plupart des revendications que la bourgeoisie ne pouvait reprendre à son compte. Il y avait trop d'atomes crochus entre la noblesse et l'élite du tiers, pour qu'une grande partie du second ordre persiste à maintenir un isolement qui pouvait se révéler dangereux à la longue : pour réaliser les réformes profondes dont elle rêvait, la noblesse avait besoin de ces bourgeois industrieux et décidés dont les aspirations s'harmonisaient si bien avec les siennes, et en qui les nobles pouvaient voir, certes, des concurrents. en aucun cas des ennemis. Leur critique de l'Ancien Régime s'aligne trop bien sur celle que faisait au même moment le tiers état pour que le doute puisse subsister sur l'identité fondamentale des deux ordres et leur solidarité face à un régime universellement décrié.

LA CRITIQUE DE L'ANCIEN RÉGIME

La lecture des cahiers fait apparaître une évidence qu'il serait à peine utile de souligner si des générations d'historiens ne s'étaient complus à la masquer. N'existant que pour le plus grand bien de la noblesse, destinés à satisfaire sa volonté de puissance, à sauvegarder et à accroître ses privilèges, à assurer sa domination et sa vocation héréditaire à être propriétaire de l'Etat, le régime et la société comblaient ses vœux, tels qu'ils étaient, et si les nobles acceptaient la réunion des Etats généraux ce ne pouvait être pour imposer des réformes, mais pour consolider leurs positions. Cette vue simpliste reposait sur une double hypothèse : que les nobles étaient satisfaits, que l'intérêt personnel seul les animait.

La première de ces affirmations découle de la méconnaissance de la condition nobiliaire. Les courtisans pouvaient bien être satisfaits d'une situation qui les comblait

Qu'étaient-ils pour qu'on les confondît avec la noblesse ? Celle-ci n'avait-elle pas à se plaindre d'un service mal payé, d'un abandon presque total ? Son influence ? Nulle. Son service ? Non seulement il est mal et irrégulièrement payé, mais l'honneur même que la noblesse y attache n'est pas récompensé. Les grades sont réservés aux courtisans. Les faveurs du roi, dira-t-on ? La noblesse n'en a jamais vu la couleur. Les pensions, les largesses royales, les prébendes, tout va aux courtisans. Même les œuvres sociales sont détournées de leur objectif. Les écoles militaires destinées à donner une formation aux nobles dont les ressources sont insuffisantes, accueillent surtout les autres, les riches. Mais le régime, s'il laisse la noblesse sans influence sur le pouvoir, sans participation à ses faveurs, lui assure-t-il du moins la liberté et le bénéfice de ses privilèges ? Voire. Les nobles sont à la merci du despotisme ministériel. Sans parler des lettres de cachet, leur état n'est même pas garanti. Sur simple décision d'un ministre un officier peut être destitué, sans justification, sans jugement. La noblesse était à la merci d'une autorité sans contrôle, et aussi dépourvue, aussi dépendante que n'importe quel autre groupe social, et l'on comprendrait mal dans ces conditions qu'elle ait pu nourrir d'autres intentions, avoir des revendications différentes que le tiers, puisqu'elle avait comme lui le sentiment d'être grugée et molestée.

Quant à la seconde hypothèse, que leur intérêt seul les animât, elle procède plus de la polémique que d'une analyse objective. D'ailleurs la question est ainsi mal posée. Le calcul politique autant que la générosité anime toute conversion au libéralisme. Des privilèges aussi réels que l'exemption fiscale ou les droits seigneuriaux devraient faire l'unanimité si la noblesse était aussi attachée à conserver son acquis qu'on l'a affirmé. Il n'en n'est rien pourtant. Or, c'est demander beaucoup que d'attendre d'une minorité qu'elle renonce sur la simple pression de l'opinion, des idées de justice, de l'intérêt de l'Etat, à des privilèges dont elle jouit héréditairement. Un tel renoncement suppose lucidité et courage, qui ne pouvaient être acquis qu'au terme d'une crise de conscience, d'une véritable révolution mentale. Celle-ci a été provoquée par la pensée des Lumières qui a pénétré largement des couches diverses de la noblesse par l'intermédiaire de la lecture et peut-être surtout des Académies provinciales ; par une réflexion sur les carences du régime, réflexion vécue au jour le jour au contact des réalités quotidiennes ; et par le choc qu'ont connu les « Américains », tous ces officiers français à qui la guerre a dévoilé une société dont ils ont rapporté un souvenir ébloui. La révélation des constitutions américaines, traduites par La Rochefoucauld en 1783, de la démocratie, des pouvoirs équilibrés, des garanties de liberté, a, par contraste, provoqué le rejet de l'absolutisme et des abus qu'il engendrait. Un idéal politique nouveau, le rêve d'une société plus libre et plus équitable, ont balancé chez les contemporains de l'indépendance américaine, l'influence d'une tradition qu'ils ont appris sur le tas à contester. Face à l'idéal qu'ils rapportaient, les privilèges ne pesaient pas lourd. Ceux-là au moins étaient prêts à y renoncer. Mais plus généralement, la noblesse adoptait une attitude aussi peu conformiste : par souci de l'Etat, parce qu'elle acceptait de s'effacer, de donner à l'intérêt de la Nation le pas sur ses propres intérêts

La gravité de cette prise de conscience a abouti à la mise en cause par la noblesse du régime et de la société. Aux dires des historiens qui considèrent la noblesse comme le principal obstacle au changement, son unique souci était de freiner les innovations, de conserver intacte la société qu la favorisait. Or qu'en est-il ? La plus grande partie des doléances marque la volonté non de conserver mais de changer, d'abolir, de détruire, de remplacer. Cette société e ce régime dont elle devrait exalter les mérites ne trouven presque jamais grâce à ses yeux. Elle lui reproche en blo son arbitraire, son despotisme, son gaspillage, son désordre son injustice. Elle veut tout changer. Donner aux homme des garanties, à la Nation des droits ; placer le pouvoir sou le contrôle des représentants du peuple, supprimer les privi lèges à charge au reste de la Nation. L'Ancien Régime es dépeint sous les couleurs les plus noires. L'absolutisme, c'es le despotisme ministériel, c'est l'anarchie dans les finances le favoritisme, la mauvaise gestion du royaume ; c'est la liberté des hommes bafoués, leur argent gaspillé. Partou l'irresponsabilité, le népotisme, la faveur en place du mérit Jamais un système politique et une société n'ont été ains disséqués et condamnés.

Le despotisme est condamné comme système de gouvernement pour son inefficacité et son immoralisme. Comment la noblesse se représente-t-elle le despotisme qu'elle dénonce ? Le Roi ? Il apparaît fort peu dans ses cahiers de doléances. C'est que l'analyse que la noblesse fait de la situation met peu en évidence la personne royale. Le Roi est lui-même le jouet d'un système dont il est prisonnier. Ce système, c'est le despotisme ministériel : abus de pouvoir des ministres et de leurs bureaux ; irresponsabilité de ministres nommés par la faveur, destitués par l'intrigue, souvent incapables et barrant le chemin au mérite, de peur, en le mettant en valeur, de désigner leurs successeurs et de porter aux premiers emplois la compétence et le talent. Ils gouvernent selon leur caprice, au rythme des influences qu'ils subissent et des protections qui les ont élevés, peu soucieux de justice, de continuité, défaisant aujourd'hui ce qu'on fait hier leurs prédécesseurs, guidés par l'arbitraire, entravant le cours de la justice par des lettres de cachet, des évocations, habiles à servir leurs amis et à multiplier les passe-droits. Les cahiers citent des noms, dénoncent des injustices. Le colonel de Moreton, destitué sans jugement. devient le symbole de l'arbitraire ministériel. Son nom apparaît dans une douzaine de cahiers et d'autres, sans le nommer, font allusion à son cas. Les intendants ne sont pas plus ménagés : jugeant les causes dans le secret de leur cabinet, répartissant l'impôt à leur gré, administrant leur province sans souci des aspirations, des ressources, de l'intérêt des populations, ils incarnent un centralisme dévastateur qui répercute dans tout le royaume les méfaits du despotisme ministériel. La cour n'est pas davantage épargnée : elle trompe le roi, puise à pleine main dans le trésor, canalise les largesses royales, monopolise les places, les grades de l'Armée, les gouvernements.

Despotisme, faveur, intrigue, irresponsabilité, gaspillage, tels sont les vices du régime que la noblesse entend réformer.

Vus d'un peu plus près les reproches se font plus précis, la volonté de changement plus nette. La critique du régime s'organise méthodiquement autour de trois griefs fondamentaux : l'arbitraire ministériel et bureaucratique, les restrictions à la liberté individuelle, la mauvaise gestion des services publics. Et la demande de changement se focalise autour de valeurs nouvelles : la démocratisation du régime, l'individualisme, et la rationalisation de l'Etat.

Contre l'arbitraire des ministres la réaction est générale. Ne dépendant que du roi, ils ne dépendent en fait que d'eux-mêmes, n'ont de compte à rendre à personne, gouvernent autocratiquement. Il faut les surveiller, les empêcher de nuire, les contraindre à exposer publiquement leur conduite et à subir le blâme de leurs fautes, la punition de leurs détournements ou prévarications. Plus de 85 pour 100 des cahiers revendiquent pour la Nation le droit de les juger. Dans la nouvelle constitution ils seront responsables devant l'assemblée des Etats généraux. Contre les intendants, image vivante en province du despotisme ministériel, le verdict est encore plus sévère. Leur administration est condamnée pour ses abus et son inefficacité. Quand on ne réclame pas purement et simplement leur suppression (22 pour 100), on substitue à leur autorité celle d'Etats provinciaux ou d'administrations uniformes (80 pour 100) librement élus, qui récupèrent tout ou partie de leurs fonctions. Partout où il s'exerce, l'arbitraire est condamné sans ambages. 82 pour 100 des cahiers réclament la suppression des commissions et évocations qui retirent les causes à la justice ordinaire, 69 pour 100 l'abolition des lettres de cachet, 44 pour 100 la limitation de la garde à vue à une durée maximum de vingt-quatre heures. La condamnation de l'absolutisme bureaucratique est sans appel. L'ensemble de la noblesse du royaume appelle de tous ses vœux une libéralisation et une démocratisation du régime dont les Etats généraux permanents ou périodiques seront les garants et les juges.

La condamnation des restrictions mises par l'Ancien Régime à la liberté individuelle sous toutes ses formes est universelle, symbolisée par la demande de destruction de la Bastille et autres prisons d'Etat. La noblesse réclame en bloc la suppression des lettres de cachet, la liberté d'établissement et de circulation dans et hors du royaume. On exige des garanties. 60 pour 100 des cahiers réclament que la liberté soit déclarée « inviolable et sacrée » pour tous les citoyens sans exception. Pour ces nobles que l'on dit les défenseurs de l'ordre ancien et des valeurs traditionnelles, était-il un plus grand danger que la liberté de pensée et de la presse ? La presque totalité de la noblesse la réclame pourtant de façon impérative, la considérant comme la part la plus enviable de la liberté individuelle. La censure est condamnée ; chacun doit avoir le droit de penser et de publier ce qu'il veut sous sa seule responsabilité.

L'organisation et le fonctionnement du service public font l'objet d'une critique systématique de la part du second ordre. On lui reproche à la fois ses abus et ses infirmités. L'organisation des finances est une des cibles préférées. On l'accuse d'abord de fonctionner sans contrôle. Le trésor est la proie des courtisans avides qui réussissent à surprendre la bonne foi du roi ou découragent sa résistance. D'où la revendication de l'abolition des acquis de comptant. Ceux-ci étaient des ordres de paiement expédiés au Trésor royal sans indication de la nature et du motif de la dépense. Le bénéficiaire était dispensé de fournir un reçu, la chambre des comptes ne pouvait exiger de justification. Dans ces conditions aucune comptabilité n'était possible, et le roi pouvait disposer à son gré d'une partie du budget sans que personne ne puisse en connaître. Le budget de l'Etat était encore grevé par la masse des gages, traitements et émoluments attachés à des offices, places et charges parfaitement inutiles qui alourdissaient le chapitre des dépenses sans profit pour personne puisqu'aucune fonction réelle n'était attachée à ces sinécures. En réclamant leur suppression, les cahiers de la noblesse y ajoutaient celles des pensions abusives. Il ne s'agissait pas d'une réforme minime : les pensions pouvaient représenter quelque 10 pour 100 du budget de la Nation et les modérer ne constituait donc pas une modeste économie. La noblesse n'était pas dupe de la mauvaise gestion de l'appareil fiscal et de son inadaptation à une économie d'échanges largement étendue. Le gaspillage consécutif à l'indépendance des receveurs généraux, l'irrationalité d'un système qui multipliait inutilement les caisses et décourageait toute tentative de comptabilité nationale, sont dénoncés avec la dernière vigueur. Si 10 pour 100 seulement des cahiers réclament la suppression des receveurs généraux, plus de 41 pour 100 exigent que l'administration de l'impôt direct soit dévolue aux assemblées provinciales ou aux Etats qui verseront directement dans une caisse nationale l'excédent qui n'aura pas été utilisé sur place. La volonté d'efficacité et d'économie rejoint ici les aspirations à la décentralisation. Quant aux impôts indirects jugés écrasants, injustes, voire inhumains, en tout cas contraires aux intérêts des populations et de l'économie, ils font l'objet d'un tir à boulets rouges : suppression des aides, des droits de marque ; suppression ou au moins modération de la gabelle (51,5 pour 100) ; suppression des douanes à l'intérieur du royaume (64,17 pour 100). Le système fiscal de l'Ancien Régime était donc entièrement condamné : l'abandon par la noblesse du privilège fiscal (89 pour 100) ôtait la dernière pierre d'un édifice détesté.

Le système judiciaire a-t-il trouvé davantage grâce aux yeux de la noblesse ? Les codes civil et criminel, jugés archaïques et inadaptés aux progrès des mœurs, souvent inhumains, sont l'objet d'une réprobation générale. On réclame leur refonte totale et la réunion d'une commission de spécialistes chargée d'une nouvelle rédaction. Les cahiers les plus minutieux fournissent le schéma de la nouvelle législation. Les exigences portent sur les garanties à donner aux prévenus : le jugement par jurés, le droit d'assistance par un conseil, la motivation des jugements, l'abolition de la torture et de la sellette, la publicité de l'instruction criminelle, la limitation de la peine de mort, l'amélioration des prisons. Elles concernent également la procédure dont on réclame la simplification et la célérité ; la magistrature dont le mode de recrutement est sévèrement critiqué : si 4,98 pour 100 des cahiers se montrent favorables au maintien de la vénalité des offices, 31,34 pour 100 réclament son abolition. Près de 10 pour 100 exigent que les charges de judicature ne soient données qu'au concours ou à l'élection, mais d'autres réclament une formation probatoire de longue durée : les magistrats devront avoir exercé pendant plusieurs années la profession d'avocat ou, avant d'accéder aux cours souveraines, avoir exercé dans des tribunaux subalternes. Une minorité (5,22 pour 100) réclame même la gratuité de la justice.

Pour l'armée, la critique porte sur deux points essentiellement : l'inadaptation de la discipline au génie de la Nation et à la dignité des citoyens ; la gabegie qu'entraînent la multiplication des grades inutiles destinés à satisfaire les ambitions et l'avidité des gens bien en cour. On reviendra sur le radicalisme de la protestation contre l'inégalité de traitement entre les différentes classes de la noblesse et l'exclusion du tiers état.

L'organisation de l'économie n'est pas moins malmenée. Protestations contre les entraves à la liberté du commerce et de la circulation des denrées, abus des privilèges exclusifs qui gênent l'industrie, méfaits des jurandes, maîtrises et corporations, diversité des poids et mesures, autant d'entraves qui nuisent au développement de la libre entreprise et à l'essor d'une économie de marché, et dont la noblesse exige la suppression.

Ainsi, c'est l'ensemble de l'organisation politique, sociale, économique de l'Ancien Régime que la noblesse a, sans restriction, remis en cause. Loin d'être les mainteneurs du passé, ils font plutôt figure d'iconoclastes. Cette attitude novatrice est le résultat d'une convergence de variables qui poussent toutes dans le même sens. Les Lumières et la pratique des échanges née de leur diffusion, l'exemple américain et celui de l'Angleterre, la réflexion sur les pouvoirs que, depuis l'*Entresol* au moins, clubs et académies ont multipliée, montée de l'individualisme liée à la reconnaissance du mérite, ont agi dans le même sens. La noblesse ne réagit plus à un problème donné selon les réflexes d'un groupe enclavé, intraverti, distancié, mais de la même façon que l'ensemble des élites qui ont été touchées par le mouvement des Lumières. Entre la noblesse et l'élite du tiers, le fossé a été très largement comblé. Partout, dans les sociétés, les salons, les académies, les loges, nobles et bourgeois ont pris le chemin d'une réflexion commune et ont élaboré le modèle de la nouvelle société que les uns et les autres appellent maintenant de leurs vœux. Ils savent qu'elle ne naîtra pas dans la lutte fratricide, mais qu'elle sera leur œuvre commune. Ils ont des intérêts communs, des idéaux communs, et ils le savent. Une grande partie de la noblesse aspire comme la bourgeoisie à briser les cadres oppressifs de l'État bureaucratique. La noblesse sur ce point a une longueur d'avance. Depuis qu'elle a essayé de briser l'absolutisme louis quatorzien, elle a gardé, malgré l'échec de la Polysynodie, la nostalgie d'une société libérée d'une oppression tyrannique. Nobles et bourgeois savent qu'ils ne romppront la chaîne qu'en substituant à la société des ordres et des privilèges, soit des intérêts différentiels dont l'Etat profite et joue en les opposant les uns aux autres pour renforcer son autorité, une société d'individus ayant les mêmes droits et les mêmes devoirs, et soumis à l'intérêt commun.

CHAPITRE VIII

UN PROJET DE SOCIÉTÉ

Tout ce que l'expérience et l'intelligence humaine avait conçu, découvert et élaboré pendant trois siècles, se trouve dans les cahiers [de doléances]. Les abus divers de l'ancienne monarchie, y sont indiqués et les remèdes proposés ; tous les genres de liberté sont réclamés, même la liberté de la presse ; toutes les améliorations demandées pour l'industrie, les manufactures, le commerce, les chemins, l'armée, les impôts, les finances, les écoles, l'éducation physique, etc. [1].

Cette impression que les cahiers ont à la fois reculé et posé les bornes du libéralisme politique, comment ne pas l'éprouver encore aujourd'hui quand les régimes les plus tolérants sont loin d'avoir réalisé toutes les aspirations que 1789 avait libérées. L'entière liberté de la presse, l'*habeas corpus,* sont encore, deux siècles après la réunion des Etats généraux, des revendications non satisfaites. Alors, comment ne pas s'attarder sur ces cahiers qui ont défini, pour la France et au-delà de ses frontières, jusqu'à présent et peut-être pour demain encore, un idéal de société fondé sur la dignité de l'homme et le respect de l'individu, une société où l'Etat ne serait pas ce Léviathan monstrueux et intolé-

---

1. CHATEAUBRIAND : *Mémoires d'outre-tombe,* Flammarion, I, p. 224.

rant qui broie le citoyen pour mieux l'asservir au nom
d'une efficacité contestable, mais un compromis harmonieux
entre une autorité nécessaire et des libertés raisonnables.
Comment ne pas rêver un moment sur ce projet de société
un peu partout combattu avant même d'être allé au bout de
ses promesses ! Les hommes seraient-ils inaptes à la tolé-
rance et à la liberté ? La France ne serait-elle le pays de la
liberté que parce qu'elle a su, mieux que d'autres, en rêver ?
En 1789, au moins, Alice — je veux dire la France — a
franchi le miroir à rebours. Le rêve est devenu réalité.

Un mot des procédures : Elles ne sont pas inutiles à la
compréhension des grands événements qui se préparent.
Et certes, des événements il y en aura, de glorieux, de san-
glants, d'immortels. Mais le plus grand n'est-il pas là dans
cette célébration anonyme, avant même la réunion des Etats
généraux, quand la France entière s'émouvant à la perspective de changer son destin, se réunit dans l'enthousiasme et
la fièvre, pour proposer une société fraternelle et lancer aux
générations futures un défi qu'elles n'ont pas encore entièrement relevé.

Réunion anonyme certes, mais où chacun communie
dans un grand élan de ferveur. Le règlement général du
24 janvier 1789 et les règlements particuliers de mars et
d'avril ont fixé les modalités de réunion des assemblées de
bailliage chargées de rédiger les cahiers de doléances et
d'élire les députés aux Etats généraux. Pour les nobles, le
mode de convocation ne respectait pas l'égalité. Certains
étaient assignés individuellement par les lieutenants de
bailliage : les possesseurs de fiefs ; les autres étaient
informés par la publication et l'affiche des lettres de convocation. Priorité aux riches. Ceux-ci possédaient des fiefs
dans plusieurs bailliages à la fois : ils eurent le droit de
se faire représenter dans chacun d'eux par procureurs
fondés, de même que les femmes possédant divisement et les
mineurs en puissance de fiefs. Le suffrage, inégalitaire, fut
donc, pour la noblesse, presque universel. Paris bénéficia
d'un règlement spécial. Tout noble justifiant de son domicile
dans la capitale fut admis dans l'assemblée de son quartier.
Paris, divisé en vingt départements, eut donc vingt assemblées primaires qui devaient élire des représentants à raison
d'un pour dix. Mais les assemblées jugeant cette réduction

trop sévère élirent un représentant pour cinq nobles. Il y en eut en tout deux cent huit et un millier d'électeurs. En Lorraine-Barrois la carte des bailliages était d'une telle densité qu'accorder un député à chacun eut été source de déséquilibre dans la représentation nationale. Il fallut donc ici un règlement spécial qui opéra des regroupements, et c'est par voie de réduction qu'on procéda à la nomination des députés. La même procédure fut appliquée à la Provence .[1]

Malgré l'enthousiasme provoqué par la convocation il y eut, sans aucun doute, des abstentions. Elles ne furent pas massives cependant. Si l'on compare les effectifs nobiliaires, tels qu'ils ont été évalués, au nombre des membres présents dans les assemblées, on constate une grande cohérence. Et puis il y a plus. Les ordres du roi étaient formels, l'abstention pouvait être retournée contre les réfractaires, le défaut d'inscription sur les listes électorales pouvant être interprété ultérieurement comme une preuve de roture. Enfin, l'intérêt de la consultation ne pouvait laisser la plus grande majorité de la noblesse indifférente. Cependant, certains gentilshommes, boudant leur ordre, ont préféré se rendre aux assemblées du tiers état. Inversement, des individus aux statut douteux ont pu s'infiltrer dans les rangs de la noblesse. Des seigneurs étrangers, possessionnés en France, ont aussi été admis dans les assemblées, non sans rencontrer parfois de vives résistances. Ainsi, à Gex, c'est sur l'ordre exprès du roi, que la noblesse protestante de Genève fut admise aux délibérations. Ainsi, toute la noblesse, petite ou grande, riche ou pauvre, ancienne ou récente, participa à la rédaction des cahiers. Malgré tout, un certain déséquilibre s'effectua en faveur de la richesse. N'était-elle pas, dans l'Etat absolutiste, la grande valeur montante ?

La composition des assemblées varie selon les bailliages, les noblesses y présentent des traits partout différents. Combien faudrait-il de biographies individuelles, de proso-

---

1. L'assemblée de chaque bailliage désigna des représentants qui se regroupèrent à Nancy, Mirecourt, Sarreguemines et Bar-Le-Duc. En Provence, seuls Aix, Marseille et Arles députèrent directement. Castellane, Draguignan et Grasse se réunirent à Draguignan ; Digne, Forcalquier, Sisteron et Barcelonnette se regroupèrent à Forcalquier ; à Toulon, Brignoles, Hyères et Toulon.

pographies bailliagères pour que soit bien mise en lumière la diversité de la noblesse française dont le mythe unitaire a été taillé dans le manteau d'Arlequin ? Les informations manquent. De rares indications permettent toutefois de préciser, faute de mieux, des profils professionnels. A Nîmes, sur 162 électeurs, 71 ne mentionnent aucune profession : du riche propriétaire possédant châteaux, fiefs, haute et basse justice, au petit gentillâtre au domaine exigu, cette catégorie d' « oisifs » (dont certains peuvent eux-mêmes cultiver la terre, voire la terre des autres), recouvre bien des imprécisions. Parmi les autres, 87 sont militaires, 4 sont magistrats. A Nancy, siège de cour souveraine, sur 209 présents, 42 sont magistrats, 25 militaires, 5 avocats, 5 professeurs, 1 financier. A Paris hors les murs, la diversité est extrême : sur un total de 323 électeurs, les militaires, en tête, sont 108, les magistrats 48. Viennent ensuite des conseillers d'Etat, des maîtres des requêtes, des financiers, des Secrétaires du Roi, des échevins, un commis des finances, un chirurgien, un membre de l'Académie des sciences et un maître de mathématiques.

Quelque cent trente cahiers conservés, exposant avec une rhétorique souvent prolixe les doléances nobiliaires : plusieurs milliers de pages qui posaient de délicats problèmes de lecture et d'exploitation. Un traitement selon les méthodes quantitatives s'imposait. Mais le recours à l'ordinateur ? Après tout on pouvait faire du quantitatif à la main. Choix contestable mais qui, pourtant, présentait un avantage considérable pour la collecte des informations : pas de réduction à une grille préfabriquée et donc la possibilité de ne laisser échapper aucune nuance, aucune réserve, aucun remords. Avantage compensé par une faiblesse insurmontable au niveau de l'exploitation ? Voire. Certes le traitement des fiches sur lesquelles chaque doléance avait été enregistrée s'est révélé d'une manipulation difficile. Au premier regard, il paraissait indispensable de tout retenir, sans aucune exception, sans distinction de qualité ou d'importance. Les doléances locales pouvaient être aussi significatives que les doléances nationales. En particulier, l'exhaustivité permettait d'établir une géographie différentielle des niveaux de conscience, distinguer les bailliages capables de s'élever jusqu'à la conceptualisation, de passer de la revendication de clocher à l'aspiration nationale. Deux catégories ont été éliminées : les doléances qui, strictement locales, n'apparaissent jamais dans plus d'un ou deux cahiers. Tel bailliage, par exemple, réclame le renforcement des preuves de noblesse pour l'admission au couvent des demoiselles nobles de la ville ; aucune autre doléance n'exprimait un vœu semblable sur le plan national. Au contraire, lorsqu'un bailliage propose la création d'un deuxième couvent réservé aux filles nobles, j'ai retenu cette revendication parce qu'elle rejoint le vœu très général de multiplier les débouchés pour la noblesse. Pour une catégorie de doléances des réductions ont été opérées. Un bailliage réclame-t-il la suppression des aides puis exige dans autant de doléances successives l'abolition de tous les droits d'aide énumérés un à un, je n'ai compté qu'une seule doléance. Les avantages de ce parti-pris sont évidents. D'abord le nombre total de doléances est ramené à 5 000 ce qui facilite le traitement. Surtout, on évite ainsi de gonfler démesurément certains groupes de doléances, de valoriser outre mesure des catégories où les cahiers se montrent volontiers prolixes, (impôts), au détriment d'autres séries où les énumérations en chaîne sont plus malaisées (pouvoirs). L'abandon des doléances strictement locales constitue sûrement une perte regrettable. Mais, pour mon propos, de peu de conséquence [1].

Les cahiers de 89 ont fourni à la noblesse, comme aux autres ordres du royaume, l'occasion de dénoncer librement les abus de l'Ancien Régime. Mais leur originalité — par rapport à ceux de 1614 par exemple — c'est qu'ils sont allés bien au-delà de la critique. Ils ont réclamé des réformes mais surtout, s'élevant naturellement de la dénonciation des tares à la réflexion politique, ils ont conçu et proposé un véritable projet de société. C'est un Etat nouveau et une société nouvelle qui s'ébauchent et se construisent, parfois avec emphase, dans la longue litanie de leurs revendications.

La distribution des doléances en grandes masses théma-

---

1. F. Furet et Denis Richet ont, depuis longtemps, dans le cadre d'une enquête de l'E.P.H.E. entrepris une lecture quantitative des cahiers de doléances et constitué une « grille » qui, modifiée pour les besoins de mon sujet, a été reprise ici. S. Weitman, dans un très beau livre, a analysé les cahiers généraux des trois ordres ; toutefois, j'ai jugé utile de reprendre moi-même la lecture des cahiers de la noblesse selon ma propre problématique.

tiques indique nettement la « politisation » de la noblesse et sa volonté de voir se constituer une société, nouvelle et paradoxale par rapport à la société de l'Etat absolutiste, une société individualiste et libérale. Les trois postes les plus neufs — revendication de pouvoir, liberté individuelle, égalité entre citoyens — représentent à eux seuls plus de 50 pour 100 des items. Regrouper était une nécessité. Sans porter atteinte à la dense prolixité du document, on pouvait condenser les doléances sous six rubriques générales :

	doléances	pourcentage
Droits de la Nation et du Roi	133	2,68 %
Droits individuels	907	18,31
Ordres privilégiés :		
noblesse	527	10,64
clergé	298	6,01
Egalité entre tiers et noblesse	327	6,60
Revendications de pouvoir	1298	26,20
Institutions	1463	29,53

Dans la première rubrique, plus de la moitié des doléances — 67 sur 133 — réclament une constitution ou une charte des droits de la Nation. 50 pour 100 des cahiers demandent qu'elle soit rédigée et devienne loi du royaume. L'exigence d'une monarchie constitutionnelle est tout aussi positive dans les autres bailliages, bien qu'elle ne soit pas formulée aussi clairement. Malgré quelques formules stéréotypées de reconnaissance à Louis XVI « restaurateur des libertés », le roi tient une place négligeable dans les préoccupations nobiliaires : au total ils ne consacrent à sa personne que 0,6 pour 100 de leurs doléances. Quatre cahiers réclament la reconnaissance formelle de son inviolabilité et vingt huit (soit moins de 21 pour 100) que la pleine puissance exécutive lui soit reconnue. Déséquilibre entre la Nation et le roi que les garanties exigées pour la liberté des citoyens rendent plus évident encore.

Revendication majeure en effet : la liberté individuelle. 907 doléances, 18,31 pour 100 de l'ensemble. La noblesse est plus intéressée par les garanties précises que par les déclarations formelles. Trois cahiers seulement réclament une déclaration des droits. Mais 81, soit 60,44 pour 100, exigent la reconnaissance de la liberté individuelle. Les garanties contre l'arbitraire du pouvoir concernent les juridictions d'exception, les évocations du Conseil, les commissions extraordinaires, les tribunaux d'attribution dont les cahiers réclament très largement l'entière suppression, les lettres de cachet, la garde à vue, l'élargissement sous caution. La noblesse est unanime (88,05 pour 100) pour réclamer la reconnaissance de la liberté de pensée et de la presse.

Les doléances relatives aux intérêts du second ordre atteignent un taux élevé : 10,64 pour 100. Mais elles ne relèvent pas toutes de préoccupations égoïstes. Certaines réclament la suppression des faveurs dont jouissent certaines catégories privilégiées, comme la noblesse de cour, d'autres l'ouverture de la noblesse au talent et au mérite. 6 pour 100 des doléances concernent le clergé : mais 2,05 pour 100 seulement manifestent une volonté de préservation de l'ordre ; les autres, au contraire, expriment la défiance.

6,60 pour 100 des doléances revendiquent la reconnaissance de l'égalité entre le tiers état et la noblesse sur des points divers mais importants qui vont de l'égalité devant l'impôt à l'égalité d'accès aux charges publiques.

Les revendications de pouvoir constituent le poste le plus important : 26,20 pour 100. Elles expriment trois exigences essentielles : le pouvoir législatif, le contrôle de l'exécutif, la décentralisation.

J'ai regroupé sous la rubrique « Institutions » les autres doléances qui concernent tous les grands services publics. En tête la justice (8,68 pour 100), puis les finances et l'impôt (8,29 pour 100), le commerce, l'industrie, l'agriculture (5,37 pour 100), l'armée (3,53 pour 100), la santé et l'éducation publique (2,54 pour 100).

Les tableaux indiquent d'abord le nombre total de doléances pour chaque type de revendication, dans la seconde colonne le pourcentage de cahiers où une telle doléance est exprimée, enfin le pourcentage par rapport au 4 953 doléances contenues dans les 134 cahiers analysés (une trentaine n'ayant pas été retrouvée).

	Doléances	%	%
I. DROITS DE LA NATION ET DU ROI			
Constitution ou charte des droits de la Nation	67	49,99	
Roi sacré et inviolable	4	2,98	
Exécutif au Roi seul	28	20,89	
Maintien de la loi salique	22	16,41	
Catholicisme religion dominante	12	8,95	
Total	**133**		**2,68**
II. DROITS INDIVIDUELS			
Déclaration des droits	3	2,23	
Liberté individuelle inviolable et sacrée	81	60,44	
Nul ne pourra être jugé que par ses juges naturels	92	68,65	
Garde à vue limitée à 24 heures	59	44,02	
Suppression des évocations, commissions extraordinaires	110	82,08	
Suppression des juridictions d'exception	61	45,52	
Suppression des Eaux et Forêts seulement	14	10,44	
Suppression des lettres de cachet	92	68,65	
Elargissement sous caution (sauf en matière de grand criminel)	24	17,9	
Suppression des tribunaux d'attribution (conseils, requêtes de l'Hôtel, prévôtés, chambres ardentes)	6	4,47	
Destruction de la Bastille et autres prisons d'Etat	15	11,19	
Secret des lettres missives	67	50	
Liberté d'établissement et de circulation	8	5,97	
Liberté de pensée et de la presse	118	88,05	
Suppression de toute servitude personnelle	7	5,22	
Inviolabilité des députés	40	29,85	
Droits des minorités	29	21,64	
Que l'armée ne puisse être dangereuse à la liberté des citoyens	6	4,47	
Propriété inviolable	64	47,76	

	Doléances	%	%
Demander un jugement légal pour le comte de Moreton	11	8,20	
Total	907		18,31

III. ORDRES PRIVILÉGIÉS

1. NOBLESSE

	Doléances	%	%
a) *Doléances conservatrices des droits de la noblesse*			
Conserver les prérogatives honorifiques	53	39,55	
Interdire le port d'armes aux non-nobles	26	19,40	
Rechercher les usurpateurs de noblesse	9	6,71	
Tribunal héraldique pour vérifier la noblesse	11	8,20	
Confirmer l'ordonnance de 1781 pour l'entrée dans les régiments	4	2,98	
Supprimer l'ordonnance de 1781 et que la noblesse acquise et transmissible suffise pour entrer au service	21	15,67	
Conserver les justices seigneuriales, les améliorer	23	17,16	
Ne reconnaître qu'un seul ordre de noblesse	12	8,95	
Réserver Saint-Cyr et l'Ecole militaire à la noblesse pauvre	15	11,19	
Maintien des droits seigneuriaux	24	17,16	
Rôle d'impôt séparé pour la noblesse pour maintenir les distinctions	5	3,73	
Protester contre le doublement du tiers	3	2,23	
Refus de l'égalité devant l'impôt	3	2,23	
Réserver l'exemption du vol du chapon	4	2,98	
N'accepter que momentanément le sacrifice financier	3	2,23	
Maintenir la noblesse dans le droit exclusif de donner des officiers	9	6,71	

Donner la préférence aux nobles	2	1,49
Vote par ordre	55	41,04
Total	**282**	**5,69**

b) *Revendications corporatives*	Doléances	%	%
Que la noblesse puisse se livrer aux commerce et professions non serviles	32	23,88	
Que la tache du criminel ne retombe pas sur sa famille	12	8,95	
Proscrire les survivances	30	22,38	
Ne pas réserver faveurs et hauts grades aux courtisans	5	3,75	
Abolir la noblesse vénale mais qu'elle soit la récompense des services	60	44,77	
Supprimer les charges inutiles qui donnent la noblesse	12	8,95	
Fonder des chapitres nobles	13	9,70	
Que la noblesse ait une marque distinctive	3	2,23	
S'occuper du sort de la noblesse indigente	16	11,94	
Epargner la noblesse pauvre ou la dédommager du sacrifice qu'elle fait	11	8,20	
Total	**194**		**3,91**

c) *Doléances libérales*			
Anoblir la vertu, le courage, le mérite dans les différentes professions	32	23,88	
Anoblir à la deuxième ou troisième vie les officiers des bailliages et présidiaux	3	2,23	
Suppression ou rachat des droits seigneuriaux	11	8,20	
Rachat soit des corvées, soit du champart, soit des banalités	7	5,22	
Suppression du committimus	53	39,55	
Total	**106**		**2,14**
TOTAL GÉNÉRAL	**527**		**10,64**

2. CLERGÉ	*Doléances*	%	%
a) *Doléances exprimant la défiance*			
Que le clergé acquitte sa dette	5	3,73	
Réduire les revenus des chefs de l'Eglise	4	2,98	
Interdire le cumul des bénéfices	39	29,10	
Supprimer le casuel	14	10,44	
Abolition du Concordat	7	5,22	
Résidence des évêques et bénéficiers	53	39,55	
Abolition ou réduction des abbayes en commende	7	5,22	
Diminuer et réformer les couvents	4	2,98	
Supprimer les ordres mendiants et les ordres inutiles ou non enseignants	17	12,68	
Interdire les vœux avant 25 ans	11	8,20	
Supprimer l'ordre du clergé	4	2,98	
Suppression des économats	4	2,98	
Dîme ecclésiastique	20	14,92	
Reporter les fêtes au dimanche	7	5,22	
Total	**196**		**3,95**
b) *Doléances favorables au clergé*			
Affecter des bénéfices et canonicats à la retraite des curés et vicaires	6	4,47	
Améliorer le sort des curés et vicaires	17	12,68	
Augmenter les congrues	34	25,31	
Veiller à la retraite des curés	3	2,23	
Joindre aux dettes de la nation la partie des dettes du clergé contractée pour l'Etat	4	2,98	
Supression des droits payés en cour de Rome et que les évêques délivrent les dispenses	38	28,35	
Total	**102**		**2,05**
TOTAL GÉNÉRAL	**298**		**6**

IV. REVENDICATIONS D'ÉGALITÉ ENTRE
TIERS ET NOBLESSE

	Doléances	%	%
Egalité d'accès à toutes les charges publiques	6	4,47	
Abolir la loi qui ferme l'entrée des emplois militaires au tiers	4	2,98	
Que les officiers de fortune puissent parvenir à tous les rangs et distinctions	6	4,47	
Supprimer les formalités humiliantes pour le tiers	7	5,22	
Egalité des peines sans distinction d'ordres	12	8,95	
Supprimer le franc fief	23	17,16	
Egalité devant l'impôt	116	88,54	
Précisent que tous doivent être soumis aux mêmes impôts sous la même forme et même dénomination	21	15,67	
Suppression du committimus	53	39,55	
Vote par tête + vote mixte	79	58,90	
Total	**327**		**6,60**

V. REVENDICATIONS DE POUVOIR

	Doléances	%	%
1. NIVEAU NATIONAL			
Pouvoir législatif	94	70,14	
Etats généraux (permanence ou périodicité)	134	100	
Consentement de l'impôt	121	90,29	
Responsabilité des ministres	114	85,07	
Contrôle de l'exécutif :			
Exiger la reddition des comptes	67	50	
Supprimer les impôts et les recréer jusqu'à ce qu'il soit pourvu à leur remplacement	23	17,16	
Publication annuelle des dépenses	65	48,50	
Fixer les dépenses de chaque département	80	59,70	

	Doléances	%	%
Ne pas accorder l'impôt avant l'adoption des lois constitutives	52	38,80	
N'accorder l'impôt que jusqu'à la prochaine tenue d'Etats généraux	91	67,91	
Consolider la dette légitime	87	64,92	
Supprimer les pensions abusives et en publier l'état chaque année	90	67,16	
Total	**1 040**		**20,99**

2. NIVEAU LOCAL

Etablir partout des Etats provinciaux	109	81,34	
Supprimer les intendants	47	35,07	
Charger les Etats provinciaux du recouvrement et de l'assiette de l'impôt	55	41,04	
Parlements (garants devant la Nation de l'exécution des lois : 40 ; vérifiant les lois de police et d'administration : 7)	47	35,07	
Total	**258**		**5,20**
TOTAL GÉNÉRAL	**1 298**		**26,20**

VI. INSTITUTIONS

1. JUSTICE

Offices : conserver la vénalité	4	2,98
abolir la vénalité	42	31,34
Réformer les codes civils et criminel	105	78,35
Etablir le jugement par jurés	6	4,47
Donner un conseil à l'accusé	32	23,88
Procédure plus simple et plus prompte	28	20,89
Supprimer tous les degrés de juridiction inutiles	7	5,22
Justice gratuite	7	5,22
Suppression des épices	6	4,47
Magistrats inamovibles	38	28,35
Que les tribunaux soient tenus de motiver leurs jugements	9	6,71

	Doléances	%	%
Abolir torture et sellette	12	8,95	
Supprimer la peine de confiscation des biens	6	4,47	
Rapprocher les tribunaux des justiciables	23	17,16	
Multiplier les parlements	18	13,43	
Diminuer les frais de procédure	21	15,67	
Que l'instruction criminelle soit publique	13	9,70	
Limiter la peine de mort	13	9,70	
Etablir des juges de paix	4	2,98	
Les magistrats devront avoir exercé auparavant la profession d'avocat	12	8,95	
Charges de judicature électives ou au concours	13	9,70	
Améliorer les prisons	8	5,97	
Adoucir la juridiction pour les filles-mères	3	2,23	
Total	**430**		**8,68**

2. ARMÉE

Donner au militaire une constitution invariable	42	31,34	
Améliorer le sort ou augmenter la paie du soldat	11	8,20	
Supprimer les punitions avilissantes	52	38,80	
Employer la troupe à la confection des chemins et aux travaux publics	12	8,95	
Supprimer les gouverneurs et lieutenants généraux	18	13,43	
Réduire les places militaires auxquelles sont attribués des commandements	6	4,47	
Réduire le nombre des officiers généraux	9	6,71	
Remplacer la milice	5	3,73	
Augmenter la maréchaussée	20	14,92	
Total	**175**		**3,53**

3. FINANCES	*Doléances*	%	%
Supprimer les loteries	24	17,91	
Supprimer les acquis de comptant	7	5,22	
Supprimer, réduire ou modifier les apanages	19	14,17	
Supprimer les offices, places, charges inutiles	35	26,11	
Total	**85**		**1,71**

4. IMPÔTS

a) *Administration*

Suppression des fermes générales	3	2,23	
Suppression des receveurs généraux	13	9,70	
Suppression des huissiers-priseurs	33	24,62	

b) *Impôts indirects*

Suppression des aides	36	26,86	
Suppression des droits de marque	11	8,20	
Suppression des droits de contrôle	7	5,22	
Tarif invariable, clair et modéré des droits de contrôle	60	44,77	
Suppression du centième denier	14	10,44	
Modérer la gabelle	11	8,20	
Supprimer la gabelle	58	43,28	
Reculer les douanes aux frontières	86	64,17	
Ne pas reculer les douanes aux frontières	3	2,23	
Imposer rentiers, capitalistes, industriels et marchands	58	43,28	
Préférer les impôts indirects, surtout sur les objets de luxe	6	4,47	
Supprimer les péages	12	8,95	
Total	**411**		**8,29**

c) *Commerce, industrie, agriculture*

Liberté absolue du commerce et de la circulation des grains et denrées	26	19,40	
Supprimer les privilèges exclusifs qui gênent l'industrie	55	41,04	
Abolir les jurandes, maîtrises et corporations	18	13,43	

Uniformité des poids et mesures	27	20,14
Abolir les arrêts de surséance, lettres d'Etat et sauf-conduits	50	37,31
Autoriser le prêt à intérêt	37	27,61
Encourager les arts, le commerce, les manufactures, l'agriculture	12	8,95
Partage et mise en valeur des landes et communaux	9	6,71
Améliorer l'agriculture	3	2,23
Réexaminer le traité de commerce avec l'Angleterre	3	2,23
Lois rigoureuses contre les banqueroutiers	16	11,94
Divers	10	7,46
Total	**266**	**5,37**

d) *Santé, éducation publique*

Extirper la mendicité	40	29,85
Multiplier les hôpitaux et les établissements pour enfants trouvés	8	5,97
Etablir partout chirurgiens et sages-femmes expérimentés	23	17,16
Réformer et perfectionner l'éducation nationale, créer des écoles pour toutes les classes de la société	55	41,04
Divers	76	1,53
Total	**126**	**2,54**

Que de propositions neuves et explosives ! Déposées pieusement au pied du trône auraient-elles connu d'autre sort que les oubliettes des cartons ministériels ? Mais elles furent remises aux députés, avec des mandats souvent impératifs, et des précautions pour prévenir toute tentative du Roi ou de ses ministres de faire avorter la nouvelle constitution. Et quelle révolution que cette constitution ! Rien moins que l'avis de décès de l'Etat absolutiste. A la monarchie d'Ancien Régime, absolue c'est-à-dire sans contrôle, malgré les Parlements qui rêvent, arbitraire c'est-à-dire sans garanties pour les sujets, elle oppose une monarchie constitutionnelle et libérale. A la monarchie administrative, gouvernant la France par commissaires, contrôlant les municipalités, elle oppose un Etat décentralisé et l'autonomie provinciale. A la société d'ordres, où chaque état, et à l'intérieur de chaque état, chaque corps est clos dans un système particulier de privilèges, de devoirs et de droits, elle oppose une société individualiste où chaque citoyen, soumis aux mêmes lois, jouit des mêmes droits.

La constitution, celle que proposent les cahiers de la noblesse, est fondée sur le principe, que Montesquieu et l'Angleterre ont révélé à la France, de la séparation des pouvoirs. Le Roi — notons qu'il est rarement précisé qu'il doit être sacré et inviolable, peut-être parce que cela allait de soi — est revêtu du pouvoir exécutif. 21 pour 100 des cahiers lui reconnaissant formellement cette prérogative, mais pour les autres il ne fait aucun doute non plus que ce pouvoir ne saurait être partagé, quitte à doser savamment les mécanismes de contrôle pour empêcher tout abus dans son exercice. A la Nation seule, représentée par les Etats généraux librement élus, appartient la totalité du pouvoir législatif. Plus de 70 pour 100 des cahiers formulent sans ambages cette exigence. L'assemblée, permanente ou périodique mais régulièrement convoquée, se voit assigner une triple fonction : elle dispose du pouvoir législatif dans toute sa plénitude et nulle loi n'est légale qu'elle ne l'ait approuvée ; elle consent l'impôt : tout subside levé sans son consentement est illégal et ceux qui en ordonneraient la collecte seraient poursuivis pour concussion ; elle contrôle l'exécutif : tous les ministres sont responsables devant elle et justiciables de son tribunal. Elle a la haute main sur les finances publiques : ministres et ordonnateurs doivent lui rendre leurs comptes ; elle fixe les dépenses de chaque département, vérifie les pensions et en publie l'état chaque année.

Prudents, et même soupçonneux, les cahiers prennent d'infinies précautions pour éviter toute tentative du pouvoir pour faire échouer le projet de réforme ou pour se donner la possibilité d'une revanche. Près de 40 pour 100 des cahiers refusent l'octroi de tout subside avant l'adoption de la constitution. Pour ménager l'avenir, conscients d'un possible retour de bâton, la grande majorité (68 pour 100) refuse d'accorder l'impôt au-delà du terme fixé au retour des Etats généraux. Que ceux-ci ne soient pas convoqués à temps et dans les formes légales et tous les impôts deviendraient caduques et ceux qui en ordonneraient la perception, mis en accusation. Pouvoirs réglés, indépendance du législatif assuré, contrôle de l'exécutif par la Nation, mais ce n'est pas tout. La constitution doit garantir les libertés fondamentales de l'individu. La société dont rêvent les nobles en 1789 est une société libérale, où les garanties les plus fortes et les plus étendues seraient données aux citoyens contre toute tentation du pouvoir d'user d'arbitraire, de bâillonner l'opinion, de toucher à la représentation nationale : liberté individuelle, de circulation, de pensée, de la presse, inviolabilité des députés, de la propriété, des minorités (protestante et juive), garantie des emplois publics. Nul ne pourra être jugé que par ses juges naturels, tout tribunal d'exception interdit, les lettres de cachet abolies. La protection des citoyens fait l'objet d'exigences qui en cette fin de xxᵉ siècle ne sont pas encore entièrement satisfaites comme la limitation de la garde à vue à vingt-quatre heures, l'élargissement sous caution et la publicité de l'instruction.

Monarchie constitutionnelle, monarchie libérale, la noblesse tourne délibérément le dos à l'Etat absolutiste. Celui qu'elle propose décalque très exactement le modèle que proposent au même moment les cahiers du tiers état. Mais la monarchie absolue, c'était aussi la centralisation, le pouvoir discrétionnaire des commissaires et leurs abus, les libertés locales bafouées. Aussi la noblesse propose-t-elle en bloc, la suppression des intendants qui répercutent dans les provinces l'arbitraire du pouvoir et la création dans l'ensemble du royaume d'Etats provinciaux librement élus où les trois ordres seraient également représentés. Leurs fonctions ? Variées et étendues. Assiette et recouvrement de l'impôt, utilisation des fonds nécessaires à la province, versement au Trésor du surplus, décision et surveillance des travaux publics. Ainsi chaque province s'administrerait librement, vivrait sur ses propres ressources, gérerait elle-même son budget et ses travaux, hors d'atteinte des coups de force du pouvoir, des caprices des ministres, des abus des intendants. C'est donc un Etat nouveau, constitutionnel, libéral, décentralisé, en somme l'antithèse de l'Etat absolutiste, que propose, qu'exige la noblesse. Mais c'est aussi une nouvelle société.

La société d'ordres, depuis longtemps compromise, et par la monarchie elle-même, a vécu. Pleinement consciente de cette donnée fondamentale, la noblesse se révèle prête à en accélérer l'évolution. Plus de 60 pour 100 des cahiers acceptent, on l'a déjà vu, la réunion des ordres dans une assemblée unique où compteront seuls les individus, où les corps n'auront plus ni pouvoirs ni existence réelle. Les privilèges qui donnaient à l'ordre sa consistance, qui l'isolaient du reste de la Nation, les soustrayaient aux obligations du commun, enfin faisaient de lui un corps singulier et une brillante exception à la condition citoyenne, tout cela le second ordre accepte de l'abandonner. La volonté de substituer une société individualiste à la société corporative s'exprime par la revendication d'égalité : égalité — sans distinction d'ordre, de statut personnel, de naissance — de tous devant la loi et suppression des privilèges juridiques (près de 40 pour 100 des cahiers réclament la suppression du Committimus), égalité des peines, car même la mort ignominieuse hiérarchisait les condamnés ; égalité devant l'impôt (plus de 88 pour 100), signe de roture dans une société d'ordres mais symbole de la citoyenneté dans une société responsable de son destin. La majorité des cahiers se montrent très sourcilleux sur les privilèges honorifiques. Toutefois une frange radicale accepte de repousser beaucoup plus loin la frontière de l'égalité : accès de tous, sans distinction de naissance et de statut, aux charges publiques et aux emplois militaires, suppression des distinctions et formalités humiliantes pour le tiers. C'est là la limite extrême du libéralisme nobiliaire. Le tiers état n'a rien désiré de plus. Pas encore.

A la société des supériorités héritées, des privilèges, des distinctions, la noblesse oppose une société de citoyens libres, égaux en droit, soumis aux mêmes devoirs, une société où, face à une monarchie contrôlée, l'individu n'est soumis qu'à une loi uniforme, claire, débarrassée de toute imprécision et de tout arbitraire et qui s'impose également, sous le couvert d'une autorité librement consentie, à tous sans exception.

Une telle réforme de l'Etat et de la société serait restée incomplète si les électeurs n'avaient pénétré plus avant dans le détail des institutions. Aussi, soucieux de ne rien laisser dans l'ombre, les cahiers indiquent-ils, avec un grand luxe de précisions, les réformes à introduire dans l'armée, la justice, les finances, le commerce et l'industrie, la santé et l'éducation publique, la lutte contre la mendicité et les secours aux pauvres et aux enfants trouvés.

Pour la justice, trois grandes réformes. La refonte des codes civil et criminel dont la rédaction doit être confiée à une commission d'experts et s'inspirer de principes humanitaires et libéraux : établir le jugement par jurés, faire bénéficier l'accusé du concours d'un conseil, c'est-à-dire d'un défenseur compétent, supprimer la torture et la sellette, pratiques dignes de la barbarie, limiter la peine de mort. Les tribunaux — après suppression de tous ceux qui se révéleront inutiles — seront rapprochés des justiciables, les Parlements multipliés. Toutes les juridictions seront tenues de motiver leurs jugements et l'instruction criminelle deviendra publique. Les magistrats ? Ils seront inamovibles pour assurer l'indépendance de la justice, mais la vénalité des offices sera supprimée et les charges données au concours ou à l'élection. Mieux administrée, la justice assurera désormais son indépendance face au pouvoir et offrira toutes garanties aux justiciables. Indispensable complément à la liberté des citoyens, une justice bien réglée, équitable, à l'abri de l'exécutif et inspirée des principes humanitaires que les Lumières ont largement diffusés, apparaît si nécessaire à la noblesse qu'elle lui consacre près de 9 pour 100 de ses doléances.

Mais comment ne pas se préoccuper, au moment où l'on accepte de payer l'impôt, de l'administration des finances et de la question, brûlante entre toutes, de la gestion des deniers publics. Le contrôle des finances par les Etats généraux est autant un moyen de pression, voire de chantage, sur l'exécutif, que la condition d'une gestion saine. Dans un souci de rationalité, que malgré de timides tentatives la monarchie n'avait jamais réussi à imposer à son administration, les cahiers réclament aussi l'abandon des pratiques génératrices de désordre comme l'usage des acquits de comptant, les pensions excessives, les charges inutiles, et avec plus de vigueur encore, la suppression des agents du fisc (les Etats provinciaux devant désormais nommer leurs propres receveurs), des aides, des traites et de la gabelle tant honnie.

Les militaires avaient à déplorer les incessants changements de règlements, les passe-droits et les décisions arbitraires des ministres. La noblesse, qui considérait souvent l'armée comme son fief — 25 pour 100 des cahiers demandent que le second ordre soit maintenu dans son droit exclusif de donner des officiers — a voulu en modifier à la fois la constitution et l'esprit. Sur deux points, l'armée de Louis XVI provoquait le mécontentement et l'amertume des nobles : le monopole des hauts grades réservé à la noblesse de cour et la discipline jugée humiliante et flétrissante pour l'honneur d'une Nation éclairée et généreuse. Rompant là encore avec le dogme des droits acquis et des privilèges de naissance et des dignités innées, la noblesse exige que les hautes fonctions ne soient plus accordées qu'au mérite et que les officiers de fortune eux-mêmes (dont on propose de remplacer l'appellation désobligeante par celle d'officiers de mérite) puissent prétendre à tous grades et dignités. Quant à la discipline, imitée du modèle prussien récemment introduit en France, beaucoup d'officiers la jugeaient incompatible avec le génie de la Nation : punitions corporelles, coups de plat de sabre indignaient d'autant plus que tout un courant idéologique, depuis le chevalier d'Arcq, tendait à héroïser le soldat dans le culte de l'honneur spartiate, de dévouement à la patrie. Les cahiers qui ont le mieux assimilé la leçon sociale des Lumières, reprennent à leur compte une revendication du tiers état, et il faut le dire, il y avait quelque courage à le faire. Ce n'est pas tout à fait sans raison que la noblesse pouvait prétendre se réserver le monopole des grades militaires, bien qu'en fait elle n'y soit jamais parvenu. La plupart des autres métiers qui conduisaient souvent la bourgeoisie à la fortune, lui étaient en principe interdits, sinon par la loi du moins par le préjugé.

Le tiers état dans ses demandes ne doit pas perdre de vue que toutes les portes de la fortune lui sont ouvertes, que tous les moyens licites de s'enrichir lui sont acquis, tandis que les lois ecclésiastiques défendent ces mêmes moyens au clergé, et que des préjugés non détruits n'en permettent pas l'emploi à la noblesse : celle-là n'a même pour un grand nombre de ses membres que la carrière des armes, profession honorable sans doute, mais ruineuse pour la plupart de ceux qui l'ont embrassée. Le commerce est une mine féconde dont l'exploitation n'est pas encore permise à toutes les classes.

Certes la carrière des armes apportait parfois l'illustration, rarement la fortune. La noblesse servant dans les armées, déclare le cahier de Béziers, est ordinairement une des classes les plus pauvres du royaume. A ce métier, la noblesse était pourtant attachée par idéologie « patriotique » autant que par intérêt. Pourtant certains acceptent de l'ouvrir à la roture. Ils le font au nom d'un principe qui a profondément pénétré l'esprit nobiliaire depuis un demi-siècle : le mérite. La notion de noblesse s'est en effet modifiée. A côté de l'honneur attaché à l'hérédité, le mérite est accepté comme un autre critère de définition. Les nobles de Langres en sont si convaincus qu'ils ont souscrit sans réserve à cette maxime fournie par le cahier des trois ordres : « L'idée de noblesse présente à l'esprit, ou un héritage précieux transmis avec le sang, ou une récompense glorieuse de travaux utiles à la patrie ; c'est une illustration que l'on a reçue de ses aïeux ou obtenue par ses services. » Le cahier de Chateauneuf-en-Thimerais tire la conclusion logique de cette révolution mentale : « Que tous les citoyens puissent prétendre à toutes les places et dignités ecclésiastiques, civiles et militaires qui doivent être le prix et la récompense de la vertu et du mérite et non le patrimoine d'une classe privilégiée ; que le défaut de naissance ne soit plus un obstacle ; que les talents, les mœurs et le courage soient le passeport le plus honorable. » Certes toute la noblesse n'est pas aussi explicite. 25 pour 100, on l'a vu, désirent réserver les grades aux seuls nobles ; et à peine 8 pour 100 exigent formellement l'accès de tous à tous les emplois. Les autres, qui ne se prononcent pas, ont au moins renoncé à leurs confortables certitudes et laissent aux plus courageux le soin de parler en leur nom.

La même attitude inquiète apparaît dans l'approche de questions importantes mettant en cause d'autres privilèges nobiliaires. Les droits seigneuriaux étaient l'objet de violentes attaques et la noblesse ne pouvait ignorer que ces droits étaient contestés. Cependant 32 pour 100 des cahiers seulement y font allusion : 17 pour 100 pour en réclamer le maintien, 13 pour 100 pour en exiger l'abolition. La noblesse était donc divisée sur ce point et la plupart attendait des Etats généraux qu'ils tranchent eux-mêmes la question.

La noblesse a-t-elle au moins soutenu les prétentions de l'ordre frère, le clergé ? La solidarité qui aurait pu exister entre les ordres privilégiés n'a joué à aucun moment. Les nobles eux-mêmes remettaient en question l'existence des ordres et des privilèges. Le clergé, surtout le haut clergé et le clergé régulier sont très maltraités par les cahiers nobles. Certains vont même très loin puisqu'ils réclament purement et simplement l'abolition de l'ordre. La plupart s'en prennent aux chefs de l'Eglise, évêques et bénéficiers : réduction de leurs revenus, résidence obligatoire, telles sont les exigences les. plus fréquentes. Au contraire, la noblesse, témoin quotidien de la misère de nombreux curés et vicaires, se montre soucieuse d'améliorer le sort de ces pasteurs qui sont souvent les mal-aimés et les parias de la société chrétienne : augmenter la congrue (généralement portée à 1 000 ou 1 200 livres), leur assurer une retraite décente en leur affectant des bénéfices et canonicats. Préoccupés d'assainir le clergé et d'en élever la moralité, les cahiers veulent interdire les vœux avant vingt-cinq ans, réformer les couvents, supprimer les ordres mendiants et les ordres inutiles ou non enseignants.

La noblesse s'est également montrée très sensible aux problèmes de la santé et de l'éducation publique : 2,54 pour 100 des doléances sont réservées à l'éducation nationale (41 pour 100 des cahiers réclament des écoles pour toutes les classes de la société), aux pauvres et aux enfants trouvés, à la généralisation dans les campagnes des chirurgiens et des sages-femmes expérimentés, à la poursuite des empiriques et des charlatans.

S'étonnera-t-on encore de l'intérêt porté par la noblesse au commerce et à l'industrie ? Elle est depuis longtemps entrée dans l'aire des échanges capitalistes, pour quelques-uns avec le dynamisme que l'on sait, pour presque tous dans le système des prêts et emprunts. Son désir d'entrer plus directement encore dans la vie économique, elle l'exprime avec force en exigeant la suppression de toute entrave à la libre initiative. En fait depuis longtemps la noblesse est liée au capitalisme, et en particulier au capitalisme fiscal, mais elle veut plus : la reconnaissance de son droit à s'engager dans les activités productrices, la monarchie l'a depuis longtemps accordée ; c'est le tiers état qui résiste et les cahiers ont tenté de lui forcer la main. Et c'est pourquoi, peu soucieuse de maintenir le système corporatif, la noblesse réclame l'abolition des jurandes et des corporations et de tous les privilèges exclusifs.

Alors ? La noblesse faisant cause commune avec un régime dans lequel la Nation ne se reconnaît plus ? Défendant âprement des structures surannées pour conserver ses privilèges et renforcer ses positions dans un Etat qui s'identifie avec elle ? Ou bien plutôt construisant, en pleine communion avec le tiers, une machine de guerre destinée à abattre l'absolutisme, à lui substituer un Etat constitutionnel et libéral dont la raison d'être serait de garantir le citoyen contre tout arbitraire et d'assurer à tous le droit au bonheur ? Rompant avec des siècles d'hérédité qui réservaient à une minorité le privilège du bien être, la noblesse ne réclame-t-elle pas la généralisation du bonheur ? Tous les bailliages auraient pu inscrire en tête de leurs cahiers cette exigence de la noblesse de Blois : « Le but de toute institution sociale est de rendre le plus heureux qu'il est possible ceux qui vivent sous ses lois. Le bonheur ne doit pas être réservé à un petit nombre ; il appartient à tous » ?

L'Etat et la société dont rêvent les nobles en cette veille de la Révolution, témoignent-ils d'une singularité qui situerait la noblesse dans un univers culturel parallèle, non pas réactionnaire — son progressisme est évident — mais décentré par rapport à la culture nationale ? ou au contraire rejoint-elle les aspirations les plus communes pour s'intégrer sans réticence dans la société nouvelle qui se définit alors. La comparaison avec les cahiers du tiers état — en fait ceux de la bourgeoisie — permet de conclure ; de conclure positivement. L'archipel nobiliaire a rejoint le continent. Dans une excellente thèse non publiée, un historien américain,

S. Weitman a analysé le contenu des cahiers des trois ordres.[1] On peut ainsi comparer les résultats obtenus.

L'exigence de liberté, si grande chez la noblesse, s'exprime dans les cahiers du tiers, bien qu'avec un léger recul, avec autant de netteté. Le tableau qui suit démontre à l'évidence la concordance entre les deux ordres :

	Tiers	Noblesse
Liberté de la presse	74 %	88,05 %
Abolition des évocations	40	82,08
Abolition des lettres de cachet	74	68,65
Donner un conseil à l'accusé	35	23,88

La noblesse l'emporte donc d'une tête sur le tiers, plus préoccupée que lui d'assurer la totale liberté d'expression, plus sensible à la pression que les autorités exerçaient sur la libre information. En revanche elle est moins ardente à se garantir contre les usurpations de la justice. Dans le sacrifice de ses privilèges, la noblesse se montre très empressée, parfois plus que le tiers état lui-même, là où pourtant celui-ci n'avait rien à perdre et tout à gagner :

	Tiers	Noblesse
Egalité devant l'impôt	86 %	88,54 %
Abolition du committimus	54	39,55
Abolition des droits seigneuriaux	64	13,74

La noblesse n'est nettement en retrait que sur les droits seigneuriaux, mais nous avons déjà vu qu'il s'agit d'une attitude passive, la plupart des cahiers ne se prononçant pas et un faible pourcentage réclamant leur reconnaissance formelle.

En fait, si l'on poursuivait méthodiquement la comparaison, les cahiers des deux ordres se recouvriraient à peu près intégralement. La seule divergence apparaîtrait dans la concurrence d'intérêts contradictoires : le tiers, par exemple, et pour des raisons évidentes, est beaucoup plus porté que la noblesse à réclamer l'abandon des pratiques discriminatoires dans le recrutement de la fonction publique. Mais, pour

---

1. S. WEITMAN : *Bureaucracy, democracy and the French Revolution*, 1968.

l'essentiel — construction d'un Etat libéral et constitutionnel, d'une société égalitaire et individualiste, d'un pouvoir décentralisé — la convergence est parfaite entre les deux ordres. La rivalité que d'aucuns, comme Sieyès, essaient de soulever en 1789 pour opposer entre elles les élites, celles du tiers qui s'expriment dans les cahiers généraux du tiers état et la noblesse, est déjà une manœuvre politique qui dresse face à face des candidats au pouvoir.

La bourgeoisie et la noblesse apparaissent, à travers leurs doléances, comme des complices décidés à abattre un régime discrédité et à lui substituer un ordre nouveau sur lequel ils ont très largement des idées communes. S'ils sont divisés, ce ne saurait être que sur les moyens de réaliser le passage et sur l'identité des acteurs ; non sur les principes.

CONCLUSION

En ce moment privilégié de l'histoire où une Nation se découvre et se révèle ; en cette année 89 où, après avoir fait les beaux jours de l'Europe des *Lumières,* l'absolutisme s'effondre en France sous les feux innocents des premiers rayons de la liberté ; en cette veille de Révolution qui accouche d'un avenir où tous les régimes durables qui se sont succédés, fussent-ils républicains, ont ambitionné et ont réussi à restaurer l'Ancien Régime politique, en accroissant sans cesse le ressort et la domination de l'Etat, puissance impersonnelle aux mains de professionnels du pouvoir ; en cet instant de grâce où tout paraît possible, mais où la réflexion impose au changement les bornes de la sagesse, arrêtons-nous provisoirement, pour un bilan et une interrogation.

De l'Etat absolutiste, personne en France ne veut plus. La noblesse qu'il a créée, comblée, rassasiée, mais non satisfaite, entame contre lui une procédure de divorce soutenue par le dossier exhaustif de ses griefs, de ses rancunes et de... ses projets de noces. Avec la Nation, miraculeusement découverte au terme d'une longue réflexion initiée sous la férule d'un champion de la raison d'Etat, cette raison ambiguë de tous les despotismes ; avec le tiers d'où elle est issue et dont elle répète inlassablement, à l'intérieur de ses frontières, les conflits et les ambitions ; avec la liberté, cette espérance des peuples qui survivent au fanatisme des pouvoirs ; avec l'Etat dont elle rêve et qu'elle imagine léger, à l'écoute des peuples, fonctionnant pour eux et non pour lui-même, débouté de son éternel souci maniaque d'obéissance passive, non plus maître et tyran mais serviteur et dépendant.

De la société, telle que l'Ancien Régime l'a conçue, personne en France ne veut plus. Non ? Et la noblesse qui bénéficiait de l'inégalité, qui jouissait de privilèges, réels et honorifiques, et d'une supériorité que l'opinion, quoiqu'elle en eût, reconnaissait ? Elle abandonnerait tout cela ? Allons donc ! Ne poussons pas le paradoxe jusqu'à l'absurde, c'est-à-dire jusqu'à remettre en cause les idées reçues. Les cahiers ? Simple opportunité. Elle a franchi le rubicon ? C'est pour mieux battre en retraite. Où est l'illusion ?

Peut-être tout simplement dans l'énoncé du problème. N'a-t-on pas compromis toute chance de comprendre la crise française en ramenant toute tentative d'explication à une proposition unique. En introduisant la lutte des classes dans une société d'ordres, on a faussé toutes les perspectives. Les ordres eux-mêmes ne sont que l'enveloppe transparente d'une multitude de corps qui se déchirent ; d'un ordre à l'autre des corps sont unis par la communauté des intérêts, mais isolés par des frontières juridiques. La rivalité entre tiers et noblesse est en grande partie théorique et controuvée. La rivalité entre noblesse et noblesse est plus juste, elle a en tout cas le bénéfice de l'antériorité. Une répétition générale en somme dont le second ordre est le héros ; il suffira désormais d'harmoniser la mélodie, le thème est trouvé. C'est en effet au sein de la noblesse que le débat a pris corps, c'est là que s'est actualisé le pari des *Lumières* : naissance contre mérite. C'est à l'intérieur du second ordre que le tiers état a joué ses cartes, et gagné la partie. Ce sont les anoblis qui ont fait triompher la cause du mérite ; eux qui ont exigé l'abolition des pratiques discriminatoires qui isolaient et privilégiaient la naissance. Leur cause se confondait avec celle des élites du tiers. La noblesse a été ainsi le laboratoire privilégié, le manège où la bourgeoisie a tenté les galops d'essai d'une révolution de l'égalité. Egalité des élites. Pour les anoblis — et selon les exigences des règlements tous les nobles l'étaient peu ou prou[1] — comme

---

1. Il fallait faire preuve d'environ un siècle d'ancienneté pour l'armée et de plus de trois siècles pour la cour.

pour les bourgeoisies, ce qui est en jeu c'est l'élargissement du privilège au mérite ou à ses équivalences — argent et culture. La convergence objective des intérêts, même masquée par des rivalités ponctuelles, ne pouvait manquer de mobiliser les deux ordres contre les seuls bénéficiaires du privilège restreint : les amphitryons de la cour confondus et à juste titre condamnés avec l'Etat qu'ils symbolisaient.

La « première Révolution » a uni contre l'Etat absolutiste et contre le privilège restrictif, noblesse et roture. Parce qu'il s'agissait d'une révolution des *Lumières* et de la conclusion du débat qui opposait naissance à mérite. Révolution des élites ; révolution de l'égalité au sommet. Au-delà, les *Lumières* étaient largement dépassées.

BIBLIOGRAPHIE

Les sources, indiquées dans les notes infrapaginales, ne sont pas reprises ici. Pour les cahiers de doléances j'ai utilisé, de préférence à la publication des Archives parlementaires, les originaux conservés aux Archives nationales dans les séries BA et BIII.

La bibliographie, réduite ici aux ouvrages dont on a fait usage, pourra être complétée, sur la noblesse, par celle, excellente, que donne Jean Meyer dans sa thèse : *La noblesse bretonne au* XVIII° *siècle*.

Pour les revues les plus souvent citées, on a utilisé les abréviations suivantes : Annales, Economies, Sociétés, Civilisations.

A.H.R.F. — Annales historiques de la Révolution française.

R.H.M.C. — Revue d'histoire moderne et contemporaine.

ADAM (A.) : *Le mouvement philosophique dans la première moitié du* XVIII° *siècle*, 1967.

AGHULON (M.) : *La vie sociale en Provence intérieure au lendemain de la Révolution*, 1970.

ALÈS de CORBET : *Origine de la noblesse française*, 1766.

ALLONVILLE (comte d') : *Mémoires secrets*, 1835.

ALTHUSSER (L.) : *Montesquieu, la politique et l'histoire*, 1959.

ANTRAIGUES (comte d') : *Mémoire sur les Etats Généraux*, 1788.

ARCQ (A. de Sainte-Foy chevalier d') : *La noblesse militaire ou le Patriote français*, 1756.

ARGENSON (marquis d') : *Considérations sur le gouvernement de la France*, 1764.

ARGENSON (marquis d') : *Mémoires*, 1858.

ARIÈS (P.) : *Histoire des populations françaises et leurs attitudes devant la vie*, rééd., 1971.

ARON (R.) : « Social structure and the ruling class », *British journal of sociology*, 1950.

ARON (R.) : « Classe sociale, classe politique, classe dirigeante », *Archives européennes de sociologie*, 1960.

BABEAU (A.) : *La vie militaire sous l'Ancien Régime*, 1889-1890.

BABEAU (A.) : *Les établissements d'instruction à Paris en 1789*, 1889.

BALLOT (C.) : *L'introduction du machinisme et l'industrie française (1780-1815)*, 1923.

BARBER (E.) : *The bourgeoisie in eighteenth-century France*, 1955.

BARTHÉLEMY (E. de) : *La noblesse de France avant et depuis 1789*, 1858.

BARTHÉLEMY (E. de) : *Les ducs et les duchés français avant et depuis 1789*, 1867.

BAUDRILLART (H.) : *Gentilshommes ruraux*, 1894.

BEAUNE (H.) : *Voltaire au collège*, 1867.

BEHRENS (B.) : « Nobles, privileges and taxes at the end of the Ancien Régime », *Economic history review*, 1962.

BENOIT (A.) : *L'école des cadets-gentilshommes du Roi de Pologne à Lunéville*, 1867.

BERGASSE : *Observations sur le préjugé de noblesse*, 1789.

BERTIN (E.) : *Les mariages dans l'ancienne société française*, 1879.

BIEN (D. D.) : « La réaction aristocratique avant 1789 », *Annales*, 1974.

BLOCH (M.) : *Les Rois thaumaturges*, rééd., 1961.

BLUCHE (F.) : *Les magistrats du Parlement de Paris au XVIII° siècle*, 1961.

BLUCHE (F.) : *L'origine des magistrats du Parlement de Paris*, 1956.

BLUCHE (F.) : *Les honneurs de la cour*, 1957.

BLUCHE (F.) et DURYE (P.) : *L'anoblissement par charge avant 1789*, 1962.

BLUCHE (F.) : *La vie quotidienne de la noblesse française au XVIII° siècle*, 1973.

BLUCHE (F.) : « L'origine sociale du personnel ministériel français au XVIII° siècle », *Bulletin de la Société d'histoire moderne*, 1957.

BOIS (P.) : *Paysans de l'Ouest*, 1960.

BOITEAU (P.) : *L'état de la France en 1789*, 1861.

BOSHER (J.) : *French finances. From business to bureaucracy*, 1970.

BOTTOMORE (T. B.) : *Elites et société*, 1964.

BOUILLÉ (marquis de) : *Mémoires*, 1821.

BOULAINVILLIERS : *Essai sur la noblesse de France*, 1732.

BOUQUET (H. L.) : *L'ancien collège d'Harcourt*, 1891.

BOURRACHOT (L.) : « L'administration des biens d'une baronnie quercynoise », *Bull. Soc. Etudes litt. du Lot*, 1934.

BOUTON (A.) et LEPAGE (M.) : *Histoire de la franc-maçonnerie dans la Mayenne*, 1951.

BOUVIER (J.) et GERMAIN-MARTIN : *Finances et financiers d'Ancien Régime*, 1955.

BOUYALA D'ARNAUD (A.) : « Un gentilhomme provençal au XVIIIe siècle : le marquis d'Eguilles », *Provincia*, 1960.

BRAUDEL (F.) et LABROUSSE (E.) (sous la direction de) : *Histoire économique et sociale de la France*, tome II, 1970.

BRELOT (C.) : *La noblesse de Franche-Comté de 1789 à 1808*, 1972.

BROC (vicomte de) : *Essai historique sur la noblesse de race*, 1877.

BROC (vicomte de) : *La France sous l'Ancien Régime : les usages et les mœurs*, 1899.

BUAT (comte du) : *Eléments de la politique*, 1773.

BURGUIÈRE (A.) : « A Reims : diffusion des Lumières et cahiers des Etats Généraux », *Annales*, 1967.

CAMPAN (Madame) : *Mémoires*.

CARCASSONNE (E.) : *Montesquieu et le problème de la constitution*, 1927.

CARNÉ (G. de) : *L'école des pages*, 1886.

CARRÉ (H.) : *La noblesse française et l'opinion publique au XVIIIe siècle*, 1920.

CASSIRER (E.) : *La philosophie des Lumières*, 1966.

CARRIÈRE (C.) : « Le recrutement de la Cour des Comptes d'Aix » 81e *Congrès des Sociétés savantes*, Caen, 1956.

CHABAUD (A.) : « Essai sur les classes bourgeoises dirigeantes à Marseille en 1789 », in *Assemblée générale de la commission centrale des comités départementaux*, 1939, tome I.

CHAMPION (E.) : « La conversion de la noblesse en 1789 », *Révolution Française*, 1893.

CHARMEIL (J. P.) : *Les trésoriers de France à l'époque de la Fronde*, 1964.

CHARTIER (R.) : « Un recrutement scolaire au XVIIIe siècle : l'école royale du génie de Mézières », *R.H.M.C.* 1973.

CHASSANT (A.) : *Nobles et vilains. Recherche sur la noblesse et les usurpations nobiliaires*, 1857.

CHATEAUBRIAND (R. de) : *Mémoires d'Outre-tombe*, 1964.

CHAUNU (P.) : *La civilisation de l'Europe des Lumières*, 1971.

CHAUSSINAND-NOGARET (G.) : « Aux origines de la Révolution : noblesse et bourgeoisie », *Annales*, 1975.

CHAUSSINAND-NOGARET (G.) : *Gens de finance au XVIIIe siècle*, 1972.

CHAUSSINAND-NOGARET (G.) : *Les financiers de Languedoc*, 1970.

CHAUSSINAND-NOGARET (G.) : *Une histoire des élites*, 1975.

CHAUSSINAND-NOGARET (G.) : « Les Jacobites au XVIIIe siècle », *Annales*, 1973.

CHAUSSINAND-NOGARET (G.) : « Une entreprise française en Espagne », *R.H.M.C.*, 1973.

CHAUSSINAND-NOGARET (G.) : « Capitalisme et structure sociale », *Annales*, 1970.

CHEVALIER (L.) : *La situation économique de la noblesse dans le Lyonnais*, 1941.

CHEVALIER (J.) : *Le Creusot*, 1946.

CHEVALLIER (P.) : *Les ducs sous l'Acacia*, 1964.

CHEVALLIER (P.) : *La première profanation du Temple maçonnique*, 1968.

CHEVALLIER (P.) : *Histoire de la Franc-maçonnerie française*, 1974.

CHOISEUL (duc de) : *Mémoires*, 1907.

CLERGEAC (A.) : « Une famille de gentilshommes campagnards aux XVII° et XVIII° siècles », *Revue de Gascogne*, 1903.

COBBAN (A.) : *The social interpretation of the French Revolution*, 1964.

COCHIN (A.) : *La manufacture de Saint-Gobain*, 1865.

COLLAS (A.) : *Un cadet de Bretagne : Chateaubriand*, 1949.

COLOMBET (A.) : *Les parlementaires bourguignons à la fin du* XVIII° *siècle*, 1937.

CUBBELS (M.) : « A propos des usurpations de noblesse en Provence sous l'Ancien Régime, *Provence historique*, 1970.

CONDORCET : *Œuvres*, 1847-1849.

CONSTANT (J. M.) : « L'enquête de noblesse de 1667 et les seigneurs de Beauce », *R.H.M.C.* 1974.

COYER (abbé) : *La noblesse commerçante*, 1756.

COYER (abbé) : *Supplément à la noblesse commerçante*, 1757.

CRÉQUY (marquise de) : *Souvenirs*.

DAINVILLE (F. de) : « Collèges et fréquentation scolaire au XVIII° siècle », *Population*, 1955-1957.

DEBIEN (G.) : « Défrichement et reprises des fermes en Poitou à la fin du XVIII° siècle », *A.H.R.F.* 1968.

DECOUFFÉ (A.) : « L'aristocratie française devant l'opinion publique à la veille de la Révolution ». *Etudes d'histoire économique et sociale du* XVIII° *siècle*, 1966.

DERYVER (A.) : *Le sang épuré*, 1974.

DOYLE (W.) : « Le prix des charges anoblissantes à Bordeaux au XVIII° siècle », *R.H.E.S.*, 1968.

DOYLE (W.) : « *The Parlement of Bordeaux and the end of the old regime*, 1974.

DUBY (G.) : *Guerriers et paysans*, 1973.

DUBY (G.) : *Hommes et structures du Moyen Age*, 1973.

DUGAS (L.) : « Une éducation d'autrefois : enfance et jeunesse de Chateaubriand », *Revue Bleue*, 1929.

DUMÉRIL (M.) : *La légende politique de Charlemagne et son influence au moment de la Révolution*, 1878.

DUMOLIN (M.) : *Les académies parisiennes d'équitation*.

DUPONT-FERRIER (G.) : *Du collège de Clermont au lycée Louis-le-Grand*, 1921-1925.

DUPRONT (A.) : « Cahiers de doléances et mentalités collectives », *Actes du 89° Congrès des Sociétés savantes*, 1964.

DUPRONT (A.) : « Formes de la culture de masses : de la doléance politique au pèlerinage panique », in *Niveaux de culture et groupes sociaux*, 1967.

DURAND (Y.) : *Les Fermiers Généraux au* XVIII° *siècle*, 1971.

EGRET (J.) : *La pré-révolution française*, 1962.

EGRET (J.) : *Le Parlement de Dauphiné et les affaires publiques dans la deuxième moitié du* XVIII° *siècle*, 1942.

EGRET (J.) : *Louis XV et l'opposition parlementaire*, 1970.

EGRET (J.) : « L'aristocratie parlementaire française à la fin de l'Ancien Régime », *Revue Historique*, 1952.

ELIAS (N.) : *La société de cour*, 1974.

Etat nominatif des pensions du Trésor royal, 5 vol., 1789, B.N. Lf81, 3.

FAURE (E.) : *La disgrâce de Turgot*, 1961.

FÉNELON : *Plans de gouvernement concertés avec le duc de Chevreuse pour être proposés au duc de Bourgogne* (novembre 1711).

FÉNELON : *Principes fondamentaux d'un sage gouvernement. Supplément à l'examen de conscience sur les devoirs de la royauté.*

FERRIÈRES (marquis de) : *Mémoires.*

FLEURY (vicomte) : *Le prince de Lambesc*, 1928.

FONTENAY (H. de) : *Napoléon, Joseph et Lucien Bonaparte au collège d'Autun*, 1869.

FORD (F. L.) : *Robe and sword*, 1965.

FORSTER (R.) : « The provincial noble : a reappraisal », *American historical review*, 1963.

FORSTER (R.) : *The house of Saulx-Tavannes*, 1971.

FORSTER (R.) : *The nobility of Toulouse in the eighteenth century*, rééd. 1971.

FOURNÉE (J.) : *Etude sur la noblesse rurale du Cotentin et du bocage normand*, Istina, 1954.

FRANKLIN (A.) : *Ecoles et collèges à Paris au* XVIIIᵉ *siècle*, 1897.

FRIJHOFF (W.) et JULIA (D.) : *Ecole et société dans la France d'Ancien Régime*, 1975.

FURET (F.) : « Le catéchisme de la Révolution », *Annales*, 1971.

FURET (F.) et DAUMARD (A.) : *Structures et relations sociales à Paris au* XVIIIᵉ *siècle*, 1961.

FURET (F.) et RICHET (D.) : *La Révolution Française*, 1965-66, rééd., 1973.

GALLIER (A. de) : *La vie de province au* XVIIIᵉ *siècle*, 1877.

GALLIER (A. de) : *Le marquis d'Aubais*, 1870.

GARDEN (M.) : « Niveaux de fortune à Dijon », *Cahier d'histoire*, 1964.

GENLIS (Madame de) : *Mémoires.*

GEOFFROY (S.) : *Répertoire des procès-verbaux des preuves de noblesse des gentilshommes admis aux écoles militaires de 1751 à 1792*, 1899.

GIRAULT (C.) : « La noblesse sarthoise », *Province du Maine*, 1954-1955.

GODECHOT (J.) : *Les Révolutions*, 1963.

GONCOURT (E. et J. de) : *La Femme au* XVIIIᵉ *siècle*, 1862.

GOODWIN (A.) : « The social structure and economic and political attitude of the french nobility in xviiith century », *Congrès international des sciences historiques*, Vienne, 1965.

GOODWIN (A.) (edit. by) : *The european nobility in the eighteenth century*, 1953.

GOUBERT (P.) : *L'Ancien Régime*, 1973.

GRAU (M.) : *De la noblesse maternelle, particulièrement en Champagne*, 1898.

GRESSET (M.) : *Le monde judiciaire à Besançon (1674-1789)*, 1975.

GRUDER (V. R.) : *Tre royal provincial intendant : a governing elite in eighteenth century France*, 1968.

GUILLORY : *Le marquis de Turbilly, agronome angevin au* XVIII° *siècle*, 1862.

HARTUNG (F.) et MOUSNIER (R.) : « Quelques problèmes concernant la monarchie absolue », X° *congrès international des sciences historiques*, Rome, 1965.

HAZARD (P.) : *La crise de la conscience européenne à la fin du* XVII° *siècle*, 1935.

HECHT (J.) : « Un problème de population active au XVIII° siècle : la querelle de la noblesse commerçante », *Population*, 1964.

HENNET (L.) : « L'école militaire de Paris », *Journal des sciences militaires*, 1886.

HYSLOP (B. H.) : *L'apanage de Philippe-Egalité*, 1965.

JALENQUES (L.) : « *La noblesse de la province d'Auvergne au* XVIII° *siècle* », *Bulletin d'Auvergne*, 1911.

KOLABINSKA (M.) : *La circulation des élites en France. Etude historique depuis la fin du* XI° *siècle jusqu'à la Révolution*, 1912.

LA BATUT (J.-P.) : *Les ducs et pairs en France au* XVII° *siècle*, 1972.

La franc-maçonnerie et la Révolution française, A.H.R.F., 1969.

LAROQUE (L. de) et BARTHÉLEMY (E. de) : *Catalogue des gentils-hommes...* 1860 et sq.

LA ROQUE (G.A. de) : *Traité de la noblesse*, 1678.

LASSAIGNE (J.D.) : *Les assemblées de la noblesse de France aux* XVII° *et* XVIII° *siècles*, 1962.

LA TOUR DU PIN (Madame de) : *Journal d'une femme de cinquante ans.*

LAUZUN (duc de) : *Mémoires*, 1928.

LE BIHAN (A.) : *Francs-maçons parisiens du Grand Orient de France*, 1966.

LE BIHAN (A.) : *Loges et chapitres de la Grande Loge et du Grand Orient de France*, 1967.

LEDOUX (E.) : « La profession de foi scientifique du marquis de Rostaing », *Mémoires de l'Académie de Besançon*, 1930.

LEFEBVRE (G.) : « Les classes en 1789 et leurs vœux », *Annales d'histoire économique et sociale*, 1930.

LEFEBVRE (G.) : *Les paysans du Nord pendant la Révolution française*, 1924.

LEFEBVRE (G.) : *La Révolution française*, 1963.

LEFEBVRE (G.) : *Etudes orléanaises*, 1962.

LÉON (P.) : *Economies et sociétés pré-industrielles*, 1970.

LÉON (P.) : *La naissance de la grande industrie en Dauphiné*, 1954.

LÉONARD (E.G.) : *L'armée et ses problèmes au* XVIII° *siècle*, 1958.

LE ROY LADURIE (E.) : « Pour un modèle de l'économie rurale française au XVIII° siècle », *Mélanges de l'Ecole française de Rome*, 1973.

LE ROY LADURIE (E.) : *Les paysans de Languedoc*, 1966, rééd., 1974.

LE ROY LADURIE (E.) : « Révoltes et contestations rurales en France de 1675 à 1788 », *Annales*, 1974.

LEVRON (J.) : *La vie quotidienne à la cour de Versailles aux XVII° et XVIII° siècles*, 1965.

LÉVY (C.F.) : *Capitalistes et pouvoir au siècle des Lumières*, 1969.

LEYMARIE (M.) : « Rentes seigneuriales et produit des seigneuries de l'élection de Tulle », *A.H.R.F.*, 1970.

LEZAY-MARNESIA (marquis de) : *Plan de lecture pour une jeune femme*, 1784.

LIGOU (D.) : « La franc-maçonnerie française au XVIII° siècle : position des problèmes et état des questions », *Information historique*, 1964.

LOUANDRE (C.) : *La noblesse française sous l'ancienne monarchie*, 1880.

LUPPÉ (A. de) : *Les jeunes filles de l'aristocratie et de la bourgeoisie à la fin du XVIII° siècle*, 1924.

LUTHY (H.) : *La banque protestante en France.*

MABLY : *Observations sur l'histoire de France*, 1765.

MANS (H. du) : « Cadets de province au XVIII° siècle », *Société d'Agriculture d'Angers*, 1902.

MARION (M.) : *Dictionnaire des institutions de la France*, 1923, rééd., 1973.

MARMONTEL : *Mémoires*, 1818.

MARSAY (vicomte de) : *De l'âge des privilèges au temps des vanités.*

MARX (R.) : *La Révolution et les classes sociales en Basse-Alsace*, 1974.

MASSÉ (R.) : *Varennes et ses maîtres*, 1956.

MAUROY (A. de) : *Un dernier mot sur la noblesse maternelle de Champagne*, 1913.

MAUZI (R.) : *L'idée de bonheur dans la littérature et la pensée française au XVIII° siècle*, 1960.

MENESTRIER (Père) : *Les diverses espèces de noblesse et les manières d'en dresser les preuves*, 1685.

MÉTHIVIER (H.) : *L'Ancien Régime*, 1961.

MÉTHIVIER (H.) : *La fin de l'Ancien Régime*, 1970.

MEYER (J.) : *La noblesse bretonne au XVIII° siècle*, 1966.

MEYER (J.) : « Un problème mal posé : la noblesse pauvre », *R.H.M.C.*, 1971.

MEYER (J.) : *L'armement nantais dans la seconde moitié du XVIII° siècle*, 1969.

MEYER (J.) : *Noblesses et pouvoirs dans l'Europe d'Ancien Régime*, 1974.

MOISSON de BRÉCOURT : *Essai sur l'éducation de la noblesse*, 1747.

MONIN (H.) : *L'état de Paris en 1789*, 1889.

MONTBARREY (prince de) : *Mémoires.*

MONTESQUIEU : *Œuvres complètes,* 1964.

MONTZEY (de) : *Institutions d'éducation militaire jusqu'en 1789,* 1866-1867.

MORAZÉ (C.) : *Les bourgeois conquérants,* 1948.

MORNET (D.) : *Les origines intellectuelles de la Révolution française,* 1947.

MOUGEL (F.C.) : « La fortune des princes de Bourbon-Conti à la veille de la Révolution », *R.H.M.,* 1971.

MOUSNIER (R.) : *La vénalité des offices sous Henri IV et Louis XIII,* 1945.

MOUSNIER (R.) : « Monarchie contre aristocratie au XVII⁰ siècle », XVII⁰ *Siècle,* 1956.

MUTEAU (C.) : *Les collèges de province jusqu'en 1789,* 1882.

OBERKIRCH (baronne d') : *Mémoires,* 1970.

Ordres et classes. Communications réunies par D. Roche, 1973.

OZANAM (D.) : *Claude Baudard de Saint-James,* 1969.

PARETO (V.) : *Œuvres complètes,* 9 vol. parus.

PAYEN (J.) : *Capital et machine à vapeur au* XVIII⁰ *siècle,* 1969.

PERRIN (E.) : « Mœurs et usages d'autrefois : les oisivetés d'un gentilhomme forezien », *Amitiés foreziennes,* 1921-1922.

POITRINEAU (A.) : *La vie rurale en Basse-Auvergne au* XVIII⁰ *siècle,* 1965.

PONCELET (abbé) : *Principes généraux pour servir à l'éducation des enfants, particulièrement de la noblesse française,* 1763.

PRÉJEAN (J.) : *Une famille noble dans la seconde moitié du* XVIII⁰ *siècle : le baron et la baronne de Schönberg,* thèse de 3⁰ cycle inédite.

PUY de CLINCHAMPS (du) : *La noblesse.*

RIBBE (C. de) : *Les familles et la société en France avant la Révolution,* 1879.

RIBIER (A. de) : « Les anoblissements et les confirmations de noblesse en Auvergne », *Bulletin historique Auvergne,* 1922 et sq.

RICHARD (G.) : *La noblesse d'affaires,* 1975.

RICHELIEU (duc de) : *Mémoires,* 1871.

RICHET (D.) : « Elite et despotisme », *Annales,* 1969.

RICHET (D.) : *La France moderne. L'esprit des institutions,* 1973.

RICHET (D.) et FURET (F.) : *La Révolution Française,* 1965-1966.

ROBIN (R.) : *La société française en 1789 : Semur-en-Auxois,* 1970.

ROCHE (D.) : « Recherches sur la noblesse parisienne au milieu du XVIII⁰ siècle : la noblesse du Marais », *Actes du 86⁰ congrès national des sociétés savantes,* 1962.

ROCHE (D.) : « Milieux académiques provinciaux et société des lumières », in *Livre et société dans la France du* XVIII⁰ *siècle,* 1965.

ROCHE (D.) : *Le siècle des lumières en province,* thèse en cours de publication.

ROCHEMONTEIX (C. de) : *Un collège de Jésuites aux* XVII⁰ *et* XVIII⁰ *siècles : La Flèche,* 1889.

ROTHKRUG (L.) : *Opposition to Louis XIV. The political and social origins of the french enleightenment*, 1965.

ROTON (A. de) : *Les arrêts du Grand Conseil portant dispense du marc d'or de noblesse.*

ROUFF : *Les mines de charbon*, 1922.

RAVITCH (N.) : « The social origins of french and english bishops XVIIIth century », *Historical Journal*, 1965.

REINHARD (M.) : « Elite et noblesse dans la seconde moitié du XVIIIe siècle », *R.H.M.C.*, 1956.

REISET (comte de) : *Modes et usages au temps de Marie-Antoinette*, 1885.

REISET (comte de) : *Grandes dames et aventurières*, 1905.

SAINT-ALBIN (O.) : « Livre des pensionnaires de l'académie d'équitation d'Angers », *Revue Anjou*, 1914.

SAINTE-BEUVE : *Causeries du lundi*, tomes XII et XIV, 1857.

SAINT-GERMAIN (J.) : *Samuel Bernard. Le banquier des Rois*, 1960.

SAINT-JACOB (P. de) : *Les paysans de la Bourgogne du Nord au dernier siècle de l'Ancien Régime*, 1960.

SAINT-LÉGER (A. de) : *Les mines d'Anzin et d'Aniche*, 1935.

SAINT-PRIEST : *Mémoires.*

SARS (M.) : « La situation financière de la noblesse du Laonnais à la veille de la Révolution », *Mémoires de la fédération des sociétés savantes de l'Aisne*, 1957-1958.

SÉDILLOT (R.) : *Les de Wendel et l'industrie lorraine*, 1958.

SÉE (H.) : « La doctrine politique des Parlements au XVIIIe siècle », *Revue d'histoire du droit*, 1924.

SÉGUR (comte de) : *Mémoires.*

SÉNAC de MEILHAN : *Le gouvernement, les mœurs et les conditions en France avant la Révolution*, 1862.

SENTOU (J.) : *Fortunes et groupes sociaux à Toulouse sous la Révolution*, 1969.

SEREVILLE (E. de) et SAINT-SIMON (F. de) : *Dictionnaire de la noblesse*, 1975.

SIEYÈS : *Qu'est-ce que le tiers état ?* édition critique de R. ZAPPERI, 1970.

SIX (G.) : « Fallait-il quatre quartiers de noblesse pour être officier à la fin de l'Ancien Régime ? », *R.H.M.*, 1929.

SOBOUL (A.) : *Histoire de la Révolution française*, 1962.

SOBOUL (A.) : *La civilisation et la Révolution française*, I. La crise de l'Ancien Régime, 1970.

STAEL de LAUNAY (Madame de) : *Mémoires*, 1829.

TAINE (H.) : *Les origines de la France contemporaine*, 1876.

TALLEYRAND : *Mémoires.*

TAYLOR (G.V.) : « Non-capitalist wealth and the origins of the French revolution », *American historical review*, 1967.

TAYLOR (G.V.) : « Types of capitalism in eighteenth-century France », *English historical review*, 1964.

THIBAUT (L.) : *Le mécanicien anobli. Pierre Joseph Laurent*, Université de Lille III.

TILLY (comte de) : *Mémoires*, 1965.

TOCQUEVILLE (A. de) : *Œuvres complètes,* tome II, *l'Ancien Régime et la Révolution,* 1952.

TOURZEL (duchesse de) : *Mémoires,* 1969.

TRÉCA (G.) : *Les doctrines et les réformes de droit public en réaction contre l'absolutisme de Louis XIV dans l'entourage du duc de Bourgogne,* 1909.

TRUDON des ORMES (A.) : « L'état civil des citoyens nobles de Paris en 1789 », *Mémoires de la société de l'histoire de Paris et de l'Ile de France,* 1899.

TUETEY : *Les officiers sous l'Ancien Régime,* 1908.

VAISSIÈRES (P. de) : *Gentilshommes campagnards de l'ancienne France,* 1903.

VALOUS (G.) : « Une existence de célibataire à la veille de la Révolution », *Le Correspondant,* 1926.

VIVIE (O. de) : *Un cadet en 1792 : Charles de Cornier,* 1886.

VOGUÉ (marquis de) : *Le duc de Bourgogne et le duc de Beauvilliers, lettres* (1700-1708), 1900.

VOVELLE (M.) : *Piété baroque et déchristianisation : attitudes provençales devant la mort,* 1971.

VOVELLE (M.) : *La chute de la monarchie,* 1972.

VOVELLE (M.) : « Sade, seigneur de village », in *Le marquis de Sade,* 1968.

WARREN (R. de) : *Les pairs de France sous l'Ancien Régime,* 1958.

WEITMAN (S.) : « Bureaucracy, democracy and the French revolution », *PHD of the Washington University,* 1968 (inédit).

WEULERSSE (G.) : *La physiocratie à la fin du règne de Louis XV,* 1959.

WEULERSSE (G.) : *Les physiocrates sous les ministères de Turgot et de Necker,* 1950.

YOUNG (A.) : *Voyages en France.*

TABLE DES MATIERES

la mémoire du siècle
Collection dirigée par André Versaille

historiques

à paraître

Achevé d'imprimer
en mai 2000
sur les presses
de l'imprimerie Campin
en Belgique (CE)

En couverture :
Charles Le Peintre,
Scène de famille au XVIIIᵉ siècle

Maquette : Jérôme Baudet

ISBN 1ʳᵉ édition : 2-87027-128-X

 n° 827